21世纪高职高专规划教材 工商管理系列

创业管理

理论、案例与实操

Entrepreneurial Management

Theory, Case and Practical Training

主　编 / 吴月瑞

副主编 / 唐　飞　符静波

中国人民大学出版社

· 北京 ·

前　言

创业是一个创造价值、获取经济利润并承担相应风险的过程。关于创业的研究和教学经历了三个发展阶段。第一阶段：什么样的人适合创业，即创业者特质研究。这个阶段强调创业成功者所具有的特质和习惯，通过学习和训练这些特质，使学习者向成功创业者靠近。第二阶段：创业是怎样的一个流程。该阶段认为创业是一个有模型、有组织、有计划的行动过程，根据创业模型学习如何抓住机会、组建团队、整合资源，然后按照企业组织结构进行市场、财务、人力等职能的运营管理，最终完成一份创业计划书。第三阶段：创业思维与方法。该阶段的核心问题是“在不确定的环境下创业者如何思考和行动”，强调创业情境与创业活动的独特性。研究发现，一方面，成功的创业者都具有相同或相似的思维模式；另一方面，运用成功创业企业的一些方法，如精益创业，可以提高创业成功率，避免过早死亡。

创业活动始于对机会的识别和利用，由人、资源、市场等要素构成，目标是价值创造。因此，可以将创业看成某一环境下机会、资源和价值的互动过程。由此，对环境的分析、机会的发现和识别、商业模式的设计和资源的整合运营就成了创业活动中的关键环节和学习重点。本书的一个特色是从创业思维和实践运用的角度去设计和讲述这些理论知识。

本书的第二个特色，一方面体现在全面的理论知识中，由于针对的是全体学生而非个别群体，多数为初学者，因此理论知识涉及面较广，既包含当下流行的精益创业思维方法，也包含创业者在运营一个企业时必须掌握的基本财务知识；另一方面，书中包含大量的案例和小知识，不仅辅助学习者学习和理解理论知识点，也丰富了本书的内容；同时，每一章后的实训与操作，增加了学习的趣味性，有助于学习者从实践和行动中去体验创业。

本书从结构上分为两大部分：第一部分包括第 1 章至第 3 章，主要从宏观上概述创业的含义，当下的环境和创业的基本流程和方法，让学习者对创业有个总体认识；第二部分包括第 4 章至第 8 章，主要从创业思维角度来学习创业管理中的一些关键活动，如机会识别、团队建设与激励、商业模式设计和企业资金运作、风险管理等详细的内容。下面分章节介绍本书的重点。

第 1 章主要概述创业认知。首先，介绍了创新与创业的内涵、创新与创业的关系；其次，简述了创业管理的内涵和特征；再次，讲述了创业需要具备的素质与精神；最后，对目前的创业类型做了一个简单的分类。这一章的重点在于创业素质与创业精神、创业类型，希望学习者掌握。

第 2 章主要从创业的环境出发，首先，从互联网创业来了解我们所处的创业时代及其特征；其次，分析了互联网企业的价值特征和盈利模式，强调了互联网企业价值驱动的本质；最后，对现有的创业环境进行评估，这是每个创业者必须掌握的技能。创业环境评估方法是本章的重点，在学习过程中，请学习者稍加注意。

第 3 章主要围绕创业计划与创业方法来讲，首先，详细介绍企业创办的流程，包括怎么注册、怎么经营；其次，讲述了创业计划，包括信息收集、市场调研和如何撰写创业计划书等内容；最后，介绍了当下广受好评的精益创业的思维与方法。这一章节的内容技能性较强，总体上都比较重要，希望学习者掌握并在实践中运用。

第 4 章主要介绍了创业机会，首先，了解和认识机会与创意的关系，创业机会的内涵、特征和来源，以此认识创业机会的特征；其次，介绍了创业机会识别的过程和影响因素，概述了机会识别的常用方法，让学习者理解怎样抓住创业机会；最后，对创业机会进行评估，选择一个有商业潜力和价值的机会。这一章的重点在于机会识别和机会评估，学会识别机会对创业来说是成功的一大步。

第 5 章主要讲述创业团队，先学会怎样创建一个创业团队，然后在团队创建成功后进行创业的过程中学习怎样对人员进行激励，最后学习怎样管理好一个团队。本章内容总体上都比较重要，希望学习者能够熟悉并掌握。

第 6 章主要讲述商业模式，首先，概述了现有的商业模式；其次，详细介绍了商业模式画布这个工具及其使用方法；最后，介绍了商业模式评估的方法与创新方法。本章的重点在于商业模式画布与商业模式的评估，注意掌握。

第 7 章主要概述创业初期企业经营管理问题，首先，介绍了企业发展的生命周期；其次，简述了运营管理的内容和模式；最后，介绍了产品与服务创新的模式。这一章的运营管理、产品与服务创新是比较重要的概念，在创业管理中起着重要的作用。

第 8 章主要简述了企业运营中的资金管理与风险管理问题，首先，介绍了创业融资，没有资金企业就没有生命；其次，从财务管理角度介绍资金的运转与现金管理；最后，讲述风险管理与防范，创业是一项高风险的活动，需要有好的风险管理意识与防范方法。本章内容都是在企业运营中需要深度学习的知识，希望学习者能够掌握。

本书的章节设计与内容编写在“工学结合”创业管理的课程标准和教学大纲支持下，吸纳了许多优秀教材和创业书籍的精华之处。在一年多的编写过程中，编者获得了深圳信息职业技术学院唐飞处长、万守付院长、陈文华教授、邓之宏教授、秦军昌副教授、符静波副教授等领导和同事的支持，还采纳了华南理工大学崔毅教授、中山大学郑馨副教授等多位校外专家的建议，在修改完善过程中获得了有米科技股份有限公司创始人李展铿总裁、深圳市众游汇网络科技有限公司总经理刘南先生等的宝贵意见和建议，在此表示真诚的感谢。由于编者水平有限，不足之处仍然存在。本书是总结经验的节点，也是学习提高形成更好成果内容的起点，希望在未来的两到三年内，市场上可呈现更有行动力的大学生创业教学与实践的教材或书籍。

吴月瑞

深圳信息职业技术学院

目　录

第一部分

第二部分

第一部分

第 1 章　创业概述

【学习目标】

(1) 了解创业创新的内涵及特征。

(2) 熟悉创业管理的内涵及特征。

(3) 分析创业者应该具备的素质。

(4) 掌握什么是创业精神以及创业精神对创业的影响。

(5) 了解创业的类型。

1.1　创业与创新

福尔摩斯创业的成与败

福尔摩斯（Holmes）的创业是过去几年商学院经常讲授的案例，案例的大致内容是：福尔摩斯于 2003 年创办了血液检测公司 Theranos，那时她只有 19 岁。现在，Theranos 的雇员达到 700 人，并在加利福尼亚州纽瓦克设立了制造血液检测设备的总部。福尔摩斯在大学的第二年就从斯坦福退学，专注于自己的事业。Theranos 已经研发出可以发现数十种疾病（如高胆固醇和癌症）的血液检测方法，其检测方法只需要从患者手指采集一到两滴血液。血液检测是一个有利可图的商业领域，而 Theranos 力求颠覆这种局面。福尔摩斯的愿景是什么呢？简单地说，如同乔布斯改变手机行业一样，福尔摩斯要改变医疗验血行业。现在有些化验只是在耳部、指尖取少量血化验，检验结果当场立等可取，但如果是生化、肝功能、手术前等检验的话，抽血多是一针管，分好几个小试管做不同检查，检验报告要几天时间，而 Theranos 只要采集患者相比常规化验不到百分之一甚至千分之一的血量，耗时约 4 个小时，就能得出大约 70 项生化报告。在医疗验血行业，血液分析是医学不可分割的组成部分，当你的医生想要检查你某一方面的健康状况（如胆固醇指标或者血糖水平），或者寻找肾脏、肝脏出现问题的适应证时，就需要对你进行血液检测。一般而言，医生需要使用长针头和几个装血液的试管瓶完成血液采集，然后将样本送往实验室进行分析。显然，福尔摩斯的创业告诉人们，可以有一种更快速、更便利和更便宜的方式完成血液检测。采用这种模式，能够挽救无数条生命。目前，Theranos 正在努力向几个医院系统推销自己的检测方法，并与克利夫兰诊所进行了深入的商谈。同时，该公司还在 41 家美国沃尔格林药店（美国最大连锁药店）开设中心，并计划将这一模式推广到其他药店。病人只需要向药剂师出示身份证、保险卡和医嘱就可以在药店完成血液采集工作，接着药店会将所有样本送到 Theranos 的实验室进行分析。福尔摩斯说，他们可以用一份血液样本完成很多种检测，每一种检测都比标准检测方法便宜。有的时候，Theranos 检测的价格甚至比 Medicare 公布的费率便宜 90%，例如：传统实验室检测胆固醇需要 55 美元甚至更贵，但是 Theranos 仅仅收费 2.99 美元。福尔摩斯认为血液检测不应该是痛苦的，反而应该是一种“美好的”体验。因此，Theranos 的目标就是扫除实现“美好血液检测”过程中的一切障碍。她说，40%～60%的人拿到医生要求进行血液检测的医嘱后没有去验血。我们可以通过血液检测诊断出糖尿病和其他常见疾病，并更早地对患者进行治疗。要想实现这个目标，血液检测工作就要更简化、更便于病人完成。随着消费者对个人健康数据需求的不断增加，Theranos 也在发展，福尔摩斯非常清楚自己想要做什么。她认为，过去人们在有了生病的症状之后才会通过检测了解自己的健康信息，而 Theranos 的目的就是改变这种局面，重新定义诊断的范例。“无论贫富，无论何地，我要让每个人都可以在需要的时候获取自己需要的健康信息。”由此人们可以清楚地知道如何健康地生活与工作。

然而，当人们总是倾向于把英雄人物偶像化，并渐渐成为习惯时，近日曝出联邦监管机构突击检查了 Theranos 公司的实验室，发现该公司的技术方法、人员和测试结果的准确性都存在严重问题。Theranos 随后宣布其专利产品“爱迪生”验血机近两年测试的数万份血样报告全部作废。该公司的加州实验室有可能被吊销联邦执照，而福尔摩斯本人可能将面临为期两年的行业禁令。两年前疯狂吹捧福尔摩斯和她的公司的媒体，现在完全转变了态度。Theranos 公司大起大伏的经历对于我国创业的启示是：创业者需要打破一些规则，去发现与创造创业机会，并发挥自己的魔力，但这些规则绝不能是道德规则。道德规则应该一贯是清楚的，将成功创业者偶像化的做法是十分不可取的，因为他们不可能被简单模仿。要成为成功的创业者，必须做真实的自己，开创一条自己的路。

资料来源：改编自 http://www.iheima.com/space/2015/1108/152711.shtml; http://technews.tw/2015/12/10/elizabeth-holmes-theranos/; http://www.bbioo.com/news/20160523337727.html.

【思考与讨论】

分析福尔摩斯创业成功的经验及本案例带给我们的启示。

1.1.1　创新的内涵、特征和分类

1.1.1.1　创新的内涵

创新，即创造新的事物。在英语中，innovation（创新）起源于拉丁语，原意有 3 层：(1) 更新，就是对原有东西进行替换；(2) 创造新的东西，就是创造出原来没有的东西；(3) 改变，就是对原有的东西进行发展和改造。

可见，创新是以新思维、新发明和新描述为特征的一种概念化过程。

从哲学层面上说：创新是实践行为，是再创造，是对物质世界的矛盾再创造。人们通过对物质世界的再创造，制造新的矛盾关系，形成新的物质形态。

从社会学层面上说：创新是指人们为了发展的需要，运用已知的信息不断突破常规，发现或产生某种新颖、独特的有社会价值或个人价值的新事物、新思想的活动；创新的本质是突破，即突破旧的思维定式、旧的常规戒律。

从经济学层面上说：创新的内涵一般包括狭义和广义两个层次。狭义的创新就是技术创新，即一个从新思想的产生经过研究开发或技术组合，到产品设计、试制、生产、营销各环节，并产生经济、社会效益的商业化全过程。广义的创新将科学、技术、教育以及政治与经济融合起来，即创新表现为不同参与者和机构之间的交互作用的网络。

案例 1-1

鲶鱼效应

某煤矿发生瓦斯爆炸，唯一的出口被堵得严严实实，五名矿井工人被困。幸运的是，矿井里备有少量食物和水源，这给他们赢得了生机。时间艰难地走着，一个星期过去了，矿工们始终听不到救援队的声音。有人开始烦躁起来，还有人发出凄厉的叫声，大家感觉身心都要崩溃了。

突然，黑暗中传来“啪”的一声。马上有人叫了起来：“谁打我？”其余 4 个人都开始辩解。可那被打的人就是纠缠着他们不放，一个个地审问。过了许久，又听到“啪”的一声，又有人挨打了，洞内马上传来了一阵吵嚷声。就这样，时间在吵嚷声中悄悄流逝着。直到在暗无天日的井底足足被困了 23 天后，他们获救了。

后来，躺在医院里，矿工们开始讨论究竟是谁在打人，一位矿工笑着说道："都是我打的。"

"你疯了吗？"矿友们问道。

"不。"他笑着回答，"我这样做，是为了提醒大家，我们必须活着。"

灵犀一点：死气沉沉的环境中输入斗争，能够激发出整个组织的生存意志，这就是鲶鱼效应。

资料来源：http://www.360doc.com/content/18/0909/12/1821822_785115218.shtml.

1.1.1.2 创新的基本特征

从不同角度去理解创新，其基本特征也有所不同。

从首创性角度上说：首创性是创新活动的最主要特征。创新是一种首创，即"第一个"，创新结果在局部或全部应是先前从未存在过的，是先于他人，见人之所未见，思人之所未思，行人之所未行，获得的人类文明的新发展、新突破。

从普遍性角度上说：创新无处不在，无时不有，这就是创新的普遍性。同时，创新能力是人人都具有的一种能力。如果创新能力只有少数人才具有，那么许多创新理论，包括创造学、发明学、成功学等就失去了存在的意义。

从社会性角度上说：创新活动所表现出的有利于群体创新和社会发展的特性。群体创新与个体创新之间是辩证统一的关系。一方面，个体创新意识、能力等主要源于社会，是社会创新力量在个体创新方面的表现。生活于一定的社会形态中的创新个体，其创新体现和反映这一社会形态的整体性质。另一方面，每个人的创新活动都在社会分工中占有一定的地位，是社会整体创新活动中必不可少的一个细胞。这表明个体创新是社会的一部分，具有社会的性质。

1.1.1.3 创新的分类

创新的种类，可根据不同的标准进行划分，按创新领域可以分为：技术创新、制度创新、知识创新、产品创新、管理创新等。

（1）技术创新是以创造新技术为目的的创新，或以科学技术知识及其创造的资源为基础的创新；

（2）制度创新是创新的前提，只有具有完善的企业创新机制制度，才能保证技术创新和管理创新的有效进行；

（3）知识创新是指通过科学研究，包括基础研究和应用研究，获得新的基础科学和技术科学知识的过程；

（4）产品创新是指创造某种新产品或对某一新或老产品的功能进行创新；

（5）管理创新是指在特定的时空条件下，通过计划、组织、指挥、协调、控制、反馈等手段，对系统所拥有的生物、非生物、资本、信息、能量等资源要素进行再优化配置，并实现人们新诉求的生物流、非生物流、资本流、信息流、能量流目标的活动。

按创新的方式可以分为原始创新、集成创新和引进吸收再创新。

（1）原始创新是指前所未有的重大科学发现、技术发明、原理性主导技术等创新成果；

（2）集成创新是利用各种信息技术、管理技术与工具等，对各个创新要素和创新内容进行选择、集成和优化，形成优势互补的有机整体的动态创新过程。集成创新强调灵活性，重视质量和产品多样化；

（3）引进吸收再创新是学习别人的东西，把别人的东西变为自己的，再推出比别人更先进的东西。

按创新主体可以分为：自主创新和合作创新。

（1）自主创新是相对于技术引进、模仿而言的一种创造活动，是指通过拥有自主知识产权的独特的核心技术以及在此基础上实现新产品的价值的过程。

（2）狭义的合作创新是企业、大学、研究机构为了共同的研发目标而投入各自的优势资源所形成的合作，一般特指以合作研究开发为主的基于创新的技术合作，即技术创新。广义的合作创新是指企业、研究机构、大学之间的联合创新行为，包括新构思形成、新产品开发以及商业化等任何一个阶段的合作都可以视为企业合作创新。所以，企业合作创新概念是在上文中所指的广义上的合作创新概念。

1.1.2　创业的内涵和特征

1.1.2.1　创业的内涵

从“创业”这个概念在汉语中所表达的含义来分析：一是强调创业开端的艰辛和困难；二是突出创业过程的开拓和创新意义；三是侧重在前人的基础上有新的成就和贡献。因此可以说创业是一个过程，是一个主体通过主观努力而取得的新结果。

因此，创业就是创业者为了实现特定的创业目标而开展的一个将不同的资源组合利用、搜寻和捕获商业机会并由此创造新颖产品或服务的过程。其中，创业者是创业活动的核心，是推动创业的最根本的力量。

电话卡的发明

20 世纪 70 年代，日本 NTT 公司发现一个反常现象：当时电话需求量增长速度超过5%，而公司电话费收入增幅只有1%。公司觉得非常奇怪，于是展开调查，调查发现，主营业务增速缓慢的原因在于公司自动电话机少。可一年后，公司业绩增长还是不明显。

公司于是又展开深入调查，这次终于找到了根本原因。原来，虽然日本电话亭随处可见，但是，人们口袋里经常没有硬币，所以虽然有自动电话机，但人们还是不能拨打电话。

这个调查结果促使日本NTT公司发明了日本第一张电话卡。差不多同一时代，意大利的欧蒙特集团（URMET）和瑞士的AUTELCA公司也先后发明了电话卡。

资料来源：http://www.360doc.com/content/18/0909/12/1821822_785115218.shtml.

1.1.2.2 创业的基本特征

从普遍性角度来说：创业是长期并普遍存在的社会现象，无论是古代中国还是在西方，创业以“创立基业或事业”“企业家行为”等概念或形式存在于经济社会发展过程中，并且通过对创业行为的一些典型特征的认识，形成了对创业活动的基本认识。

从特殊性角度来说：创业活动是一种特殊的商业行为，其特殊性体现在：

（1）一般企业的经营活动主要依靠组织的力量来完成，而创业活动较强地依赖创业者及其团队的个人能力，特别是初期的创业活动，其中创业者对于创业活动具有决定性的作用。

（2）创业活动是创业者在资源高度制约的情况下开展的商业活动。在创业过程中，创业者拥有的资源或能够组织的资源总是有限的，在此约束下，创业者总是寻找不需要大量资源投入的创业项目，或者积极寻求资源获取渠道和整合手段的创新，探索创造性整合资源的新机制，为成功创业提供保障。

从风险性角度来说：创业是一种高风险的活动。创业存在以下几种风险：

（1）机会风险，创业者选择创业也就放弃了自己原先所从事的职业。这就是机会成本风险。

（2）技术风险，指在技术研发过程中，因技术因素导致创业失败的可能性。

（3）市场风险，指市场主体从事经济活动所面临的盈利或亏损的可能性和不确定性。表现在市场需求的不确定性、市场接受时间的不确定性、市场价格的不确定性、市场战略风险等。

（4）资金风险，指因资金不能适时供应而导致创业失败的可能性。

（5）管理风险，主要由以下几个方面决定：管理者的素质、决策风险以及组织风险等。

（6）环境风险，是指一项高技术产品创新活动由于所处的社会环境、政策、意外灾害发生而造成创新失败的可能性。

1.1.3　创新与创业的关系

1.1.3.1　创新与创业的契合

虽然创新与创业是两个不同的概念，但是两个范畴之间却存在本质上的契合，在内涵上相互包容，在实践过程中互动发展。

第一次提出了创新概念的奥地利著名经济学家熊彼特（Joseph Alois Schumpeter）认为，创新是生产要素和生产条件的一种从未有过的新组合，这种组合能够使原来的成本曲线不断更新，由此会产生超额利润或潜在的超额利润。创新活动的这些本质内涵，体现着它与创业活动性质上的一致性和关联性。

创新是创业的基础，而创业推动着创新。从总体上说，科学技术、思想观念的创新，促进人们物质生产和生活方式的变革，引发新的生产、生活方式，进而为整个社会不断地提供新的消费需求，这是创业活动之所以源源不断的根本动因；另一方面，创业在本质上是人们的一种创新性实践活动。无论是何种性质、类型的创业活动，它们都有一个共同的特征，那就是创业是一种主体能动的、开创性的时间活动，是一种高度的自主行为。在创业实践的过程中，主体的主观能动性将会得到充分的发挥，这种主观能动性充分体现了创业的创新性特征。

1.1.3.2　创新与创业的相互作用

（1）创新是创业的本质与源泉。经济学家熊彼特曾提出，“创业包括创新和未曾尝试过的技术”。创业者在创业过程中只有具有持续不断的创新思维和创新意识，才可能产生新的富有创意的想法和方案，才能不断寻求新的模式、新的思路，最终获得创业的成功。

（2）创新的价值在于创业。从一定程度上讲，创新的价值就在于将潜在的知识、技术和市场机会转变为现实生产力，实现社会财富的增长，造福于人类社会。而实现这种转化的根本途径就是创业。创业者可能不是创新者或发明家，但必须具有能发现潜在商机和敢于冒险的精神；创新者也并不一定是创业者或企业家，但是创新的成果则是经由创业者推向市场，使潜在的价值市场化，创新成果才能转化为现实生产力。这也侧面体现了创新与创业的相互关联。

（3）创业推动并深化创新。创业可以推动新发明、新产品或是新服务的不断涌现，创造出新的市场需求，从而进一步推动和深化各方面的创新，进而提高企业或整个国家的创新能力，推动经济的增长。

总之，创新与创业是内在相关、密不可分的。创新与创业的联合对于解决我国目前就业问题至关重要，并且影响我国的发展与前景。由于创新与创业的密切关系，我国高等院校的创新与创业教育应该相互渗透融合，弘扬创新创业精神，健全创新创业机制，完善创新与创业的环境，加强产学研结合，加强创新与创业的交叉渗透和集成融合，并且不断在实践中深化，从而推动社会的可持续发展。

1.2 创业管理的内涵与特征

特斯拉（Tesla）坎坷创业路

2003年年底，曾经是网思科技（Wyse Technology）的旗舰产品设计师的Martin，和在软件、固件和软硬件融合多个产品、多个应用上有着非常辉煌的成绩的Marc通过观察现今的汽车行业，发现：（1）现今的汽车行业，石油供应赶不上汽车市场的增长；（2）汽车行业几个新的技术方向，只有电动汽车在近20年明确地可以超越传统汽车技术并且可持续；（3）电动汽车的各个关键技术基本都成熟了，开发产品完全可行。

于是他们找到了Elon Musk，打算一起做电动汽车公司。公司的名字就叫Tesla Motors，纪念他们眼中最伟大的工程师尼古拉·特斯拉。Musk任董事会主席，不过技术的架构、产品的方向是Marc和Martin最开始开发的。

Tesla团队的人把电动机控制系统全部改成数字控制，通用1GBT来控制输入电流电压。促使Marc和Martin两人做Tesla的一个很重要的原因是锂电池的出现。锂电池拥有比铅酸电池更高的能量和功率密度，不过其热特性和电特性都很糟糕，但是Marc和JB给出了解决办法。他们将约7 000个2安时左右的18 650封装电池串并联在一起。在最新一代Roadster的电池组里面，69个小电池并联封装成一个电池砖，99个电池砖串联成一个电池片，11个电池片并联成一个电池系统，总共6 831个电池。同时JB得出一个结论：电动车的关键部件电池组和动力传动系统以及所有的电缆都可以集成到传统汽车底盘大小的部分，在Model S和Model X就可以发现前盖打开可以放很多行李，车内容积比同样体积的汽油车大很多。

2004年第一季度，公司正式成立，Elon Musk领投700万美元。2005年上半年，第一辆实验样车（没壳）出炉，Musk领投第二轮；下半年，第二辆样车出炉，公司从 20 人扩张到 80 人。2006 年上半年，Musk 跟投第三轮，Steve Juvertson 加入董事会，公司总人数增长到 150 人。2007 年，0～100 千米/每小时加速 3.86 秒，原有的二级变速箱设计可靠性出了大问题，过不了 3 000 英里测试，现金流急速见底，投入生产的预期无法确定。

原则上电动车都不用配备多级变速，但是如果需要高性能的加速，异步电机在低转速的情况下功率输出效率较低，会影响性能，因此引入二级变速是个很自然的选择。当时选取的晶闸管 1GBT 在功率控制的精度和时间响应上都不太适用于二级变速。所以多次测试都无法通过。作为 CEO，Martin 犹豫了，进入了反复试验的死循环，导致现金不足以支持交通部的认证测试和生产投资。

公司只好进入下一轮融资，Musk 领投，董事会把 Martin 解雇，Michael Marks 担任 CEO。他们在低速加速上牺牲了将近 15%的效率换来了产品的顺利发售，后来 Roadster2 干脆换成单速变速箱，加速反而更快。

2008 年，1GBT 发展进入高速期，更小、更快、更高效耐用的产品彻底把 Tesla 推上了一个技术高峰。2008 年 6 月第一辆 Roadster 发售，之后汤姆·汉克斯、乔治·克鲁尼、施瓦辛格等名人纷纷买入。Tesla 在洛杉矶开了第二家 4S 店。2008 年 10 月份 Musk 出任 CEO，Tesla 开始了真正的生死之搏。

2008 年的 10 月份是 Tesla 生死存亡的时刻。第一款跑车产品 Roadster 出炉，原计划 7 万美元成本，售价 10 万美元，但由于变速箱的改进，成本飙升到 12 万美元，售价开始变成 11 万美元。Tesla 卖车亏本，200 名员工每天的工资不断消耗，继续融资无人愿意接盘。

技术遥遥领先，成本短期无法大幅下降，现金即将用完。Musk 意识到公司最关键的问题就是现金，他去说服戴姆勒主席来 Tesla 参观，并将一辆 Smart Car 改装成电动车，这其中包括底盘、电池、电动机，所有控制系统全部重新设计。戴姆勒主席对 Tesla 的技术大为满意，对 Tesla 投资 5 000 万美元并且开始签订 Smart Car 核心部件的销售订单。之后的半年内，Tesla 又拿下丰田 Rav4 的电池和 Drivetrain 的订单。

可是，钱还是远远不够。在众多的批评和质疑声中，朱棣文和奥巴马参观了工厂，Tesla 成功拿下 4.65 亿美元的贷款用于生产 Model S 并且开始接受客户的订金。另外，公司还需要 6 000 万美元的流动资金用于生产、工程等费用。

Tesla 再次遇到瓶颈。硅谷懂汽车技术的风险投资人并不多，大家不知道 Roadster 是否最终能挣钱，也不知道 Model S 能不能成功生产，因为 Roadster 开发花了将近 2 亿美元，融资 3 个月还是没有进展。这个时候 Musk 拿出自己银行中仅有的6 000万美元，发邀请给自己认识的所有投资人朋友："这一轮6 000万美元，大家自愿认购，不够的我来补上。"最终这一轮大概融资8 000万美元。

经历了2007年的关键之年、2008年的生死之年，2009年的Tesla就如浴火重生的凤凰一般一飞冲天。2010年年中，Tesla在纳斯达克上市，成为自1954年以来第一家美国上市的汽车公司，上市当天股票涨到18美元。2012年年中，Tesla的第一辆Model S下线。2012年第一季度Model X发布。2013年第一季度实现盈利，股票涨到90美元左右。

资料来源：http://tech.sina.com.cn/i/csj/2013-05-23/15498371263.shtml.

【思考与讨论】

1. 特斯拉的三位创业者创业追求的目标是生存还是创新，经济还是社会？
2. 讨论本案例中所包含的创业机会。
3. 结合本案例以及其他资料，请讨论与评价Elon Musk。

1.2.1 创业管理的内涵

从创业管理的过程性内涵来讲，可以分为3个方面：

（1）企业创建方面。涉及创业团队的管理、商业计划书、商业模式选择等问题。

（2）企业成长方面。新企业创建之后，如何在市场经济环境下存活，就涉及营销、策略等方面的内容。

（3）创建的新企业经过市场生存以后，就转向一个靠组织制度化的措施促进其健康成长的阶段，这时，企业就面临一个制度化建设的问题。

1.2.2 创业管理的特征

（1）"以生存为目标"的管理。创业者刚开始实行自己理想抱负的时刻需要做的就是怎么让自己的企业生存下去。

（2）"主要依靠自有资金创造自由现金流"的管理。初次创业的创业者55%的资金来源是自己。在创业管理过程中，就是管理让自己的资金如何创造自由现金流。

（3）充分调动"所有人做所有的事"的团队管理。初创企业在各种条件都不稳定的情况下，团队的所有人必须做到齐心协力、各尽所能才能让企业更好地开展下去。

（4）"经理人亲自深入运作细节"的管理。对于初创企业而言，并没有经理人与员工之分。尽管有领导人也必须亲自参与各个项目的运作，以了解公司的各个环节。

（5）彻底奉行"顾客至上，诚信为本"的管理。初创企业各种设施不完善，这种时候就不能抱着偷奸耍滑的心态，必须做到实事求是，用品质来说话，做到"顾客至上，诚信为本”。

1.3　创业素质与创业精神

梅永明与晨蚁

梅永明是武汉晨蚁文化有限公司的总经理。武汉晨蚁文化有限公司是由大学生创业团队创立的公司，专注开发和销售大学生生活起居用品，如懒人靠椅、创意置物架等，致力于让大学生的“蚁族”生活更加健康舒适。

90 后的梅永明是湖北省黄冈市蕲春县人，崇尚蚂蚁精神。“蚂蚁具有很多宝贵的精神，团结、有力量、无私奉献、未雨绸缪，这是我们团队一直追求的品质。”梅永明介绍说。一只笑着的蚂蚁，成为公司的 LOGO，一如梅永明崇尚的蚂蚁精神一样，他和他的团队，团结又充满了朝气和潜力。

因为家庭贫困，梅永明从 2011 年进入武汉大学以来，做过各种兼职，如电脑校园代理、快餐店兼职、票务代理等。大学第二年他有了一定的积蓄，也认识了一批志同道合的伙伴。2013 年一次偶然的机会，梅永明从朋友那里拿到了一款好玩又简单的产品，经团队调查考量后，觉得很有发展前景，于是成立晨蚁公司。因团队成员团结，干劲十足，虽然条件艰苦，但他们的产品卖得火热，业务在不断拓展，公司也在不断壮大。目前晨蚁公司在武汉各大高校有 60 多家加盟店铺，2 万多名在校大学生使用他们的产品，收获了不错的口碑。

晨蚁是家只有 20 名员工的小公司，他们的目标是打造寝室文化品牌的“晨光”。公司的业务似乎谈不上有多大的科技含量，然而，梅永明对梦想的这种热情和他敢于尝试的勇气，仍然深深地打动了别人。

资料来源：http://hb. qq. com/zt/2014/dreamer/11. htm.

【思考与讨论】

1. 什么是创业精神？
2. 梅永明为什么会创业成功？

1.3.1　创业素质

关于创业，很多年轻人都跃跃欲试。而关于想创业的理由，自然也是各有不同。有的人创业是为了实现财务自由，有的人创业是为了实现梦想，有的人创业是因为不想给别人打工，有的人创业则是因为创业很潮流……

但不管因什么理由而创业，创业者需要注意的是冷静的客观思考永远比激情的主观欲望更重要。也就是说不要冲动创业，在决定之前不妨看看自己的能力是否已经具备。那么，创业需要具备哪些素质呢？

1.3.1.1 雄伟的战略

当今市场，已不是狭隘的市场经济，它已没有国界限制，没有意识形态限制，是国际性的世界大市场。市场的变化要受经济、政治、自然等诸多因素的影响。一个企业要想在开放的国际市场上求生存、求发展，其领头人必须有长远的战略眼光，根据外部环境的变化或者将来的变化制定运作战略，它决定企业发展中全局性、长远性和根本性的问题。

决策活动最能体现战略家的特质。在决策活动中，经营管理人员通过“谋”和“断”两大职能来决定组织中的重大问题。企业领导人关心和参与智囊机构的整个谋划过程，使其对最终备选方案的“背景”了如指掌，只有这样，最后才会充满信心、胸有成竹地做出决断。

1.3.1.2 有鼓动力

创业者要高瞻远瞩、明晰动静，运用思想家、演说家、评论家的才能，阐述观念、扭转看法、鼓舞士气，引导众人形成明确的价值观，从而使企业内部全体员工产生持久的凝聚力，并在组织外部社会大众的心里树立一种亲切友好的形象，使企业有一个轻松的外部环境和社会环境，有利于更广泛地传播自己的企业文化，提高自己企业的知名度，增加无形资产。

1.3.1.3 敢于创新的胆略

创业本身就是有计划地创新、冒险，只有敢闯敢干、不怕失败的人，才有可能走出一条属于自己的新路、好路来。艰苦创业精神，对于开拓者而言，也是非常重要的。因为在创业期间，必会因资金、经验、人事等的阻碍而令事业暂时休克，站在这个边缘上的创业者千万不可半途而废，一定要坚持下去，要相信成功就在不远处。

1.3.1.4 敢于展现自我

创业者最重要的素质表现在个性上。个性能给人的才干增添光彩。

作为创业开拓型人才的个性特征包括：

（1）旺盛的斗志、强烈的求知欲和好奇心。

（2）敏锐的洞察力，可以觉察到别人未注意到的情况和细节。

（3）善于变通、思想灵活，能从有限资料中举一反三，设想出见解独到的可行方案。

(4) 善于提问，不盲目跟随别人。

(5) 富于独创力，有独出心裁的见解，勇于弃旧图新，别开生面。

(6) 自信，相信自己所做事情的价值，即使受到阻挠和诽谤也不改变信念。

(7) 有百折不挠、坚持不懈的毅力和意志。

(8) 有想象力，以合理的联想、幻想产生出思想中新的观点、形象。

(9) 思想严密，既善于抓住刹那的灵感火花，又能深思熟虑、精推细敲，直到完美、可行。

(10) 开朗、胸怀宽广，不被外界的冷嘲热讽影响自己的斗志。

(11) 有韧劲、有勇气，可以忍受常人无法忍受的挫折和困难。

(12) 有野性、有狂劲，对外表现为试图突破常人以为难以突破的主客观障碍，达到自己想要达到的光辉顶点。对内，既是一种对自己实力的信任，又是一种对较高目标的大胆追求。

1.3.1.5　规避创业风险

创业并不是条条大路通罗马。企业要盈利，必须事先考虑好由谁来投资，以一种什么方式运作，怎样才能吸引顾客等。因此，需要创业者对每一个商业模式进行深思熟虑的设计和系统、审慎的思考。

在创业过程中一定要懂得规避创业风险。首先不能在政府不允许的领域违规创业；其次要在市场中保持高度的警觉性，不能上当受骗；最后，创业人员自身要能够灵活变通，如果发现自己创业的方法不对，就要及时调整策略，改变方法。

有风险亦有商机，要在各种需求中寻找适合自己的创业机会。例如：在中国，现在整个社会面临几个大的发展趋势，一是农村的城市化进程加快，每年都有两三千万名的农村人要到城市来安家落户，这势必将带动很多行业的发展，其中蕴藏着很大的市场需求；二是经济全球化使得生产要素在全球进行重组分配，重组的过程中也蕴藏着巨大的商机；三是旧产业的没落和新产业的出现，也会带来很多机会。

创业者要做到胆大心细，要懂得观察和思考，在大环境、大气候中找到合适的机会去创业。

1.3.2　创业精神

1.3.2.1　创业精神的概念

创业精神是指创业者的意识、思维活动和一般心理状态。具体来说，创业精神是创业者主观世界的思想，是创业者具有的开创性思想、观念、个性、意志、作风和品质等。

创业精神有 3 个层次的精神内涵：一是哲学层次的创业思想和创业观念，是人们对创业的理性认识；二是心理学层次的创业个性和创业意志，是人们创业的心理基础；三是行为学层次的创业作风和品质，是人们创业的行为模式。

创业精神是一种能够持续创新成长的生命力，一般可区分为个体的创业精神及组织的创业精神。个体的创业精神，是指以个人力量为主，在个人愿景的引导下，从事创新活动，进而创造一个新企业；而组织的创业精神则是指在已存在于组织内部，以群体力量追求共同愿景，从事组织创新活动，进而创造组织的新面貌。

1.3.2.2 创业精神的本质

创业过程充满了艰难和困苦，没有创业精神，就不会有创业活动，创业也就无从谈起；即使有创业，也往往是浅尝辄止、半途而废。因此，创业精神对创业来说至关重要。创业精神是创业者在创业过程中的重要行为特征的高度凝练，主要表现为创新、冒险、合作、务实、执着。

1.3.2.2.1 创新是创业精神的灵魂

由于创业是一种创造性活动，是对现实的超越，因此创新是创业的核心，是创业精神的灵魂。美国著名管理学大师德鲁克认为：“创业就是标新立异，打破已有的秩序，按照新的要求重新组织。”创新意味着突破，这样的突破可以是产品的创新、技术的创新，也可以是商业模式的创新。创新就是要将新的理念和设想通过新的产品、新的流程、新的市场需求，以及新的服务方式有效地融入市场中，进而创造出新的价值或财富。

车库法则

惠普公司创建于戴维家的车库。惠普公司至今认为，只有客户需要的产品和服务才能出得了车库。惠普公司之所以成为伟大的企业，是因为其创始人的创业精神——“车库法则”：

（1）相信你能改变世界。

（2）快速工作，别锁上工具箱。

（3）了解何时该独立自主，何时该团队合作。

（4）与同仁分享你的工具和想法，信任他们。

（5）不玩政治，杜绝官僚作风。

（6）客户是评价你工作好坏的唯一标准。

（7）激进的创见不一定是馊主意。

(8) 创造不同的工作方法。

(9) 每天都要有贡献，如果你没有贡献，就别离开车库。

(10) 相信团队合作可以万事皆成。

(11) 发明创新。

车库法则的意思就是创新，创新，再创新。

资料来源：https://baike.so.com/doc/4788622-5004638.html.

1.3.2.2.2　冒险是创业精神的天性

任何一项创业活动都不可能是一帆风顺的，特别是在当下的环境中，创业者必须具有较强的风险意识。创业充满风险，有研究指出，创业者为追求成功就必须承担风险，而且追求的利润越高，风险就越大。创业者成功的要素之一就是要敢于承担风险。中外无数创业者虽然成长环境和创业机缘各不相同，但无一例外都是在条件极不成熟和外部环境极不明确的情况下，敢为人先，勇于做“第一个吃螃蟹的人”。

1.3.2.2.3　合作是创业精神的精髓

社会发展到今天，行业的分工越来越细，没有谁能一个人完成创业所需要完成的所有事情。真正的创业者都是善于合作的，而且能将这种合作精神扩展到企业的每一个员工。面临困境时，团队成员齐心协力，团结一心，共闯难关。因此，合作是创业精神的精髓，是创业成功的重要影响因素。

1.3.2.2.4　务实是创业精神的归宿

务实是中华民族自古以来就非常重视和提倡的一种精神，它要求人们办实事、求实效，以达到名实相符。创业是一种实实在在的实践活动，需要扎扎实实地付出努力。要实现创业的目标，就必须脚踏实地、创造性地劳动。没有这种务实精神，人们就无法确定创业精神与社会需要之间的价值关系，就无法使创业的理念变为现实，使创业计划变成财富，也无法实现创业的根本价值。

1.3.2.2.5　执着是创业精神的本色

创业的道路是坎坷的，选择了创业就是选择面对更多的困难，迎接更多的挑战，而创业精神就体现在战胜困难与挑战的过程中。因此，创业者必须坚持不懈，知难而进，只有在战胜困难中学会成长，才能抓住属于自己的机会。

1.3.2.3　创业精神的作用

创业精神贯穿创业过程始终，是调节资源和商机的杠杆，它使各类创业资源保持均衡，推动创业过程的进行。

总体来说，创业精神能够激发人们进行创业活动的欲望，是一种内在的动力机制。它在很大程度上决定着一个人是否敢于投身创业实践活动，也支配着人们对创业活动的态度和行为，并影响着态度和行为的方向及强度。

具体来说，创业精神的作用表现为以下几点。

（1）促进个人成就的取得。个体在创业精神的激励下进行创业活动，克服各种困难，创造财富，实现自身的人生价值。

（2）促进企业的成长。大企业通过创业精神的激励，能够使整个组织的成员齐心协力，共同面对企业发展中的问题，促进企业更快、更好地发展，有利于提高企业的竞争力。

（3）促进国家的发展。个人和企业在创业精神的鼓舞下，取得更好的发展，国家在市场、就业、社会发展各方面将会有更大的发展，国家会更富强、人民会更幸福、社会会更和谐。

总之，创业精神能够使个人、企业和国家，在面对各种错综复杂的竞争环境时走向成功和繁荣。

创业励志电影

NO1. 奔腾年代（Seabiscuit）

襟抱堂感悟：一个不甘寂寞的商人，从自行车配件维修到销售汽车，再到经营马匹，本身他就是一个创业者奋斗的缩影，一个努力不息的英雄。自身的经历成为他演讲有力的支撑与鼓励。

NO2. 阿甘正传（Forrest Gump）

襟抱堂感悟：在踏上这个充满竞争与排挤的社会之前，《阿甘正传》教给你的处世方不是与世无争、息事宁人，而是为目标默默奋斗、乐天知命。看了《阿甘正传》，创业者内心能多一份平静，少一份浮躁，这已经很宝贵了。

NO3. 百万美元宝贝（Million Dollar Baby）

襟抱堂感悟：正如导演伊斯特伍德所说的，“这不是一个关于拳击的故事，是关于希望、梦想和爱的故事”，创业者能从中认识到，金钱不是最重要的，希望＋梦想＋爱才是我们持之以恒奋斗的原因。

NO4. 律政俏佳人（Legally Blonde）

襟抱堂感悟：这不仅是一部给美国年轻一代尤其是年轻女性的励志电影，更像是一部告诉年轻女性们该如何去维护自己的权利的影片。自由与权利，是创业者们最基本的诉求，女性创业者同样需要以此自励。

NO5. 喜剧之王（King Of Comedy）

襟抱堂感悟：这是所有周星驰的影片中最有意思的一部，其中有小人物的辛酸历程，是周星驰自己的真实写照。影片中说："如果人活着没有理想，那和咸鱼有什么分别？"

NO6. 心灵捕手（Good Will Hunting）

襟抱堂感悟：一部好电影总能在不经意间打动你。桑恩教授与威尔从最初的略显敌对到慢慢了解，直至桑恩教授帮助威尔找寻到了自己的人生目标。正如一杯浓郁的黑咖啡，细细品尝，方能享受到其中的浓香！

NO7. 穿普拉达的女王（The Devil Wears Prada）

襟抱堂感悟：安德丽娅刚刚离开校园便找到了一份万千女孩梦寐以求的工作——时尚杂志主编助理。虽能近距离接触名流和时尚，但被老板压迫的滋味同样让其饱受折磨。或许，只有创业才是离梦想最近的状态。

NO8. 美丽心灵（A Beautiful Mind）

襟抱堂感悟：一个80岁时凭自己20岁的理论获得诺贝尔经济学奖的人。一个伟大的学者，一个生活的强者，一辈子都在和自己严重的幻想症做斗争。创业比获得诺贝尔奖要容易得多——所以，年龄不是问题，心态最重要。

1.3.2.4 创业精神的培养

创业精神的培养要以科学发展观为思想指导，以思想政治教育的理论和方法为基础，通过科学有效的教育手段，树立崇高的创业理想，以国家、民族的发展为己任；激发强烈的创业意向，主动学习创业技能，提高创业能力；塑造良好的创业心理品质，勇于创新、敢于冒险、坚韧不拔、独立自信，迎接创业中的困难和挑战；养成高尚的创业规范意识，遵守道德标准，严守行为规范，诚实守信、积极奉献，为社会创造财富，实现个人自由全面发展。

1.3.2.4.1 树立创业理想

创业理想对创业者是否创业具有重要作用。只有在崇高理想的激励和鼓舞下，创业者的创业活动才能充满朝气和活力，才能有效地控制和压抑与创业目标相悖的行为冲动，使创业者努力克服创业过程中的困难和挫折，向着既定目标前进。创业理想是人生理想的重要组成部分，是人生观、价值观、世界观的体现，是从事创业实践活动的精神支柱。

1.3.2.4.2　激发创业意向

创业意向是创业者对创业活动的倾向性反应，包括创业兴趣、创业需要、创业动机等内容。它体现出创业者对待创业的态度和行为取向。创业意向的强弱与创业行为的出现呈正相关。提高创业兴趣，增强创业需要和创业动机，能够有效激发创业的积极性。

1.3.2.4.3　塑造创业心理品质

创业心理品质反映了创业者的意志和情感，良好的创业心理品质是创业成功的前提和条件。创业心理品质虽然受到创业者人格特质的影响，但也能够通过教育和训练获得提升。创业是长期而艰苦的工作，只有具备优秀心理品质的人，才能忍受超常的压力，承受巨大的风险。因此，创业心理品质是培养创业精神的重要环节。

1.3.2.4.4　养成创业规范意识

用高尚的道德标准教育和约束大学生的行为，使大学生自觉遵守职业道德、商业规则，学会诚信经营、义利并重，自觉抵制个人欲望的过度膨胀，维护社会公德，妥善处理各种社会关系，积极回报社会。

我国正处在一个伟大的变革时代，随着社会主义经济市场化和经济全球化的推进，人们的生产生活方式、社会关系、价值观念乃至文明形态都发生着深刻的变化。创业作为经济发展的原动力，是富国强民的重要途径之一。创业精神的培养既是对社会主义核心价值观的践行过程，也是实现人的自由全面发展目标的过程；是社会、高校、家庭的各方面资源对大学生进行的素质教育和能力提升，贯穿大学生的专业教育、社会实践、校园活动之中。因此，创业精神培养要坚持如下原则：

1.3.2.4.4.1　以人为本的原则

以人为本是科学发展观的核心思想，以实现人的全面发展。创业精神的培养要从大学生的利益和需要出发，基于大学生的思想和知识水平发展现状，以国家、民族发展需要为基础，制定科学的教育目标，创造良好的创业教育环境，发挥大学生的主观能动性，鼓励大学生积极投身于创业实践中去。在创业精神培养的教育策略选择上，要符合教育规律，遵循大学生心理发展的特点，突出大学生的主体性，激发自身的学习热情；要体现以人为本的原则，突出大学生在创业精神培养中的主体性地位；要有目的、有计划地组织各种创业教育活动，使学生自主、能动地生成和构建符合社会需要的道德品质和创业能力；要充分发挥教师、学生、教育环境的主体作用，创建和谐、宽松、民主的创业教育环境，使大学生采取适当的方式，追求幸福生活，开拓美好未来，实现自由全面发展。

1.3.2.4.4.2　与时俱进的原则

创业精神的培养要体现新时期社会主义的本质要求，同快速发展的社会经济文化环境、高等教育改革步伐相适应。与时俱进是指我们工作的方法和理论要体现时代性、把握规律性、富于创造性，要有一定的科学前瞻性，因地制宜地进行创业教育活动。以马克思主义为指导，以社会主义核心价值观为准则，在市场经济条件下培养学生遵守社会公德、公民道德，塑造社会主义理想人格，引导正确的创业实践活动。在新的形势下，引导学生正确认识当今社会的热点和难点问题，独立解决创业过程中出现的利益冲突，锻炼解决实际问题的能力。运用心理学、教育学、社会学研究的最新成果，采取渗透性的方法、引导的方法以及双向沟通的方法，使学生在参与过程中得到提高，使创业精神成为学生内心的需要。善于利用新的教育载体，在信息化时代发挥独特的作用，提高创业教育的实效性。

1.3.2.4.4.3　系统性的原则

创业精神的培养是一个系统工程，受到政治经济、文化风俗、家庭的养育方式、学校的教育模式、个人的性格特质等因素的影响。因此，创业精神的培养也是一个多因素、多角度、多渠道的教育过程。我们应遵循系统性原则，将学校教育、社会教育与家庭教育紧密结合，互为补充，形成强大的教育合力。

1.3.2.4.4.4　实践性的原则

实践是检验真理的唯一标准，实践是理论的源泉，理论来源于实践，并接受实践的检验。创业精神的培养不是纸上谈兵，离开了社会生活实践，创业教育就成了无源之水、无本之木。实践对人的教育是最直接、最有价值的，它既有利于学生对创业情感的真实体验，又有助于形成良好的创业心理品质。因此，创业精神的培养要从实践出发，只有这样，创业认识才最深刻，创业动机才最自然，创业理想和道德观念才能最有效地内化为行动指南。

创业宣言

【德国】阿尔贝特·施威茨尔

我怎会敢于庸碌，打破常规的束缚是我神圣的权利，只要我能做到。

赐予我机会和挑战吧，安稳与舒适并不使我心驰神往。

不愿做个循规蹈矩的人，不愿唯唯诺诺、麻木不仁。

我渴望遭遇惊涛骇浪，去实现我的梦想，

历经千难万险，哪怕折戟沉沙，也要为争取成功的快乐而冲浪。

面对生活的挑战，我将大步向前，

安逸的生活怎值得留恋，乌托邦似的宁静只能使我昏昏欲睡。

我更向往成功，向往振奋和激动。

舒适的生活，怎能让我出卖自己，怜悯的施舍更买不走人的尊严。

我已学会，独立思考，自由地行动，

面对这个世界，我要大声宣布——这，是我的杰作！

资料来源：https://zhidao.baidu.com/question/579507319.html.

1.4 创业类型

小红书

小红书是跨境电商领域里杀出的一匹黑马，一年内就成功找到社区电商模式，以社区购物模式切入，升级为社区型电商，并迎来销售额的大爆发。

小红书创立于2013年，最初叫“香港购物指南”，用户可以在上面分享自己的海外购物笔记。创始人毛文超很快发现了其中的商机：在社区中卖产品，并试水成功。直到同年12月，小红书搭起了自己的供应链系统，转型为社区型电商平台。以信息驱动，用户生产内容，通过真正的社交信息流方式，将线下逛商场时的冲动消费场景搬到了线上。

作为创业团队中的佼佼者，小红书一夜爆发并不是偶然。在跨境电商的风口上，小红书刚好赶上85后到90后用户高端消费力崛起，以及淘宝、天猫、京东等电商平台多年来培育好的用户网购习惯，这些独到的优势，让小红书快速成为创业风向标。

资料来源：https://wenku.baidu.com/view/8a367c8870fe910ef12d2af90242a8956becaa38.html.

【思考与讨论】

分析小红书是哪种创业企业。

1.4.1 生存型创业与机会型创业

基于动机对创业进行分类，将创业分为生存型和机会型两种。

生存型创业：是创业者为了生存，没有其他选择而无奈进行的创业，显示出创业者的被动性。其特点是在现有市场中捕捉机会，表现出创业市场的现实性。从事的是技术壁垒低、不需要很高技能的行业。主要受生活所迫，物质资源贫乏，从事低成本、低门槛、低风险、低利润的创业，往往无力用工。

案例 1-5

创业者——马云

马云家境普通，13 岁时，因为打架记过太多，曾被迫转学到杭州八中。马云参加中考，考了两年才考上一所极其普通的高中。1982 年，马云第一次参加高考，落榜。之后他跟表弟到一家酒店应聘服务生，结果表弟被录用，自己惨遭拒绝，老板给出的理由是马云又瘦又矮，长相不好。后来马云做过秘书、搬运工人。1983 年，马云第二次参加高考，再次落榜，数学提高到了 19 分。1984 年，马云不顾家人的极力反对第三次参加高考，但总分离本科线还差 5 分。由于英语成绩优秀，马云被杭州师范学院破格录取，升入外语本科专业。

进入大学后，马云变成了品学兼优的好学生，凭借出色的英语稳坐外语系前五名。马云曾当选学生会主席，还担任了两届杭州市学联主席。1988 年，马云毕业，成为一名杭州电子工业学院的英语老师。

1992 年，马云成立海博翻译社，请退休老师做翻译。为生存下去，马云背着大麻袋到义乌、广州去进货，海博翻译社开始卖鲜花、卖礼品，还曾经销售过年的医药，推销对象上至大医院，下至赤脚医生。一直到 1995 年年初，海博翻译社才开始赚钱。马云作为翻译来到洛杉矶沟通落实高速公路投资未果后，从洛杉矶飞到西雅图找比尔，比尔领着马云去西雅图第一个 ISP 公司——VBN 参观。1995 年 3 月，马云自己拿出六七千元，向妹妹、妹夫借了一万多元，凑足了 2 万元，成立中国第一家互联网商业公司——杭州海博电脑服务有限公司。3 名员工是马云、马云夫人张瑛和何一兵。1995 年 5 月，中国黄页正式上线，马云开始从身边的朋友做生意。此时，离中国能上 Internet 还有 3 个月。

1999 年 3 月，马云放弃“中国黄页”，与后来被称为“18 罗汉”的马云团队回到杭州，凑够 50 万元，开始了新一轮创业，开发阿里巴巴网站。1999 年 4 月 15 日，阿里巴巴网站正式上线。2003 年 5 月 10 日，马云创立淘宝网。2004 年 12 月，马云创立第三方网上支付平台——支付宝。2014 年 9 月 19 日，阿里巴巴集团于纽约证券交易所正式挂牌上市。2015 年 10 月 23 日，51 岁的马云及其家族以 1 350 亿元资产蝉联中国 IT 业首富，在 13 年里财富增长 540 倍。2015 年 11 月 4 日，马云名列《福布斯》全球最有权力人物排行榜第 22 位。2016 福布斯中国富豪榜公布，马云以 282 亿美元财富，排名第二位。

资料来源：https://www.taodocs.com/p-200405657.html.

机会型创业：是指创业者为了追求一个商业机会而从事创业的活动。相比生存型创业，机会型创业不仅能解决自己的就业问题，而且能解决更多人的就业问题。另外，机会型创业着眼于新的市场机会，拥有更高的技术含量，有可能创造更大的经济效益，从而改善经济结构。无论是从缓解就业压力还是改善经济结构的目的出发，政府和社会都应该更加关注机会型创业，大力倡导机会型创业。

案例 1－6

创业者——刘原平

合肥国家高新技术产业开发区创业服务中心的一家在孵企业，由中国科学技术大学退学博士刘原平创办，是安徽省唯一一家生产敏感元器件的企业，也是安徽省第一家成功融入风险资本的小企业。创业者刘原平 1994 年尚未完成博士学业，就因研制出生产敏感材料的配方开始创业。他擅长技术，不懂管理，属于典型的机会型创业。这个企业规模很小，注册资本 12 万元，两个股东，全部现金出资，但是他们的产品技术含量高，拥有基片制造的专有技术，能小批量生产 NTC 热敏电阻，并已开发出冰箱和汽车用的温度传感器、微小型片式热敏电阻、高精度小型 NTC 热敏电阻（MF5A）系列产品，具有替代进口、质优价廉等特点。他们自行研制的热敏电阻自动插片设备是国内首创，申请了国家专利。这个小企业市场前景好，公司根本没有销售人员，就靠传真机，客户需要什么样的敏感元器件，把图纸传真过来，按照图纸上的技术参数生产出来，发货收款就行了，订单不断却供应不上，废品率也居高不下。

资料来源：http://www.doc88.com/p-112663526893.html.

1.4.2　冒险型创业与安定型创业

按照创业的初始条件对企业类型进行分类，将创业分为冒险型创业与安定型创业。

冒险型创业：是指一种难度很高，有较高的失败率，但成功所得的报酬也很惊人的创业类型。这种类型的创业如果想要获得成功，必须在创业者能力、创业时机、创业精神发挥、创业策略研究拟订、经营模式设计、创业过程管理等各方面都有很好的搭配。

冒险型创业的特点：冒险型创业属于机会型创业的一种。在这种创业活动中，创业者在实现商业机会的同时，追求高利润回报，承担较大的风险。经济利润的刺激同实现商业机会的欲望对于创业者来说具有同样的吸引力。冒险型创业模式，将极大地改变个人命运，从事一项全新的产品经营，个人前途的不确定性也很大。同时，由于是创造新价值的活动，将面临较大的失败的可能性。尽管如此，由于这种创业预期的报酬较高，对那些充满创新精神的人来说仍富有诱惑力，但是它需要创业者有高超的能力、适当的创业时机、合理的创业方案以及科学的创业管理。

案例 1-7

创业者——郭敬明

郭敬明，这个伴随 80 后成长的名字，如今他的小说也影响着 90 后，并开始被 00 后所喜爱。从一个创业者的身份来看，他是成功的，郭敬明大学时期便开始创业，虽然他常年霸占着中国作家收入排行榜榜首，但是他在商业上的成功甚至让他的作家身份也黯然失色。如果你只是觉得这个瘦弱的男人只会玩弄一些小女生喜欢的华而不实的文字，那么你就太小看他了。郭敬明绝对有着惊人的商业嗅觉。郭敬明在大学时便成立"岛"工作室，出版一系列针对自己小说受众的杂志与期刊，而后成立柯艾文化传播有限公司，逐渐建立起自己的商业版图。而且，以今天各个期刊报纸纷纷转型产业链服务来看，郭敬明早在 2005 年就察觉了这一点，从那时起他就为刊物读者提供"立体服务"，例如：推出音乐小说《迷藏》，推出小说主题的写真集，拍摄《梦里花落知多少》偶像剧，在青春读物的基础上打造了一条属于自己受众的文化消费产业链，开始深耕产业布局。而今，郭敬明已经用自己的小说《小时代》拍摄了电影，第一部便直奔 5 亿元的票房……知乎上有人这么描述郭敬明："其实中国的年轻人并没有什么本质的变化。对于大学和社会的幻想，对于爱情和成功的畅想，对于华服美食的渴望，是每一代中学生的必由之路。真正重要的其实仍是郭敬明本人。他或许是中国这二十年来唯一一个认真去满足上述需求的作者。"真正伟大的创业者是干什么的？——满足大众的需求。

资料来源：https://www.360kuai.com/pc/964f173b5b64d9f45?cota=4&kuai_so=1&tj_url=so_rec&sign=360_57c3bbd1&refer_scene=so_1.

安定型创业：这种形式的创业，虽然为市场创造了新的价值，但对创业者而言，本身并没有太大的改变，做的也是比较熟悉的工作。这种创业类型强调的是创业精神的实现，也就是创新的活动，而不是新组织的创造，企业内部创业即属于这一类型。如研发单位的某小组在开发完成一项新产品后，继续在该企业部门开发另一项新品。

案例 1－8

创业者——杨明平

超级课堂的联合创始人杨明平是典型的大学生创业者，并且是一位连续创业者。杨明平毕业于中欧国际工商学院。2005 年，上大三的他接手了学校边上的一家川菜馆，把此店发展到拥有 400 多平方米、一年 200 多万元营业额规模的火锅店，大学的创业经历为他赢得第一桶金。而后杨明平决定朝着更大的方向发展，进入在线教育领域，创建超级课堂。超级课堂成立于 2010 年 10 月，将线下教育搬到线上，为中小学学生提供好莱坞大片式的网络互动学习课程。

资料来源：https://www.docin.com/p-2191893560.html.

1.4.3 复制型创业、模仿型创业与创新型创业

按照创业的形式对企业类型进行分类，可以分为复制型创业、模仿型创业和创新型创业。

复制型创业：复制原有公司的经营模式，创新的成分很低。如某人原本在餐厅里担任厨师，后来离职自行创立一家与原服务餐厅类似的新餐厅。新创公司中属于复制型创业的比率虽然很高，但由于这类型创业的创新贡献太低，缺乏创业精神的内涵，不是创业管理主要研究的对象。这种类型的创业基本上只能称为“如何开办新公司”，因此很少会被列为创业管理课程中学习的对象。

案例 1－9

创业者——王小牛

王小牛，男，30 岁。大学毕业后，王小牛在一家知名的电脑厂谋到了市场调研员一职，做了 3 年。到了第 4 年，老板看他人挺灵活，手脚麻利，就把他调到销售部。王小牛也做得风生水起，月月刷新销售纪录。就这么又做了 4 年，王小牛已经 29 岁，漂亮的业绩为他带来丰厚的收入，以及老板和同事的尊重，他开始思索起了人生：难道就这么一直做下去？我都能看到自己 20 年后的样子。好朋友也在一旁怂恿，加上彼时王小牛和老板之间有些意见不合，不免有些心动。

人最怕就是有了想法，一旦有了，心里就越来越痒。王小牛的内心开始斗争：想辞职全心全意创业，可又怕万一失败，没有退路；不辞职吧，又怕分身乏术，无法兼顾好。想来想去，他打算先放一只脚下去试试深浅，如果水太深，还有另

一只脚在岸上呢。

于是他注册了一家公司，凭着几年下来积累的客户关系，神不知鬼不觉地把原本应该下到原公司的订单，转移到了自己的公司。慢慢的，订单越来越多，数目也越来越大，他决定把另外一只脚也放下去，要在商海里畅游！可是，他得编个理由炒掉老东家，想来想去，他跟老板说：做了这么多年，觉得很累，想休息一下。

自此以后，王小牛全情投入到他伟大的事业当中，新公司完全复制了老东家的商业模式，一样的客户、一样的系统，甚至连网站上的某些数据都照搬！由于在老东家的积累，王小牛创业必备的资金、经验、人脉、激情一个都不少，两年后公司已颇具规模。

资料来源：http://magazine.cyzone.cn/article/197360.html.

模仿型创业：这种形式的创业，虽然也无法给市场带来新价值的创造，创新的成分也很低，但与复制型创业的不同之处在于，创业过程对于创业者而言还是具有很大的冒险成分。如某一纺织公司的经理辞掉工作，开设一家当下流行的网络咖啡店。这种形式的创业具有较高的不确定性，学习过程长，犯错机会多，代价也较高昂。这种创业者如果具有适合的创业人格特性，经过系统的创业管理培训，掌握正确的市场进入时机，还有很大机会可以获得成功。

创新型创业：是指创业者建立新的市场和顾客群，突破传统的经营理念，通过自身的创造性活动引导新市场的开发和形成，通过培育市场来营造商机，不断满足顾客的现有需求，开发其潜在需求，逐步建立起顾客的忠诚度和对企业的依赖，是对经济社会的全面进步提供巨大的原动力的一类创业模式。

创业者——刘庆峰

1999年，26岁的中国科技大学博士二年级学生刘庆峰带领十几名同学创立科大讯飞。当时创业的初衷很简单，就是让机器设备像人一样能听会说。

科大讯飞创业的第一年，几乎颗粒无收。“我们到底要不要做语音?”团队中很多人提出疑问，有人说刘庆峰的团队不如做语音系统的服务器，甚至有人说不如做房地产。

刘庆峰却非常固执，科大讯飞只做他们喜欢而且能做的事情——中国乃至全球语音产业的龙头。2008年，科大讯飞在深交所上市，成为中国在校大学生创业的第一家上市公司。如今，在中国移动语音领域，科大讯飞已经占据70%的市场份额，总市值超过360亿元，成为国内绝对的行业领头羊。面对外企和中国互联网企业的潜在竞争，科大讯飞也在积极寻求转型，在2B和2C中摸索前行。

目前，在2B领域，科大讯飞在教育、医疗、汽车、客服4个领域已经有不少积累和优势。刘庆峰认为，人工智能将不仅是替代简单重复的劳动，未来越来越多复杂的高级脑力活动可以被人工智能替代。

资料来源：https://news.qichacha.com/postnews_f9ac157e7226b251e410a778638b5f9c.html.

1.4.4 从创业者角度对创业企业的分类

1.4.4.1 独立创业

独立创业是指由创业者个人全额出资，独自经营并独自承担风险、享有创业成果的一种创业组织形态。基本包括个体工商户、民营企业、自由职业和家族创业4种形式。

个体工商户是指由公民个人占有生产资料，主要依靠自己或家庭成员的劳动，从事商品生产、商品销售或劳务服务，劳动所得归个体经营者所有的经济组织。一般雇工在8人以下。

民营企业是指由自然人投资设立或由自然人控股，以雇佣劳动为基础的营利性经济组织。一般雇工在8人以上。

自由职业是由于经济发展、社会分工和择业观念的变化产生的只是密集型智力行业，从业者具有专业特长。

家族创业是指依赖血缘与亲情关系将创业成员团结起来，共同创建并经营企业的一种创业模式。家族成员拥有部分或全部资产所有权并全部或部分掌握其经营权的一种经营组织。

《福布斯》杂志与中国家族企业

《福布斯》杂志刚刚公布了中国家族企业风云榜，分别列举了在中国A股市场上表现最好和表现最差的10家上市家族企业。表现最好的家族企业前三名是：江苏宿迁，主营基础化工和信托网建设的吴培服家族；广东深圳，主营环境与设施服务的刘水家族；广东深圳，生产半导体产品的林洺锋家族。表现最差的家族企业是：广东主营房地产开发的刘绍喜家族和同样在广东主营休闲用品的廖学金家族，以及江苏主营建筑、农业机械与重型卡车的陶安祥家族。

《福布斯》杂志为何会关注到中国的家族企业呢？该杂志工作人员宋小姐表示，因为中国国内的家族企业起步比较晚，而且这些家族企业的体制变化也非常有意思。如今，家族企业面临传承问题，所以《福布斯》认为这是一个非常值得探讨和研究的话题。

根据《福布斯》杂志的统计，在中国 2 272 家上市企业中，1 268 家为民营上市企业，这其中 460 家为家族企业，占民营上市企业总数的 32.68%。今年 IPO 的家族企业有 62 家，占今年 IPO 总数的 44.6%。事实上，从 2006 年起，家族企业的上市就呈现井喷之势，一共有 370 家企业在最近的 5 年中进入资本市场。可以说，家族企业今年来的表现非常活跃。

而且，从数据上看，上市家族企业的表现要优于非家族企业，它的总资产回报率达到了 6.66%，这明显要优于国有上市企业的 1.75% 和上市非家族企业 2.82% 的回报率。在净利润复合增长率方面，家族上市企业虽略逊于上市民营非家族企业，但还是远好于上市国有企业。这种情况与欧美上市家族企业的表现基本一致。

那么这些家族成员在企业里扮演什么样的角色呢？根据《福布斯》杂志统计出的数据，虽然在这些企业的高管中，仅有 14% 为家族成员，非家族成员的比例高达 86%，但是企业的决策权仍然牢牢地掌握在家族成员手里。因为 80% 的董事长都是家族成员。但是到了执行层面上，家族成员和职业经理人则是平分秋色。

资料来源：https://www.doc88.com/p-663160957814.html.

1.4.4.2　合伙创业

合伙企业指依法在中国境内设立的由两个以上的创业者订立合伙协议，共同出资、合伙经营、共享收益、共担风险，并对合伙企业债务承担无限连带责任的营利性组织。

合伙企业的债务清偿

1998 年 1 月，甲、乙、丙三人共同设立合伙企业。合伙协议约定：甲以现金人民币 5 万元出资，乙以房屋作价人民币 8 万元出资，丙以劳务作价人民币 4 万元出资，各合伙人按相同比例分配盈利、分担亏损。合伙企业成立后，为扩大经营，于1998年6月向银行贷款人民币5万元，期限为1年。1998年8月，甲提出退伙，鉴于当时合伙企业盈利，乙、丙表示同意。同月，甲办理了退伙结算手续。1998年9月，丁入伙。丁入伙后，因经营环境变化，企业严重亏损。1999年5月，乙、丙、丁决定解散合伙企业，并将合伙企业现有财产价值人民币3万元予以分配，但对未到期的银行贷款未予清偿。1999年6月，银行贷款到期后，银行找合伙企业清偿债务，发现该企业已经解散，遂向甲要求偿还全部贷款，甲称自己早已退伙，不负责清偿债务。银行向丁要求偿还全部贷款，丁称该笔贷款是在自己入伙前发生的，不负责清偿。银行向乙要求偿还全部贷款，乙表示只按照合伙协议约定的比例清偿相应数额。银行向丙要求偿还全部贷款，丙则表示自己是以劳务出资的，不承担偿还贷款义务。要求：根据以上事实，回答下列问题：

（1）甲、乙、丙、丁各自的主张能否成立？请说明理由。

（2）合伙企业所欠银行贷款应如何清偿？

（3）在银行贷款到期后，甲、乙、丙、丁内部之间应如何分担清偿责任？

资料来源：https://www.zybang.com/question/a84c831f1d527ace5bff2241e771e525.html.

1.4.4.3 集团创业

集团创业是指创业者集体以一定章程和组织形式组织起来的以法人形式从事企业经营的创业模式。其表现形式有：公司企业、集体企业、国有企业、联合企业。

1.4.4.4 增员创业

增员企业是以团队规模取胜的一种借力创业的模式，主要包括直销和寿险营销两大类。

直销是指企业招募直销员，由直销员在固定营业场所之外直接向最终消费者推销产品的经销方式。

直销

直销起源于中国的清末民初。早在1929年，中国内地的王星记扇庄的第二代当家——王子清就曾用一种类似直销的方式招揽生意：无论什么人，只要给王星记介绍业务，均可得到成交额5％～10％的佣金。这是世界上最早有史料记载的直销，也是直销的起源。现代直销起源于美国。直销最早的萌芽始于 20 世纪 40 年代，由犹太人卡撒贝创立。

寿险营销是指主要靠发展具有血缘关系的团队成就自我经营的方式。

赚钱的途径主要有 3 条：一是做好个人的财务安排，让钱生钱；二是靠个人做业绩赚取佣金；三是靠发展团队，如同开办代理公司，可以赚取更多的钱。

本章小结

创业是创业者通过发现和识别商业机会，在资源缺乏的情况下组织各种资源，提供产品和服务，以创造价值的过程。创业管理涉及组织创建、新企业运营和制度化建设等问题。创业要求创业者不仅要培养战略素质、激励素质、创新素质、自我展现素质和抗风险的素质，还要具备创新、冒险、合作、务实和执着的创业精神。我国的内外环境蕴含大量的创业机会，民间丰富的创意导致大量的创新活动，创新活动又导致大量的创业实践，并带动就业与社会发展；创业的类型依据不同的标准可以划分为：生存型创业与机会型创业，冒险型创业与安定型创业，复制型创业、模仿型创业及创新型创业。

核心概念

创业、创新、创业管理、创业素质、创业精神、生存型创业、机会型创业、冒险型创业、安定型创业、复制型创业、模仿型创业、创新型创业。

实训操作

一、实训目的

通过实训与操作活动，熟记创业类型、创业精神及创业素质。锻炼学生的反应能力，熟记知识能力及勇于表现自我能力。

二、实训内容

以老师为主，通过学过的内容做一个简短的知识抢答比赛。可以分组进行，也可以以个人为单位、自由组合等形式进行。

三、实训组织与实施

（1）老师制定并宣布知识抢答赛的规则和计分要求，设置一些奖励，根据分组的情况考虑设几个奖。

（2）选出记分员和计时员对答题的情况进行登记。

（3）最后通过得分算出一、二、三等奖。

（4）颁奖。

拓展游戏

我还能做什么

1. 游戏目的

创新的一个关键性前提就是要打破旧思维的约束。在本游戏中，通过共同发掘自己没有认识到的能力，帮助我们重新审视、认识自己的能力，突破思维局限，勇于创新。

2. 参加人数

全体，四人一组。

3. 时间

10 分钟。

4. 道具

无。

5. 游戏规则

老师问大家：你能做什么？你的能力在哪里？事实上，每个人具备的能力可能有上百种之多，所以认真地探索你的技能，你会惊讶自己竟然如此多才多艺。

就下列题目，请学员在空白纸上填写：

（1）在纸上列下你曾经成功完成的事情（如办一项社团活动、微积分考 90 分以上、打电动游戏超过原有纪录），并于其后想想完成这件事情需要有哪些能力，并将之列下。

（2）回顾你曾经受过的教育、所修的课程，在这些过程中，你学会了哪些技能，将它们列下来。

（3）再想想你平时常常从事的活动，列下这些活动需要的技能，继续扩充你的技能表。

（4）请回想一次你在工作（不单指职业，指你曾做过的事）上曾经历的一次高峰经验（意指很快乐、很感动的一刻），与你旁边的同学分享这次经验，并分析在这次经验中显现了你的哪些能力，把它列下来。

（5）将学生分为四人一组，分享彼此所列的能力表，同时互相讨论与这些能力有关的职业有哪些。

6. 游戏注意事项

也许有人认为能把电动游戏打破纪录没有什么了不起的，但是实际上打电动游戏需要脑力、身体协调能力等诸多方面的配合，所以不要轻视这些看似简单的事情，因为你一生中的大多数时间都是在与这些小事情打交道，这些才能真正反映你的能力。只有认识到自己还能做一些平时想都没想过的事情，才能够帮助我们更好地发挥自己的能力，做出让人意想不到的事情来。

最后要告诉大家每个人都有闪光点，切勿妄自菲薄，轻视自己的能力。

7. 游戏相关讨论

（1）游戏一开始时你是否觉得自己的某些技能是不值一提的？玩了一段时间之后呢？

（2）这个游戏对于我们寻找合适的工作有什么帮助？

思考练习

1. 为什么要创业？

2. 总结创业企业的类型。

3. 总结创业者应该具备的能力与素质。

4. 创业精神是什么？

5. 如何培养创业精神？

6. 创业精神的本质是什么？

7. 拥有创业精神有哪些作用？

8. 作为一名大学生，可以从哪些方面受到启发，可以从哪些方面着手，使自己创业成功？

9. 创业与创新的关系是什么？

10. 简述创业管理的内涵。

11. 简述创业的概念、特征。

12. 分析创新的概念、特征及分类。

第 2 章　创业环境

【学习目标】

（1）了解中国创业时代的特征。

（2）分析创业企业的特征。

（3）掌握创业环境的基本评估方法。

2.1　创业时代的特征

案例引入

网络春晚

随着网络文化的发展与新兴传播工具的运用，为了满足观众需求，从 2011 年开始，连续推出网络春晚，将网络直播概念和直播技术运用到晚会中，实现了电视大屏与手机小屏的深度融合，也实现了全媒体覆盖和实时呈现，迅速俘获了大批观众。

建立在“直播＋”基础上的春晚，首先，在舞台设计上，以多部手机屏的模式搭建舞台，契合了当下移动直播的新潮流，以简单大方的风格呈现 360 度的全景视觉效果。其次，网络春晚开启“直播欢唱”的直播互动环节，通过云视频技术“接歌”，将场内场外、演员观众“连”在一起，实现了趣味性与即时性的隔空表演，精彩内容不断，创新“年味”十足。

晚会之所以融入网络直播概念，其实是对当下最火热的网络直播现象的回应。2016 年被称为“直播元年”，网络直播风靡网络，很多网民都玩起了直播。实际上，传统媒体向融媒体转变的过程，也正是运用新的传播技术生产全新内容的过程。有了直播元素的网络春晚，不仅接地气，还更新潮、更好看，也体现出央视在融媒体方面的积极态度和努力，将网络直播概念与一些更宏大的社会命题对接起来。

除了网络直播，节目还通过人机 PK 等环节，将近年来“互联网＋”、人工智能方面取得的成就展现在观众面前，给晚会增添了最新、最先进的元素。种种创新，无不体现出央视的用心、用力，向观众传递出永立时代潮头、不断追求创新的理念。

资料来源：https//baike.baidu.com/item/%E7%BD%91%E7%BB%9C%E6%96%87%E5%8C%96/755111?fr=aladdin.

【思考与讨论】

1. 互联网为何能快速融入我们的生活？为我们生活带来了哪些便利？
2. 总结互联网的发展历程。

2.1.1　互联网发展

1994 年被认为是中国互联网元年，互联网行业包括互联网内容供应商、门户网站、互联网服务供应商、电信设备制造商、电子商务、软件和其他相关活动。根据 2017 年 8 月 4 日发布的《中国互联网络发展状况统计报告》显示，中国网民规模达到 7.51 亿。表 2 - 1 记录了 1994—2018 年间中国互联网发展史上的大事件，中国互联网相关 GDP 对全国 GDP 总额贡献率高达 6.93%，位居世界第二。网络零售额从 2010 年 1.3 万亿元增长到 5.3 万亿元，第三方支付金额从 2011 年的 0.2 万亿元增加至 58.8 万亿元。中国互联网的监管框架主要受到不同机构和规章制度的相互影响，监管机构是国务院信息部门和行业信息部（MIIT）。

表 2 - 1　中国互联网的演变

时间	事件
1994.4	NCFC 与美国 Spring 公司合作部署了 64k 专用网络电路（IPLC），国内互联网连接实现了互联互通，拥有了完整的功能，这个时间被认为标志着中国互联网的开始。
1998.3	信息产业部成立。8 月，公安部组建了一个计算机网络安全监督管理部门，专门用以打击网络犯罪。同年，张朝阳正式成立搜狐网，11 月腾讯成立，12 月王志东先生创立新浪网络。
1999.1	大规模的“电子政务运动”促进了政府网站的发展。同年 7 月，中国互联网通信有限公司成为首家在美国纳斯达克上市的中国互联网公司。9 月，阿里巴巴集团成立。
2007.7	中国发布首个电子商务发展计划。
2012.2	MIIT 发布了一份关于物联网的五年发展计划。同年 12 月，最高立法机构通过一项关于保护个人信息的规定，要求互联网用户向服务供应商提供真实姓名，即网络实名制。
2015.3	“互联网+”正式出现在当年政府工作报告中。
2016	自媒体、网络直播等百家争鸣，同年 12 月知识付费崛起。

续表

时间	事件
2017	华为、寒武纪等中国公司在人工智能芯片方面取得了不俗的成绩。人工智能通过以图搜图、人脸识别、人机交互、智能写稿、无人超市、无人驾驶等多方面影响着人们的生活。
2018	物联网与云计算、大数据、人工智能、5G、低功耗广域通信网等新技术加速融合、运营。

知识链接

融媒体

“融媒体”是充分利用媒介载体，把广播、电视、报纸等既有共同点，又存在互补性的不同媒体，在人力、内容、宣传等方面进行全面整合，实现“资源通融、内容兼容、宣传互融、利益共融”的新型媒体。

2.1.2 互联网创业

什么是互联网创业？要解决这个问题首先要掌握创业的定义。

在第1章中已经详细地介绍了创业的内涵和特征及创业的类型，这里就根据上文的创业来定义互联网创业。

“Entrepreneur”一词最早由法国经济学家理查德·坎蒂隆（Richard Catillon）于18世纪后期提出并使用，在这之后被纳入经济学的研究领域当中。坎蒂隆认为创业者、企业家的本质就是承担经济活动中的风险，而在之后的一段时间里，创业主要关注创业者、团队、资源、市场和环境等具体要素。

创业活动指的是创业者在特定的创业环境下对商业机会进行识别，并通过资源协调、创办新组织和开展新业务等方式对商业机会进行开发的整个活动过程。以创业理论为基础，结合国内外互联网发展历程、趋势和特点，将互联网创业定义为：互联网＋创业，即借助互联网思维指导，对传统行业进行生产力变革，以改革创新的方式促进经济发展，最终目的是实现产业振兴、信息惠民和加强治理。

互联网这个虚拟世界容纳了人们的交友、娱乐、购物和支付等行为，同时改变了社会经济结合和商业发展模式。互联网行业是用于技术Know-how的产业，创业启动门槛较低，创业机会、创业资源较多，但创业成功率却奇低，大多数企业生存能力和盈利能力都很低，往往昙花一现后就无以为继。随着科技的不断进步，用户对于产品和服务的要求不断提高，互联网行业对于创业企业的准入门槛和商业模式的要求也随之上升。从 2017 年的技术成熟度曲线（Hype Cycle）中可以总结出之后的发展趋势主要围绕以下三点：

（1）无处不在的人工智能，主要涵盖深度学习、深度神经网络、通用智能、无人驾驶等。

（2）强调交互体验，强化个体、组织和实体之间的联系，主要技术涵盖：4D 打印、VR/AR、人体增强、立体显示和接口等。

（3）数字化平台，这是新商业模式的基础，企业需要依据行业生态发展，重新制定商业模式和企业战略。互联网行业发展的周期性、发展特点，可以参考技术成熟度曲线。

2.1.3　中国互联网创业分析

随着互联网行业的不断发展，社会、经济、文化等各个领域与其深度融合，以互联网为依托的创新创业活动对社会经济的发展起到重大的驱动作用。随着中华人民共和国的成立和改革开放之后社会、经济、科学、信息技术不断发展进步，中国社会经济的产业结构不断迭代升级，中国由传统的农业大国演变成今日多种产业共同繁荣的经济综合体。在这一过程中，中小型民营企业为国内商业环境焕发生机和活力起到重要的推动作用。发展至今，国内的创业主要呈现三个阶段。

第一个阶段：1979—1989 属于草根创业的十年，个体户的诞生推动了新中国经济的复苏，也对计划经济造成了强烈的冲击，改变了中国社会的经济形态，这段时间国内出现了第一批企业家；1992—1997 年是商业发展的黄金时期，受邓小平同志“南方谈话”影响，知识分子群体中兴起了一波“国企员工扔掉铁饭碗下海经商”的浪潮，这个时期涌现出了俞敏洪、史玉柱、潘石屹等商业大佬；1997 年，互联网进入中国，进而迅速发展；21 世纪初，互联网泡沫破裂，但这并未阻碍互联网的发展，国内一大波互联网企业开始崭露头角并且在之后的发展中脱颖而出，成为中国新兴经济的代表，如腾讯、网易、阿里巴巴、搜狐、新浪等。创业者的形态也由个体转变为合伙人，由小商贩转变为创客。

第二个阶段：2014 年的夏季达沃斯论坛上，“万众创新”“人人创新”号召被首次提出，此后在各类场合中也频频出现；2015 年政府工作报告中提出“大众创业，万众创新”，随之创业火苗也出现在许多新兴产业如移动互联网、O2O、人工智能、互联网金融等领域当中。

第三个阶段：2017 年 9 月，第二届“全球 INS 中国众创空间行业峰会”在北京举行并发布了《2017 年中国创新创业报告》，根据报告显示，截至 2017 年第三季度，全国共有 150 余家创业企业样本“死亡”，近半数死亡企业成立于 2013 年，1/5

成立于2012年。从死亡的企业样本行业分布来看，死亡率最高集中在以下5个的行业：O2O、智能硬件、教育、房地产和汽车，侧面也能反映出这5个行业也是创业创投圈中的热门行业。

互联网的发展和技术的进步降低了获取用户的成本，进一步降低了创业门槛，激励了无数创业者的热情，而创业者则带来了先进的技术、高效的商业模式和无限的创意，为现代创业型企业的发展提供了新思路。

2.2 互联网企业价值特征

有米科技

有米创业的种子就来自华南理工大学的一间“小黑屋”，2009年陈第和李展铿在大三下学期的时候，组队参加了微软精英大奖赛，在学院的一间办公室里一猫就是大半年，做出了MYLIFE项目，并最终获得了全国第三的好成绩。比赛结束，创业的方向也大体明确了——移动互联网。

2009年到2010年，智能手机开始迅速普及，苹果系统和安卓系统兴起的趋势变得明朗，大量创业者开始加入App开发的大军。陈第他们也开发了大量的游戏和应用，有一些获得了不错的下载量，但是怎么盈利？没有人有方向。

2010年春夏之交，陈第在有“互联网女皇”之称的美国互联网分析师玛丽的年度报告中读到了一个陌生的名字——“Ad Mob”（广告帮），这是美国最新的移动广告平台，通过汇集供需两方的广告需求提供中介服务获利，当时在中国还没有对标的企业。“我意识到发现了一个金矿。”陈第笑着说。

通过创建移动广告平台，从苹果App和安卓系统内嵌广告条、插屏广告的形式起步，有米科技迅速起步。2010年下半年，淘宝成为有米第一个百万级用户，之后互联网巨头和游戏新贵的订单纷至沓来。2011年，有米创建了后来成为移动营销行业主流模式的“积分墙”业务模式。2012年12月，有米科技在没有融资的情况下实现扭亏为盈。

今天，在独立第三方App广告领域，有米科技无疑已是此中翘楚。随着业务多元化，有米科技预计年度收入规模接近10亿元。事实上从2013年起，公司的移动游戏平台和联运业务也开始全面发力，2015年，又进一步拓展到了海外和社交媒体广告领域。

“我们会跟着用户的触媒习惯走，这两年最大的趋势是从流量营销转向内容营销，内容成为中心量，所以我们做了‘米汇’，建立基于微博、微信生态的广告系统，上半年已经实现了2 000多万元的营收。”陈第说。

仅在微信公众号平台上，有米科技用一个十几人的团队管理着200多个公众号，吸引了2 000万粉丝。陈第告诉记者，他们选择的公众号大多是以地域为中心的消费型公号，选择的内容偏向于扁平、有趣、简短、娱乐、个性化，“有点污，慎入！”他半开玩笑地说：“下一步我们希望实现对内容的人工智能化的编辑和处理。”

资料来源：https://baike.baidu.com/item/%E6%9C%89%E7%B1%B3%E7%A7%91%E6%8A%80%E8%82%A1%E4%BB%BD%E6%9C%89%E9%99%90%E5%85%AC%E5%8F%B8/19517997?fr=aladdin.

【思考与讨论】

1. 浅析有米科技创业成功的原因。
2. 互联网企业创业所需的基本条件是什么？

2.2.1 互联网企业的定义

关于互联网企业的定义，业界较为认可的观点，即“互联网企业是指直接通过互联网或者和互联网相关的产品与服务中赚取部分或者全部收入的企业”。这里结合我国的实际情况将互联网企业的含义归纳为主营业务的推广、销售、服务等大部分都在互联网上进行的企业，不仅涵盖传统的软硬件研发领域，还包括近些年兴起的众多的2B/2C细分行业领域。可根据互联网企业主营方向的区别，细分为以下几类，如表2-2所示：

表2-2　互联网企业细分领域

分类	示例
基础类	各种云、大数据
工具类	搜索、新闻、浏览器
O2O	餐饮、租车、家政、旅游
教育生活	在线教育、健康管理
影音娱乐	视频、社交、阅读
游戏	端游（客户端游戏）、页游（网页游戏）、手游（手机游戏）
商务类	支付、电商、互联网金融

2.2.2 互联网企业的价值

新常态下，尽管资本寒冬笼罩，诸多媒体竞相报道众多企业难以融资，创业型企业倒闭的新闻比比皆是，然而我们依然能够看到不少互联网企业能突出重围获得资本市场的信任与支持。在艰难的商业环境下，互联网企业仍能为社会创造价值，创造或满足新的社会需求，是互联网企业散发蓬勃生命力的原因。互联网企业为社会创造的价值，可大致分为 3 种：

第一种是通过解决信息不对称以此来提高企业的运营效率。经济学家凯文·凯利（Kevin Kelly）曾预言，“未来 20～30 年，去中心化是不二法门”，互联网企业的职能之一就是去掉中间环节，使企业与客户能直接交流，通过渠道缩减、中介成本的降低从而达到产品价格的降低，让客户得到额外的价值，同样使整个人类社会运行更具效率化，最早一批比较有代表性的互联网企业有淘宝、携程和 58 同城等。

第二种是通过免费共享的方式，传播有价值的工具（或内容）。这类互联网企业同样能创造第一种价值，同时它们能生产有价值的工具（或内容），例如：360 安全卫士、高德地图和微信等，通过免费的方式传播这些内容以获取用户流量，既为用户提供了便利，也为社会创造了价值。互联网企业的制胜法宝就是通过免费共享的方式获取价值。阿里巴巴通过免费的淘宝和支付宝汇集海量用户，腾讯通过免费的微信和 QQ，百度通过免费的摸索引擎，360 安全卫士通过免费的杀毒软件，它们都是通过免费提供或者共享有价值的内容，从而获得海量用户，产生用户黏性并逐渐找到了盈利模式。

第三种是通过互联网直接替代较为昂贵的人工服务。随着移动互联网时代的到来，互联网已经不再局限于 PC 端，近些年疯狂蔓延到移动端。无论是通过 PC 端的互联网还是通过移动互联网，直接替代较为昂贵的人工服务，能为社会创造更大的价值。可汗学院，是由孟加拉裔美国人萨尔曼·可汗创立的一家教育性非营利组织，利用在线图书馆存储收藏了海量教学视频，将高品质的免费教育资源提供给世界各地用户，用户能够随时随地在可汗学院上听课，以此替代了昂贵的人工教学，可汗学院也因此估值上千亿美元。链景旅行 App，是国内一家移动旅行类产品，它既生产有价值内容、相关服务业，也可以替代人工服务。这款产品中利用优秀的导游人员把全世界景点语言讲解内容录制下来上传到 App，方便全球游客能够免费获得多国语言的景点讲解服务，从而替代了较为昂贵的人工服务。

强关系与弱关系

强关系指的是个人的社会网络同质性较强（即交往的人群从事的工作、掌握的信息都是趋同的），人与人的关系紧密，有很强的情感因素维系着人际关系。用中国人的话说，就是关系很“铁”。

反之，弱关系的特点是个人的社会网络异质性较强（即交往面很广，交往对象可能来自各个行业，因此可以获得的信息也是多方面的），人与人的关系并不紧密，也没有太多的感情维系，也就是我们说的泛泛之交。

格兰诺维特认为，关系的强弱决定了能够获得信息的性质以及个人达到其行动目的的可能性。在他做的调查中，美国社会是一个弱关系社会。也就是说，一个人认识的各行各业的人越多，就越容易办成他想要办成的事，而那些交往比较固定、比较狭窄的人则不容易办成事。

根据格兰诺维特的理论，华裔学者边燕杰提出了强关系假设，即认为中国社会并非美国的弱关系社会，而是一个强关系社会。也就是说，在中国，想要办成事，靠的不是弱关系所能够获得的信息的广度与多样性，而是强关系所能给予的确定而有力的帮助。我们通常说的“找关系”就是这个意思。可以说，边燕杰的强关系假设是很符合中国社会现实的。

2.2.3 互联网企业的新特征

互联网企业兴起伊始，就以诸多新特征而有别于传统企业。

首先，互联网企业大多是轻资产，既没有较大规模的设备、机器或者厂房，同样也很少有类似传统企业的有形产品，绝大部分互联网企业是由无形资产组成的，包括大量的软件应用、专利技术、高素质人才、创新精神等。

其次，互联网企业普遍具有较强的网络外部性。其产品与服务为使用者带来的价值随着该产品或服务的总消费量的增加而相应增加。梅特卡夫定律是网络外部性的理论基础，梅特卡夫指出网络的价值和互联网用户数的平方成正比例关系。我们熟知的 QQ，如果只有两名用户时几乎可以看作毫无价值，但如果有上万名用户时 QQ 对于使用者的价值远远比只有两人使用时的价值要高。2014 年 3 月 13 日，当 QQ 用户数过 2 亿时，腾讯控股市值达到 1 445 亿美元，一举超越思科（1 154 亿美元）、英特尔（1 232 亿美元）等老牌国际科技巨头。几乎所有互联网企业都重视用户数，同时互联网企业主要在虚拟网络中开展相关的业务活动，用户获取互联网企业的产品只需点击其网络页面或客户端即可。可以发现，这样的模式使得互联网企业拥有十分低甚至接近 0 的变动成本，用户数越庞大意味着平均成本越低，规模经济效应越强。

再次，投资互联网企业能获得高收益，但也存在高风险。正因为互联网企业网络外部性较强，一旦互联网企业在相关领域占据市场优势地位，积累庞大的用户数后就可能获得高收益。然而以潜在高收益为目的去争抢用户群体导致竞争异常激烈，这对互联网企业创新的要求极高，无形中推动了行业技术更迭速度的加快。互联网企业技术一旦落后就意味着用户群体的丧失、收益骤降甚至面临倒闭的风险。初创互联网企业要冒更大的风险去抢夺用户群，因为它们不仅需要行业领先的新技术和创新能力，而且需要充足的资本支持。一般而言，互联网企业的开发工作对研发技术和创新的要求比较高，成功率相对较低。即便研发成功，研发成果只有被市场接受采纳、满足市场需求，才能创造价值。创新方面的高要求使得互联网企业承担着更高的风险。因此互联网企业间竞争激烈，且互联网企业本身对于技术、创新能力、资本等的高要求使得互联网企业面临高风险。

最后，互联网企业朝着多元化的趋势发展。近些年，互联网行业的发展速度加快，其盈利模式不仅局限于单纯的线上产品、服务和运营商的增值业务，而是依托互联网庞大的用户数量和流量慢慢渗透到实体行业。例如：阿里巴巴依靠淘宝的用户需求开展物流业务；乐视网依托其乐视网客户端开展超级电视业务和乐视机顶盒业务；完美世界依托其代理游戏资源开展电子竞技业务等，这全都符合互联网企业的定义，同样也体现了互联网行业全面综合发展的趋势。多元化的发展趋势加大了互联网企业估值的难度。

当前我国互联网企业“长尾效应”和“马太效应”的行业发展特点愈加明显，众多的业务、功能、产品展现出新的消费偏好、趋势以及渠道，间接对其未来资产评估和收入预测产生较大影响。伴随着移动互联网用户迅速崛起，根据不同业务及消费需求诞生的互联网企业如雨后春笋，互联网融合传统行业的“互联网＋企业”，将众多传统的服务业，如外卖、出租、出行等的日常生活消费融合互联网后快速发展，成为新的业态模式，并焕发强大的活力，深刻影响方方面面。新兴的互联网巨头，如京东、滴滴等，发展速度惊人，然而其财务报表却长期亏损。尽管如此，资本市场仍然给予其令人咋舌的高额股权投资任其“挥霍”。种种关于我国互联网企业发展的迹象表明，对于新时期背景下如何看待互联网企业发展需把握三方面：(1) 互联网企业的短期核心目标并不是盈利能力；(2) 应重视互联网企业的用户数量及流量的发展和增长；(3) 互联网企业变现模式的核心在于体现市场占有率的相关指标，包括用户数量和访问流量等。

2.2.4 互联网企业的盈利模式

互联网企业发展至今，已经形成了三类较为核心的商业模式，分别是个人增值类业务、在线交易类业务和媒体信息类业务。这三类核心商业模式为互联网经济提供了三种最基本的产品：增值服务、媒体信息服务和实物交易服务。具体盈利模式方向是由商业模式决定的，是互联网企业估值过程中不可忽略的因素。

股权投资中，互联网企业大都是由创业企业发展而来，本身的盈利模式与发展方向是一个由探索与创新到稳定的过程。对互联网企业进行合理地估值之前，有必要对互联网企业的盈利模式进行总结与归纳，从而得到未来企业盈利及业绩预测情况，如表 2－3 所示。

表 2－3　　互联网企业盈利模式细分

模式类型	模式简述	代表类型企业
广告收入	各种各样的网站内容或者个性化的服务来吸引互联网用户，然后通过网站及服务吸纳的客户流量来吸引广告投放从而获取收入	传统门户网站、搜索引擎以及视频客户端等
增值业务收入	互联网企业对于互联网的资源或服务有个性化需求的互联网用户群体收取一定费用的收入模式	网络游戏代理商以及运营商等
会费、佣金收入	为互联网用户提供交易或娱乐平台，而互联网用户为了使用平台需要向互联网企业支付一定的会费或佣金	视频网站以及电子商务平台等
无线增值业务收入	建立在移动通信网基础上，提供除语音以外的数据服务获取收入	以手机 App 应用为主要产品的互联网企业等
依托于互联网业务的线下收入	互联网企业的多元化发展产生的相对应的收入模式	“互联网＋”类企业等

值得注意的是，互联网企业从萌发期至发展到成熟企业，其本身盈利模式也在逐渐探索与改变，再加上互联网企业本身多元化发展的趋势，导致互联网企业融合了多种盈利模式。例如：Google 的盈利模式主要是由“广告＋互联网增值服务＋其他”组成，eBay 的盈利模式主要是“广告＋交易佣金＋商铺会员费＋其他”，腾讯的盈利模式主要依靠“广告＋移动及电信增值服务＋互联网增值服务”，国内门户巨头（如新浪、网易、搜狐）主要依靠“广告＋无线增值业务＋在线游戏＋其他”。

互联网创业具体实施

初期：互联网创业公司在初期的大部分工作都是产品研发。因此可按以下人员搭配研发：

技术总负责人：1 人，全职。

技术顾问：依靠技术总负责人的人脉找到若干兼职的技术高手担任顾问，解决技术难题。

产品开发：根据实际需求招聘若干刚大学毕业且会编程的程序员，这些程序员的工作由技术总负责人布置，技术顾问进行辅导。

美工：1个兼职或者全职人员，具体根据工作量安排。

也许有人认为，现在开源的或者现成的互联网产品非常多，但是要想未来公司发展得更顺利，还是做一个踏踏实实的创业者，老老实实地根据自己需求开发，因为有时候改程序并不比研发程序容易。

初期对员工的培训非常重要，主要是对其进行以下方面的培训：

（1）职业修养和工作习惯的培训；

（2）了解公司的前景并对公司的未来充满信心；

（3）技术培训。

服务器和网络带宽：这部分也是网络产品很大的一块支出。服务器初期可以选择自己DIY的。服务器托管不要在大城市，可以选择距离公司比较近的小城市，能节省很大一笔费用。

利用技术手段对程序和服务器系统进行优化，将能节省很多服务器硬件支出。推广：充分利用搜索引擎，这就要求在程序设计初期就必须考虑到对搜索引擎的优化，例如按照W3C标准设计互联网产品。

不要小看搜索引擎，如果你能保证自己的产品相关关键字都能在第一页出现，那你的网络流量很快就能上去。

初期利用技术手段降低成本将非常行之有效。如提高搜索引擎排名、服务器的效率。同时合理安排研发人员也是非常重要的。许多原来需要人力完成的工作，尽可能用计算机替代完成。

需要注意的是，高手只需要一个，这里的高并不是指写代码的技术有多么高明，而是研发管理和产品设计高明并且有广泛的人脉，有许多写代码非常高明的朋友。

不给员工福利待遇、不给加班费是惯用的降低管理成本的办法。不给员工福利待遇可以理解，但是加班费不能节省，当然只是每个月100～200元即可。

这些初期和你创业的兄弟们未来将是公司下一步发展的重要基础，通过前期的产品开发，技术人员已经逐渐成熟。因此你必须承诺得到风险投资后给予他们应该得到的东西，包括福利待遇、期权等。

创业型公司，仁治是最重要的，管理者必须有无人能及的个人魅力，大家一条心，保持团队稳定。而人员的招聘、技术水平并不是最重要的，人品必须排在第一位。

在企业拿到投资金后，富日子穷过，以上的部分方法仍然有效。但必须给予员工合法待遇，不能让曾经创业的兄弟们失望，因为你们在经过一段时间的磨合后是一个非常优秀的团队。

2.3　创业环境评估

内衣加盟店的冷清

林娟是某纺织大学的本科毕业生，大学毕业后在一家台资企业打工，该企业从事纺织服装出口贸易，所以林娟对纺织服装比较熟悉。

2014 年，一次偶然的机会，林娟到开发区的大学城看望她的表妹，发现离市区约有 20 千米远的大学城服装店较少，而内衣店一家都没有，她随后马上上网搜索有关大学城的情况，了解到大学城内有二十多所大学，还有一所中学，现有学生人数约 12 万人，今后几年学生人数将会更多，加上大学的教职员工 3 万多人，大学城旁边有很多企业，员工人数接近 10 万人，于是林娟认为这是一个巨大的市场。结合她熟悉的纺织服装，林娟酝酿在大学城开设一家内衣店。

2015 年，林娟经过各方面的考察，选择了一家不是很有名、刚刚起步的内衣品牌加盟。当然，林娟曾经与该内衣品牌有过接触，知道该品牌内衣质量不错，生产的内衣主要用来出口。为了节省费用，林娟将店址选择在大学城东区某一学院的生活区，东区离市区较远，而且是后建的，商业气氛不太浓厚，店铺租金便宜。

考虑到新生和学院开学等方面因素后，林娟选择在 9 月 1 日开业。开业前几天，林娟的广告已经散发到临近学院的每个角落：开业一个月内消费满 200 元赠 100 元券，实付满 300 元另赠 VIP 卡，凭 VIP 卡购内衣可以打 8 折等优惠措施。

开业当天和随后几天，光顾内衣店的学生和老师都很少。林娟有点急了，但她很快找到了原因：①可能优惠让利幅度不够，一般的大商场优惠让利的幅度更大；②新生还没有到校，新生对内衣需求量可能更大；③该市的 9 月还相当热，绝大部分的学生和老师都穿夏装，还没有穿内衣，现在需求量没有释放出来。林娟耐心地等待，同时，她也积极地搜集附近各个大学新生入学的日子，在各大学新生入学的当天到新生报到处散发广告单，同时优惠让利幅度更大，从 9 月 15 日到国庆节止，满 200 元减 100 元，其他优惠措施照旧。但遗憾的是，一直到国庆节到来，内衣销售额还是没有多少。10 月 1 日到 10 月 7 日，由于学生和老师都回家了，大学城人数寥寥，内衣店干脆关门不营业。10 月 8 日开门重新营业，天气渐渐变冷，到了该穿内衣的季节，可内衣店每天的顾客人数还是寥寥无几，大多数学生和老师经常散步进来看看，但买内衣的顾客还是很少。

林娟很迷茫，她哪里做错了？

资料来源：https://wenku.baidu.com/view/dc67d1e29b89680202d82506.html.

【思考与讨论】

1. 林娟在创业时缺少哪些环节？
2. 林娟作为一个创业者在创业过程中应该怎么做？

2.3.1 创业环境的定义

创业环境这一主题在 20 世纪以后开始逐渐被人关注，主要包括两大观点：一种是将创业环境泛指所有创业过程中的外部环境因素；另一种是指对创业过程中起着决定性影响的外部环境因素。

2.3.1.1 创业环境因素

创业环境是创业者在创业活动过程中首要考虑的因素。随着世界经济的发展和变革，对创业环境的概念定义呈现多样化的特征，具体表现如下：

（1）从创业环境的构成主体角度来看，创业环境包括资源的可获得性，高校及科研机构、政府的“有形之手”，以及人们对创业的倾向等多种因素。因此，创业环境是社会和政府为新企业的创建而共同搭建的平台，新企业的创业框架包含个体、组织、过程和环境 4 个方面。

（2）从创业环境的构成因素角度来看，创业环境是对人们创业倾向产生影响的一系列因素的总和，包含经济发展、社会文化、政治因素及其他所有创业产生影响的外部因素。

（3）从创业环境的系统特征来看，创业环境是不受创业者控制的，并且能对创业结果产生影响的所有因素，包括外部和内部双重影响因素，如政治、经济、文化、法律、自然等多个方面。创业环境是由这些影响因素相互作用而形成的一个有机整体。

2.3.1.2 创业环境评估

创业活动的进展不是某一个因素单方面的作用，而是整个创业环境体系互动和连通的结果。创业环境的评估主要可通过五维度方法进行。

五维度方法主要是评估政府政策和工作程序、社会经济条件、创业和管理技能、对创业资金支持、对创业的非资金支持 5 个要素对创业活动中创业机会、创业意愿、技能和成功率产生的影响，具体如图 2－1 所示。

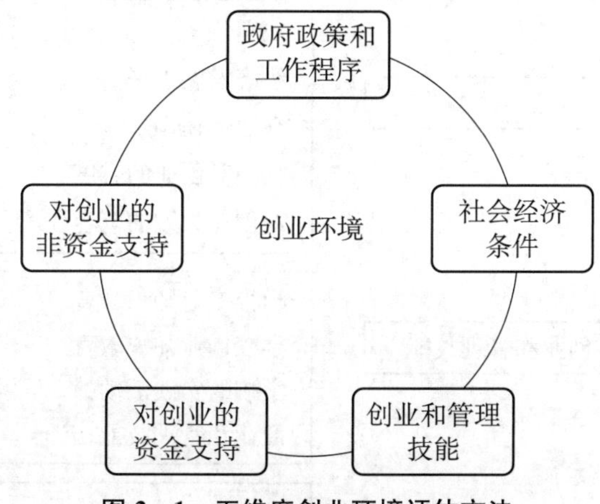

图 2－1　五维度创业环境评估方法

根据创业者的创业特征和背景，再对以上 5 个要素进行细分，以适合当前的创业对象的创业评价指标详细划分，如图 2－2 所示。

综合来说，对于创业环境的评估方法，应结合不同的创业对象进行针对性和适应性的评估，最终依据实际情况构建出相关创业环境评估指标体系，如不同地区创业环境、不同细分行业创业环境等。

SYB 创业培训

SYB 的全称是“START YOUR BUSINESS”，意为“创办你的企业”，它是“创办和改善你的企业”（SIYB）系列培训教程的一个重要组成部分，由联合国国际劳工组织开发，为有愿望开办自己中小企业的朋友量身定制的培训项目，主要教如何创业，如何创办自己的企业，如何计划资金预算。经国家人力资源和社会保障部引入我国后，部分省市进行试点运行，取得了良好的效果。SYB 创业培训不仅使学员的就业观念发生转变，更激发了他们的创业意识，掌握了创业技能，增强了微小企业抗风险能力，使学员在短时间内成为微型企业的老板。

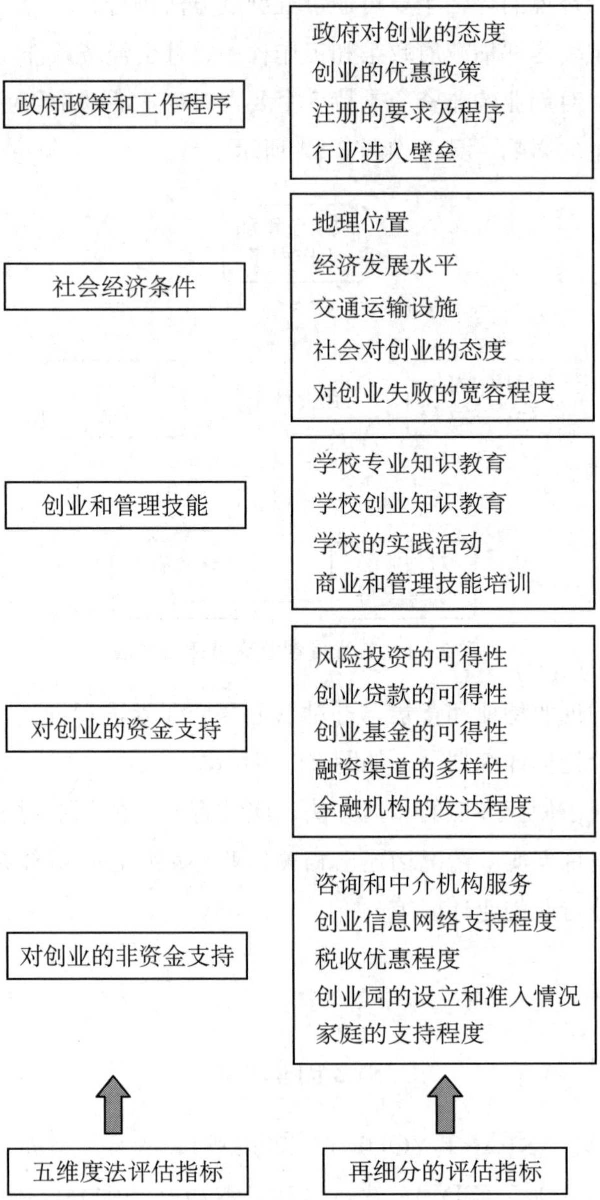

五维度法评估指标	再细分的评估指标
政府政策和工作程序	政府对创业的态度 创业的优惠政策 注册的要求及程序 行业进入壁垒
社会经济条件	地理位置 经济发展水平 交通运输设施 社会对创业的态度 对创业失败的宽容程度
创业和管理技能	学校专业知识教育 学校创业知识教育 学校的实践活动 商业和管理技能培训
对创业的资金支持	风险投资的可得性 创业贷款的可得性 创业基金的可得性 融资渠道的多样性 金融机构的发达程度
对创业的非资金支持	咨询和中介机构服务 创业信息网络支持程度 税收优惠程度 创业园的设立和准入情况 家庭的支持程度

图 2-2　五维度法再细分的评估指标体系

2.3.2　PEST 创业环境评估法

PEST 分析是指宏观环境的分析，P 是政治（politics），E 是经济（economy），S 是社会（society），T 是技术（technology）。在分析一个企业所处的背景的时候，通常是通过这 4 个因素来进行分析企业所面临的状况。

进行 PEST 分析需要掌握大量的、充分的相关研究资料，并且对所分析的企业有着深刻的认识，否则，此种分析很难进行下去。经济方面主要内容有经济发展水平、规模、增长率、政府收支、通货膨胀率；政治方面有政治制度、政府政策、国家的产业政策、相关法律及法规；社会方面有人口、价值观念、道德水平；技术方面有高新技术、工艺技术和基础研究的突破性进展。

互联网与融资租赁业

我国融资租赁业发展速度较快，从2013—2016年的数据来看，表现如下：(1) 企业数量呈线性增长。到2016年年底，融资租赁企业数量已达6 158家，较上年同期增加2 543家，增长了70.3%，其中内资租赁企业从2015年的189家增长到204家，外资租赁企业从2015年的3 426家增长到5 954家。(2) 注册资本总量增加。2016年我国融资租赁企业注册资本总量从2015年的14 645.1亿元增至19 223.7亿元，2016年注册资本总量是2013年的将近7倍。(3) 融资租赁业资产总额突破20 000亿元，其中33家企业的总资产超过百亿元。(4) 涉及业务范围广，从能源设备、交通运输设备、基础设施及不动产到医疗制药设备、通信电子设备均有业务需求，其中能源设备资产总额位列第一，超过1 000亿元。(5) 经营收益乐观，融资租赁业在2016年实现营业收入1 535.9亿元，较2015年增长35%，利润总额268亿元，比2015年增长25.4%。

我国融资租赁业在2016年从企业数量到经营利润都大幅增加，但是市场渗透率依然较低。据统计，我国融资租赁业的市场渗透率为6%，但发达国家的融资租赁业市场渗透率多在20%以上，我国融资租赁业仍然有较大的进步空间，市场发展潜力巨大。此外，我国融资租赁业的资金主要来自银行和股东，其中银行贷款高达90%，资金来源渠道单一且供给不足，束缚融资租赁企业的业务拓展。融资租赁企业与互联网平台进行合作，承租方、出租方和投资者对融资租赁交易信息的查询筛选更加便捷，为融资租赁企业的融资与发展提供了新的方向。以设备为基础的优质资产更为互联网金融提供了实体保障。

互联网融资租赁模式：融资租赁是指承租人可以选择特定的供应商和租赁标的物，出租人按照承租人的要求购买租赁标的物，承租人可以租借使用标的物。这里的出租人一般是指融资租赁企业。互联网融资租赁是融资租赁与互联网对接所产生的新模式，通过互联网平台将投资者、融资租赁企业和承租人等利益相关者整合在一起，从而拓宽资金渠道，促进融资租赁业务的发展。其实质仍然是融资租赁，是融资租赁的新模式。

互联网与融资租赁业的结合刚刚起步，还没有形成成熟的运营和发展模式，为了互联网融资租赁的健康发展，需要对互联网融资的宏观环境进行分析，以明晰行业发展现状及问题。PEST 模型从政治、经济、社会、技术四大外部因素对行业所处环境进行分析，是一种较为全面有效的宏观环境分析方法，图 2-3 为我国互联网融资租赁的 PEST 分析模型。

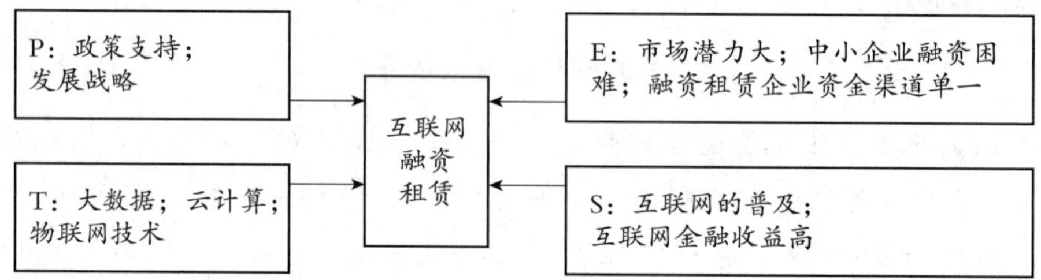

图 2-3　基于 PEST 模型的互联网融资租赁宏观环境分析

政策环境：互联网融资租赁的兴起得益于我国政策支持和经济发展战略。我国处于产业结构调整、制造业升级、增长动力转化的经济新常态发展阶段，政策的调整方向有利于互联网金融租赁的发展。

在政策支持方面，2015 年，李克强在国务院常务会议上提出充分利用“互联网+”创新业务模式，坚持融资与融物相结合，以促进融资租赁业的成长。政策支持为互联网融资租赁业的发展提供了依据。

在发展战略方面，随着我国工业化进程的加快，资源利用低、设备陈旧、产业结构不合理等因素制约了制造业的发展，我国大力推进“中国制造 2025”战略，促进制造业的转型升级。大型企业由于实力雄厚、资质良好等因素较少存在融资困难问题，而中小型企业由于管理不规范、难以提供有效担保、金融机构审查严格等原因，一直面临融资渠道狭窄且成本高的困境。融资租赁为中小企业提供以租赁代替直接购买设备的方式，有效缓解了中小企业的融资压力，融资租赁的需求逐渐增加。此外，由于融资租赁公司的资金大多来自银行短期贷款，银行信贷紧缩使得中小型融资租赁公司不得不寻求其他的融资渠道，而互联网融资租赁平台使公司能通过转让收益权给投资者等形式筹集资金，缓解融资难问题。融资租赁以有形资产的所有权作为融资基础，现金流相对稳定，风险相对较小，让追求优质资产端的互联网金融企业看到了新的发展方向。

虽然国家有相关政策鼓励互联网融资租赁的发展，但互联网融资租赁作为新兴事物，针对于此的法律法规制度尚不健全，易出现不法机构钻法律漏洞的现象，而且没有形成完善统一的监管体系，互联网融资租赁机构的监管责任部门不明确，易出现监管不到位等情况，不利于互联网融资租赁的健康发展。

经济环境：在市场潜力方面，我国融资租赁业的市场渗透率较低，仅为 6%，与澳大利亚 27.5%、美国 22%的市场渗透率相差甚远，我国融资租赁业仍处于初级发展阶段。2016 年我国融资租赁总资产已达到 21 538.3 亿元，其中能源设备、交通运输设备等排名前六位的行业融资租赁资产总额为 9 681.8 亿元，占融资租赁总资产的 45%，表明我国融资租赁业务涉及行业集中，业务拓展有广阔的空间。除此之外，据统计，我国中小型企业数量占企业总量的 99%以上，对我国 GDP 贡献率高达 60%。而互联网融资租赁的主要服务对象集中于中小企业，所以我国互联网融资租赁的需求较多，市场可以进一步细分，发展潜力大。

互联网融资租赁虽然市场潜力较大，但是部分互联网融资租赁机构在运营过程中多采取将资产拆分打包的方式转让给投资者，投资者对资金的具体流向难以监控，而且中小企业的平均寿命仅为 2.5 年，这就存在承租人不能按时交付租金的可能，会造成投资者的投资风险加大等问题。

社会环境：信息技术的发展普及使网络成为我国消费者日常生活的常用工具，消费者不仅在网上购物、交友等，而且因为网上理财产品利率高于银行存款利率且便捷，开始利用闲余资金进行网上理财，促进了互联网金融的兴起。

据中国互联网络信息中心统计，2017 年我国网民规模已达到 7.51 亿，超过全国人口半数，占全球网民总数的五分之一。互联网已经渗透到经济社会的各个领域，并且开始进行深度融合，对我国居民消费和投资、企业发展和转型等都产生了重要影响。2017 年，我国互联网理财用户规模达到 1.26 亿，占全部网民的 17%，增长趋势明显，居民对互联网金融产品的接受度逐渐提高。互联网理财产品的收益率普遍达到 4%，其中 P2P 网贷的平均投资利率高达 9.43%，远高于银行存款，吸引了众多投资者的关注。同时互联网金融知识的普及也为互联网融资租赁的发展提供了潜在投资群体。

但是融资租赁业务的专业性较强，一般是专业人员进行项目评估，互联网融资租赁则将众多融资租赁项目直接提供给投资者进行选择，这就需要投资者有较高的专业素养和较强的风险识别能力，而互联网融资租赁平台的开放性让专业知识欠缺的投资者也能参与其中，部分投资者无法识别非法互联网融资租赁机构，无法辨别不同融资租赁项目的风险，可能导致收益达不到预期。而且近年来出现了不少互联网金融公司跑路的现象，尤其是 e 租宝公司的坍塌更使投资者对互联网金融公司的信任度降低，使互联网融资租赁公司的业务拓展增加了难度。

技术环境：互联网融资租赁所需要的技术包括互联网技术和专业技能两个方面。

在互联网技术方面，近年来，我国互联网大数据技术和物联网迅速发展，已经进入应用发展阶段，信息网络技术不再是互联网融资租赁业务模式创新的障碍，反而为业务模式的探索提供了技术支持。大数据中心通过云计算对融资租赁的承租人数据、投资者数据、出租人数据、征信数据等进行整合挖掘，可以深度分析投资者的投资偏好、承租人的信用度、项目风险等信息，从而更好地为融资租赁公司、投资者、承租者等提供真实可靠又全面的信息。融资租赁业主要资产端是设备，对设备使用情况、所在位置等的追踪能使投资者和融资租赁公司远程掌握设备状态，物联网技术的发展为此提供了可能。物联网技术可以使机器设备的数据通过传感器传回云端进行处理分析，汇聚到物联网系统中，让管理者充分了解机器的状态。因此大数据技术和物联网技术的发展为互联网融资租赁创新业务模式提供了多种可能，例如：机器设备的状态公开透明可以减少投资者的顾虑等。

在专业技能方面，互联网融资租赁将传统租赁业和互联网技术结合在一起，加大了融资租赁风险的控制难度，需要引入专业的跨学科人才进行经营管理。然而我国融资租赁业从业人员虽然拥有较强的融资租赁专业背景，但是精通互联网技术和营销的从业人员并不多，跨学科人才的不足影响了互联网融资租赁业务模式的进一步探索创新。

资料来源：王倩倩，陈海燕．基于 PEST 模型的互联网融资租赁宏观环境分析［J］．荆楚学刊，2018（3）.

2.3.3 SWOT 创业环境分析法

SWOT 创业环境分析法是指通过对企业内外部环境的分析，找出企业自身的优势（strength）、劣势（weakness）以及所面临的机会（opportunity）和威胁（threat），寻求环境变化对企业战略发展路径的影响。它是对企业内外部条件各方面内容进行综合和概括，进而分析组织的优劣势、面临的机会和威胁的一种方法。

2.3.3.1 优势与劣势分析（SW）

竞争优势就是指一个企业超越其竞争对手的能力，这种能力有助于实现企业的主要目标——盈利。当两个企业处在同一市场或者说它们都有能力向同一顾客群体提供产品和服务时，如果其中一个企业有更高的盈利率或盈利潜力，那么，我们就认为这个企业比另外一个企业更具有竞争优势。

竞争优势在消费者眼中可以是一个企业，或它的产品有别于其竞争对手的任何优越的东西，例如：产品线的宽度、产品的大小、质量、可靠性、适用性、风格和形象以及及时的服务、热情的态度等。

根据企业的整体性和竞争优势来源的广泛性，做优劣势分析时必须从整个价值链的每个环节上，将企业与竞争对手作详细的对比。例如：产品是否新颖，制造工艺是否复杂，销售渠道是否畅通，以及价格是否具有竞争性等。如果一个企业在某一方面或几个方面的优势正是该行业应具备的关键成功要素，那么，该企业的综合竞争优势就强一些。

而影响企业竞争优势的持续时间，主要有 3 个关键因素：一是建立这种优势要多长时间；二是能够获得的优势有多大；三是竞争对手做出有力反应需要多长时间。如果企业分析清楚了这 3 个因素，就会明确自己在建立和维持竞争优势中的地位了。

2.3.3.2　机会与威胁分析（OT）

环境发展趋势分为两大类：一类表示环境威胁，另一类表示环境机会。环境威胁指的是环境中一种不利的发展趋势所形成的挑战，如果不采取果断的战略行为，这种不利趋势将导致公司的竞争地位受到削弱。环境机会就是对公司行为富有吸引力的领域，在这一领域中，该公司将拥有竞争优势。SWOT 分析中所需要考虑的因素如表 2－4 所示。

表 2－4　SWOT 分析中所需要考虑的因素

	潜在外部威胁（T）	潜在外部机会（O）
外部环境	市场增长较慢、竞争压力增大、不利的政府政策、新的竞争者进入行业、替代产品销售额正在逐步上升、用户讨价还价的能力增强、用户需要与爱好逐步转变、通货膨胀递增及其他	纵向一体化、市场增长迅速、可以增加互补产品、能争取到新的用户群、有进入新市场或市场面的可能、有能力进入更好的企业集团、在同行中竞争业绩优良、扩展产品线满足用户需要及其他
	潜在内部优势（S）	潜在内部劣势（W）
内部条件	产权技术、成本优势、竞争优势、特殊能力、产品创新、具有规模经济、良好的财务资源、高素质的管理人员、公认的行业领先者、买主的良好印象、适应力强的经营战略、其他	竞争劣势、设备老化、战略方向不同、竞争地位恶化、产品线范围太窄、技术开发滞后、营销水平低于同行业其他企业、管理不善、战略实施的历史效果不佳、不明原因导致的利润率下降、资金拮据、相对于竞争对手的高成本及其他

突破环境威胁，抓住环境机会，中国互联网时代发展呈现百家争鸣、各领风骚的局面。

（1）传统产业互联网化。许多传统产业开始进行业务互联网化、营销互联网化和技术互联网化的改变，较为突出的是传统零售行业、金融行业。

（2）BAT 三足鼎立。国内互联网行业已经形成了以百度、阿里和腾讯三家互联网巨头三足鼎立的格局，且近几年三家公司都在不断通过行业并购和资源整合弥补一些领域的缺失，致力于建立行业生态圈。

（3）互联网信息安全和用户隐私逐渐进入人们视野。目前国内的互联网行业仍然存在许多用户信息泄露、过度使用和滥用的问题。2013 年 11 月，国家成立了“中央互联网安全和信息化委员会”，信息安全是其重点关注的内容。

(4) 互联网用户由 PC 端逐渐转移至移动端。移动端网民数量早已超过 PC 端，各类 App 分流，社交网络、团购网站、知识付费、网络直播、自媒体等百家争鸣。

(5) 云计算发展为互联网行业带来新的活力。严格来说，云计算并不是新的计算机技术，更像是新的服务模式和商业概念，例如：云计算的技术大多是现有的，但其存储功能减少了企业的存储成本，提升了资源使用效率。

(6) 大数据的发展带动各类数据挖掘和数据分析技术的进步，也是人工智能发展的良好土壤。

案例 2-2

用 SWOT 法分析黑龙江冰雪旅游项目

以黑龙江省冰雪旅游项目为例，用 SWOT 分析方法对其进行分析。

首先分析其现有优势，包括自然资源及人文资源。

黑龙江省位于我国的东北部，地跨寒温带和中温带，大部分地域属中温带湿润地区，全省年平均气温在 4℃～5℃，1 月份平均气温在 −30℃～−18℃，山地面积约占总土地面积的 60%，山体高度一般在 1 000～5 000m，坡度平缓，适于滑雪的选址山峰大约有 100 座，是中国滑雪资源最密集的省份。黑龙江省具有冰雪资源得天独厚的优势，有林海雪原、冰河树挂、冰灯雪雕，冬泳、冬捕、冬钓等。这也是其开发冰雪资源的独特优势。黑龙江省有朝鲜族、回族、蒙古族、达斡尔族、锡伯族、鄂伦春族、赫哲族、伦春族等少数民族居民居住，他们有着北方少数民族所特有的民俗风情、民俗传统。冰雪旅游产品与一般的旅游产品相比，呈现民族性、历史性、地域性、文化性融于一体的特点。冰雪季节与这些少数民族的生活方式联系在一起，与当地的风土人情、生活习惯、宗教信仰等密切相关。雪域风光和民俗风情游的组合成为黑龙江地区重要的民俗旅游资源。

其次分析它存在的劣势，包括区位劣势、专业人才缺失、市场环境较差等。

黑龙江省位于我国的东北边陲，属于边境省份。区位因素使黑龙江的交通运输存在先天不足，又距离经济发达的客源地较远，影响了旅游者的出行。旅游者时间有限，并且追求旅游中的安全和舒适，他们不希望把太多的时间浪费在“旅”上，这也就使得黑龙江省在旅游市场上的竞争力大大减弱。

冰雪旅游对从业人员的要求比较高，不仅要懂得旅游知识，还需要熟悉冰雪相关的技能。由于冰雪经济产业的特殊性，具有冰雪知识的复合型人才十分稀缺，服务水平相对较低。冰雪旅游集参与性、刺激性、挑战性为一体，由于游客没有专业人员的指导，安全无法得到保障，常常乘兴而来、败兴而归。另外，冰雪旅游人才市场竞争激烈，现有的一些有经验的滑雪旅游经营管理人才、技术人员和教练员被外地挖走，人才短缺现象逐步加剧。

而且冰雪旅游旺季时间短，客源相对集中，大大超出了旅游企业接待的能力，旅游服务质量就会下降。一些“散乱差”的小雪场和小景点出现，扰乱了冰雪旅游市场。最混乱时，外地游客甚至被“黑导游”带到哈尔滨市郊的小山丘上滑雪，冒充“亚布力滑雪场”，这给冰雪旅游发展带来较大的负面影响。

再次就是对黑龙江省冰雪旅游的机遇分析，如国家政策的支持和旅游需求旺盛。

1998 年，中央经济工作会议上把旅游业作为经济的增长点。2009 年，国务院常务会议通过《关于加快发展旅游业的意见》，提出将旅游行业培育成国民经济的战略性支柱产业。2013 年，颁布了《国民旅游休闲纲要》，特别是 2013 年 10 月 1 日开始实施《中华人民共和国旅游法》，这是第一部专门对应旅游的法律。2014 年，颁布了《国务院关于促进旅游业改革发展的若干意见》和《建立国务院旅游工作部际联席会议制度》。这些政策的出台，更好地促进了旅游业发展。

随着经济水平的提高，人们外出旅游的欲望越来越多。2005 年，国内旅游人数达 1 212 百万人次，国内旅游收入为 5 285.9 亿元。到 2014 年，国内旅游人数达 3 611 百万人次，国内旅游收入为 30 311.9 亿元。从 2005 年到 2014 年国内旅游人次年平均增长率大约为 20%，国内旅游收入年平均增长率为 47%。国内旅游业的快速增长，为黑龙江省旅游业的发展带来了很大的机遇。

最后分析其存在的挑战，包括国际市场的竞争和国内市场的竞争。

在国际市场上，一些国家在冰雪旅游发展方面较早，如俄罗斯、北欧阿尔卑斯山地区、日本、韩国、美国、加拿大等国家。这些国家基础设施建设较为完善，市场竞争力强，知名度较高，从整个国际市场上对于黑龙江省冰雪旅游具有较大的挑战。距离黑龙江省较近的日本、韩国也具有较大竞争力，目前日本北部山区有 100 多个滑雪地，韩国目前拥有 12 个具有国际水准的滑雪度假村，这些滑雪地设施完善，享有较高的声誉，对东北亚、东南亚市场有极大的诱惑力。

从国内市场上看，许多省份也利用冰雪资源发展冰雪旅游，例如：辽宁省、吉林省、四川省、内蒙古自治区、新疆维吾尔自治区、北京市等都在举行冰雪节。随着冰雪旅游的逐渐升温，国内其他有条件的地方，也纷纷兴建滑雪场，吸引就近的客源。因此，全国很多地方在开发冰雪旅游，给黑龙江省带来竞争压力。

资料来源：孙晓．黑龙江省冰雪旅游 SOWT 分析及开发对策［J］．冰雪运动，2016（11）．

本章小结

互联网这个虚拟世界容纳了人们的交友、娱乐、购物和支付等行为，同时改变了社会经济结构和商业发展模式。互联网的发展给创业者带来巨大的商机，逐渐向新能源、人工智能、大数据和云计算等行业方向发展。从当前的成熟互联网企业来看，它们已在解决信息不对称问题、资源共享、互联网服务等方面创造价值、满足需求、带动行业甚至整个社会的发展，其新特征和盈利模式值得分析探索。

随着“双创”时代的到来，映入眼帘的问题是如何对创业环境进行全面合理的评估，这关系到创业策略的制定以及创业成功的概率等，其方法主要有 PEST 创业环境评估法和 SWOT 创业环境分析法。

核心概念

中国互联网行业发展趋势、互联网创业、互联网企业特征与价值、创业环境、PEST 创业环境评估法、SWOT 创业环境分析法

实训操作

一、实训目的

通过关注不同行业的直播账号，初步了解行业的分类，根据直播内容了解互联网创业的类型，锻炼学生收集资料的能力、分析能力及口头表达能力。

二、实训内容

以小组为单位，通过网络搜索直播账号（至少十个），并对其进行关注，每个小组中各个成员自行总结自己关注的直播账号的直播内容，并对其优缺点进行分析，分析被吸引的原因。

三、实训组织与实施

（1）老师布置实训项目及任务，并提示相关注意事项及要点。

（2）按照班级人数及关注账号数进行合理分组，并选派一名组长。

（3）通过对直播账号的内容、优缺点进行分析后得出结论，每组选派一名汇报人员汇报。

（4）老师进行点评。

拓展游戏

小问题难倒你

1. 游戏目的

通过玩这个游戏，帮助学生拓展思路并改进工作方法，作为课间或开学第一课使用，可以起到活跃气氛和激发学生兴趣的目的。

2. 参加人数

全体。

3. 时间

5 分钟。

4. 道具

人数 8 倍的火柴。

5. 游戏规则

（1）发给每个学生 8 根火柴，要求他们在最短的时间内用这 8 根火柴拼出一个菱形。要求菱形的每个边只能由一根火柴构成。拼出的人举手示意老师。

（2）老师在旁边观察每个人的方法是否相同，最后选出最快且合乎要求的学生，并给予一定的奖励。

6. 游戏注意事项

（1）答案其实很简单，用 8 根火柴拼成一个菱形的方法就是将它们拼成“一个◇”。数一数它们的笔画，正好是横平竖直的 8 画，而这 8 画正好可以由 8 根火柴代替。

（2）老师应该统计出做正确的数量，一般而言，能做出来的人不多。至于原因，大概都没有想到“一个”这两个汉字也可以用火柴表示出来，这样自然就不知道剩下的 4 根火柴放哪里了。

（3）而那些做出来的人，有两种可能：一种是平时表现得比较灵活的，一件事情可以从好几个角度分析，一个问题可以有好几种解决方法的人；另一种就是“直心眼”的人，这种人对别人的话很信任，不会加进自己的想法，别人说一是一。所以他们听了老师的话不会多想，简简单单地就把题做出来了。

（4）对于其他人，当时头脑灵活一点的就可以做出来。他们应该这样想，菱形只有 4 个边，又不许每边使用两根火柴，那么一定还有什么别的地方需要火柴。这时只要稍微再把题想一想，就会发现其窍门所在了。

7. 游戏相关讨论

（1）请那些做出来的学生讲讲他们的思路是什么。

（2）请那些没做出来的学生讲讲自己失败的原因是什么。

思考练习

1. 总结互联网发展的特点及趋势。
2. 思考什么是互联网创业。
3. 国内创业主要分为哪几个阶段？
4. 假如你现在正准备创业，分析自己在这个过程应该注意的事项。
5. 自己选取一个创业案例，任选一个方法对其环境进行评估。
6. 搜集3个互联网创业企业实际案例，分析其创业成功的原因。
7. 创业企业有哪些特点？
8. 总结有哪些影响互联网创业的因素。
9. 今后5年，中国互联网创业环境将有哪些变化？
10. 对创业环境评估有哪些方法？
11. 用PEST评估法对你熟悉的企业做一个环境评估。
12. 完成表2-5的分析。

表2-5　　大学生创业环境SWOT分析

项目	分析
大学生创业优势	
大学生创业劣势	
大学生创业机会	
大学生创业威胁	

第3章　创业流程与方法

【学习目标】

(1) 了解企业创办的流程。

(2) 掌握创业计划书的写作要点和制作技巧。

(3) 掌握创业方法。

3.1　创业流程

企业注册流程

对创业者来说，创业实践应该是从注册企业开始。了解企业的注册流程、步骤及注意事项等信息，可以使创业者少走许多弯路，避免资源的浪费。2014年3月，《新公司法》正式实施，降低了企业注册门槛，简化了企业注册流程，如图3-1所示。

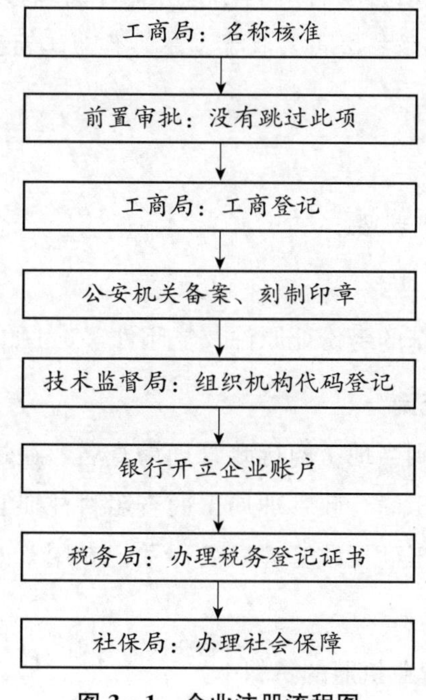

图3-1　企业注册流程图

【思考与讨论】

新企业注册的大概流程是什么？

3.1.1 注册公司的基本条件

如果是注册有限责任公司，那么办理有限责任公司注册前，应当具备注册公司的一些基本条件，包括：

(1) 股东符合法定人数（2 人以上）。

(2) 有股东共同制定的公司章程。

(3) 有公司名称，建立符合有限公司要求的组织机构。

(4) 有固定的生产经营场所和必要的生产经营条件。

关于注册公司基本条件的调整

国务院于 2014 年 2 月 7 日印发了《注册资本登记制度改革方案》，推行注册资本登记制度改革。自 2014 年 3 月 1 日起，除法律、法规另有规定外，取消有限责任公司最低注册资本 3 万元、一人有限公司最低注册资本 10 万元、股份有限公司最低注册资本 5 000 万元的限制；不再限制公司设立时股东（发起人）的首次出资比例和缴足出资的期限。公司实收资本不再作为工商登记事项。公司登记时，不需要提交验资报告。

3.1.2 注册公司的步骤

3.1.2.1 准备材料

申办人提供法人和股东的身份证原件及复印件，1 寸照片。

3.1.2.2 企业名称查询

由代办机构统一提交到当地工商行政管理局查名，通过当地工商行政管理局进行公司名称注册申请，由工商行政管理局工商查名科注册官进行综合审定，给予注册核准，并发放盖有当地工商行政管理局名称登记专用章的“企业名称预先核准通知书”。

3.1.2.3 提供办理营业执照的资料

经营范围中如有需要前置审批的项目，报送相关部门盖章审批，如有特殊经营许可项目还需办理特种行业许可证，根据行业情况及相应部门规定不同，分为前置审批和后置审批（特种许可项目涉及卫防、消防、治安、环保、科委）。

3.1.2.4　刻章

企业在办理工商注册登记过程中，需要使用图章，因此由公安部门指定机构刻出公章、财务章、法人章、股东章、公司账户章。

3.1.2.5　申领三证合一营业执照

工商局对企业提交的材料进行审查后，确定企业符合登记申请条件，经工商行政管理局核定，即发放新版工商企业营业执照（工商营业执照、组织机构代码证和税务登记证三证合一），并公告企业成立。申领营业执照提交资料如下：

（1）公司法人代表签署的《公司设立登记申请书》；

（2）董事会签署的《指定代表或者共同委托代理人的证明》；

（3）由发起人签署或者由会议主持人和出席会议的董事签字的股东大会或者创立大会会议记录；

（4）全体发起人签署或全体董事签字的公司章程；

（5）自然人身份证复印件；

（6）董事、监事和经理的任职文件及身份证复印件；

（7）法定代表人任职文件及身份证复印件；

（8）住所使用证明；

（9）《企业名称预先核准通知书》。

3.1.2.6　在银行开设企业基本账户

在开设银行基本账户时，可根据自己的具体情况选择银行。企业设立基本账户应提供给银行的资料包括：营业执照正本原件，组织机构代码证正本原件，公司公章、法人章、财务专用章，法人身份证原件，税务登记证正本原件，企业原开户行的开户许可证、撤销账户结清清单、账户管理卡。

3.1.2.7　申请发票购用簿

企业工商营业执照申领成功后，应向当地所在税务局申请，领取由当地税务局监制的发票购用印制簿，企业申领发票时，必须向税务机关出具发票购用印制簿。

3.1.2.8　企业开设纳税专户

税务登记证办好后需要办理纳税专户，以后纳税及税务局扣税均通过此纳税专户。

3.1.2.9 购买发票开业

办税人员本人和公司财务负责人同去税务部门，带好发票购用簿及填写发票申报批准表领取发票。全部注册公司事宜结束，企业进入正常经营阶段。

3.1.3 新企业注册选址

一家新创企业的持续竞争力受到该地区商业环境质量的强烈影响。

3.1.3.1 选址的步骤

（1）市场信息的收集和研究。首先，创业者应考虑从二手资料中收集信息，如商贸杂志、图书馆、政府机构、大学或专门的咨询机构；其次，创业者还应亲自收集新的信息，获取第一手资料，主要通过观察、上网、访谈、聚点小组、试验及问卷调查等方式进行；最后，要对收集到的各方面信息进行汇总、整理。

（2）对多个选点进行评价。根据收集到的资料，分析选择出多个适合开办企业的地点，针对初步选定的地点从多方面进行分析，包括但不限于以下方面：选择符合创业性质的设店区域，如是位于居民区、商业街，还是繁华商业中心；分析潜在顾客数量和客流规律；分析交通地理条件；分析竞争力；分析其他因素。

（3）确定最终地点。创业者依据已经汇总整理的市场信息，根据其所要进入的行业特点及自己企业的特征，通过评估，最终完成选址决策，从而迈出创业至关重要的第一步。

3.1.3.2 选址考虑的因素

创业者选择新企业的注册与经营地点时主要考虑的因素涉及两方面：

（1）选择地区，包括不同国家地区、一个国家内的不同地理区域或城市。主要考虑国家、地区、城市的经济、技术、文化、政治总体发展状况。

（2）选择具体地址，包括商业中心、住宅区、路段、市郊等。重点考察市场因素、交通因素、商圈因素、物业因素、价格因素、资源、消费群体、社区环境、商业环境等。

案例 3－1

开店选址很重要

2009 年 8 月中旬，小侯走上了创业之路。因为喜欢汽车，他把目标锁定在与汽车有关的项目。经过一番忙碌，一家属于他自己的汽车饰品店诞生了。但是仅仅半年，他就鸣金收兵，败下阵来。回忆那段创业的日子，小侯很痛苦：付出了很多，回报却太少。

其实，创业之前，小侯是做了充分准备的。因为喜欢汽车，他就琢磨着在汽车方面找路子。他先到网上搜集了一些关于汽车消费品的创业项目。然后根据实际情况，考虑到随着人们生活水平的提高，买车的人越来越多，而爱车的人一般都比较注重车内装饰，那么，开一家汽车饰品店，生意应该不错吧！觉得自己的想法还是比较顺应市场发展的，小侯高高兴兴地开始了第二步工作。他先从网上搜索了一些经营汽车饰品的代理商，并对各家的产品质量和价位进行了比较，然后选定一家太原的代理商。经过联系，他和那家代理商签好了协议，交了 6 000 元的加盟费，就开始租房子、装修、进货，脑子里满是憧憬的小侯很快就成了老板。但是现实给小侯的热情浇了一盆冷水，开张后，顾客寥寥。尽管他店里的饰品很吸引眼球，无奈饰品店所处的位置比较偏，路过的车倒是不少，但也仅仅是路过，而且大部分是大货车，根本不会在这样一个地段停车，也不会来买车内饰品。小侯每天都早早开店，很晚才打烊，商品的价位也定得很低，就这样，开业半年，总共才卖出两三千元的货。这时，房租也到期了，小侯不敢再恋战，把剩下的货放到朋友空着的车库里，从此不提开店的事。

资料来源：http://www.360doc.com/content/17/1223/11/8303265_715571697.shtml.

3.2　创业计划

创业计划书的功劳

张华毕业于某名牌大学，经过多年的业余研究，在室内环境污染治理方面取得了一项重要突破，这项技术如果在实际中得到应用，前景将非常广阔。于是张华便辞去原来的工作，准备自己创业。但由于多年的积蓄都用在了室内环境污染治理的研究上，在七拼八凑注册了一家公司后，他已经无力再招聘员工、购买实验材料了。无奈之下，张华想到了风险投资基金，希望通过引入合作伙伴的方式解决困难。为此，他多次与一些风险投资机构或个人投资者接洽商谈。虽然张华反复强调他的技术多么先进，应用前景多好，并拍着胸脯保证投资他的公司之后回报绝对低不了，但总是难以令对方相信，而且他对于投资人问到的多种数据也没办法提供，如市场需求量具体有多少，一年可以有多大的销售量，投资后年回报率有多高，就连招聘一些技术骨干也比较困难，这些人也总是对公司的前景缺乏信心。

这时，曾经在张华注册公司时帮助过他的一位做管理咨询的朋友的一句话点醒了他："你的那些技术有几个投资者搞得懂？你连一份像样的创业计划书都没有，怎么让别人相信你？投资者凭什么相信你？"于是，在向相关专家请教咨询后，张华又查阅了大量的资料，然后静下心来，从公司的经营宗旨、战略目标出发，对公司的技术、产品、市场销售、资金需求、财务指标、投资收益、投资者的退出等方面进行了分析和论证。当然，在这个过程中，他还得不时搞一些市场方面的调查。一个月后，他拿出了一份创业计划书的初稿，经过几位相关专家的指点，他又再次进行了修改和完善。凭着这份创业计划书，张华不久就与一家风险投资公司达成了投资协议，有了风险投资的支持，员工招聘的问题也迎刃而解。

现在，张华的公司经营得红红火火，年销售利润已达到500万元。回想往事，张华感慨地说："创业计划书的编制与我搞的环境污染治理材料的要求差不多，绝对不是随便写一篇文章的事。编制计划书的过程就是我不断理清自己思路的过程。只有自己思路清晰了，才有可能让投资人、员工相信你。"

资料来源：http://www.doc88.com/p-5703930458454.html.

【思考与讨论】

1. 为什么张华开始时拍着胸脯的保证无法令投资者相信，甚至连招聘技术骨干都很困难？

2. 创业计划书对张华的创业成功起到了什么作用？

3.2.1 创业计划简介

3.2.1.1 了解创业计划

创业计划是创业者计划创立业务的书面摘要。它用以描述与拟创办企业相关的内外部环境条件和要素特点，为业务的发展提供指示图和衡量业务进展情况的标准。创业计划是创业者叩响投资者大门的"敲门砖"，一份优秀的创业计划往往会使创业者达到事半功倍的效果。

3.2.1.2 创业计划的作用

创业计划通常是市场营销计划、生产和销售计划、财务计划、人力资源计划等各项职能的集成，同时是创业三年内所有中期和短期决策制度的方针；是创业者在初创企业成立之前就某一项具有市场前景的新产品或服务，向潜在投资者、风险投资公司、合作伙伴等游说以取得合作支持或风险投资的可行性商品报告。创业计划是业务发展的指示图，最大限度地帮助创业者获得来自外界的帮助，它会时刻提醒创业者应该注意什么问题，规避什么风险。因此，创业计划有着非常重要的作用。

（1）帮助创业者理清思路，做出正确的评价。创业计划首先是给创业者自己看的。创业者应该以认真的态度提出一个初步的行动计划，详尽地分析自己所有的资源、市场情况和初步的竞争策略，做到心中有数。另外，创业计划书还是创业资金准备和风险分析的必要手段。对初创的风险企业来说，一个酝酿中的项目往往很模糊，所以创业计划的作用就显得尤为重要，通过制定创业计划书，逐条推敲正反理由，创业者就能更加清晰地认识这一项目。

（2）帮助创业者凝聚人心，有效管理。一份完美的创业计划可以增强创业者的信心，使得创业者在创业实践中有章可循，更容易控制企业，企业的经营也更有把握。创业计划描绘了新创企业的发展前景和成长潜力，并明确了要从事的项目和活动，使管理层和员工了解将要充当的角色和完成的工作及自己能否胜任这些工作，从而对企业及个人的未来充满信心。因此，创业计划对于创业者吸引合适的人力资源、凝聚人心具有重要作用。

（3）帮助创业者对外宣传，获得融资。创业计划是对即将开展的创业项目进行可行性分析的过程，作为一份全方位的项目计划，它向风险投资商、银行、客户和供应商等宣传拟建的企业及其经营方式，包括企业的产品、营销、市场及人员、制度、管理等各个方面。一份完美的创业计划是拟建企业对外进行宣传和包装的文件，不但能增强创业者的信心，也会增强风险投资者、合作伙伴、员工、供应商、分销商对创业者的信心。而这些信心，正是走向创业成功的基础。

案例 3－2

徐小平谈创业

（1）创业是把你脑子里的想法商业化。

（2）创业者必须有好奇心、兴趣、激情、理想。

（3）创业是自我探索、自我实现的旅途。

（4）好奇心被压抑的人是悲哀和不完整的人。

（5）创业不仅要有思想，更要有团队。

（6）团队队员一定要相互欣赏、性格互补、学会妥协。

（7）人和事，人更重要。

案例来源：杜永红，梁林蒙等．大学生创新创业教育［M］．北京：清华大学出版社，2019.

3.2.2 创业计划书的内容

因为创业计划书的重要作用，所以在撰写创业计划书时不能随便对待，其内容中必须说明：

3.2.2.1 公司介绍及战略规划

介绍公司的主营产业、产品和服务、公司的竞争优势以及成立的地点时间、所处阶段等基本情况。在介绍企业时，首先要说明创办新企业的思路，新思想的形成过程以及企业的目标和发展战略；其次要交代企业现状、过去的背景和企业的经营范围。在这一部分中，要对企业以往的情况做客观的评述，不回避失误。

3.2.2.2 创业组织

创业需要一支有战斗力的管理队伍。企业管理的好坏，直接决定了企业经营风险的大小。而高素质的管理人员和良好的组织结构则是管理好企业的重要保证。因此，风险投资家会特别注重对管理队伍的评估。

企业的管理人员应该是互补型的，而且要具有团队精神。一个企业必须具备负责产品设计与开发、市场营销、生产作业管理、企业理财等方面的专门人才。在创业计划书中，必须对主要管理人员加以介绍，包括他们所具有的能力，他们在本企业中的职务和责任，他们过去的详细经历及背景。此外，在这部分创业计划书中，还应对公司结构做简要介绍，包括：公司的组织架构图；各部门的功能与责任；各部门的负责人及主要成员；公司的薪酬体系；公司的股东名单，包括认股权、比例和特权；公司的董事会成员；各位董事的背景资料。

3.2.2.3 产品服务

在进行投资项目评估时，投资人最关心的问题之一，就是风险企业的产品、技术或服务能否在很大程度上解决现实生活中的问题，或者风险企业的产品（服务）能否帮助顾客节约开支，增加收入。因此，产品介绍是创业计划书中必不可少的一项内容。通常，产品介绍应包括：产品的概念、性能及特性，主要产品介绍，产品的市场竞争力，产品的研究和开发过程，发展新产品的计划和成本分析，产品的市场前景预测，产品的品牌和专利。

在产品（服务）介绍部分，要对产品（服务）做出详细的说明，说明要准确，也要通俗易懂，使不是专业人员的投资者也能明白。一般而言，产品介绍都要附上产品原型、照片或其他介绍，必须回答以下问题：

（1）顾客希望企业的产品能解决什么问题，顾客能从企业的产品中获得什么好处？

（2）企业的产品与竞争对手的产品相比有哪些优缺点，顾客为什么会选择本企业的产品？

（3）企业为自己的产品采取了何种保护措施，企业拥有哪些专利、许可证，或与已申请专利的厂家达成了哪些协议？

（4）为什么企业的产品定价可以使企业产生足够的利润，为什么用户会大批量地购买企业的产品？

（5）企业采用何种方式去改进产品的质量、性能，企业对发展新产品有哪些计划？

产品（服务）介绍的内容比较具体，因而写起来相对容易。虽然夸赞自己的产品是推销所必需的，但应该注意，企业所做的每一项承诺都是"一笔债"，都要努力去兑现。要牢记，企业家和投资家所建立的是一种长期合作的伙伴关系。空口许诺，只能得意于一时。

3.2.2.4　市场预测

当企业要开发一种新产品或向新的市场扩展时，首先就要进行市场预测。如果预测的结果并不乐观，或者预测的可信度让人怀疑，那么投资者就要承担更大的风险，这对多数风险投资家来说都是不可接受的。

在创业计划书中，市场预测应包括：市场现状综述，竞争厂商概览，目标顾客和目标市场，本企业产品的市场地位，市场价格和特征等。

风险企业对市场的预测应建立在严密、科学的市场调查基础上。风险企业所面对的市场，本来就有更加变幻不定的、难以捉摸的特点。因此，风险企业应尽量扩大收集信息的范围，重视对环境的预测和采用科学的预测手段和方法。创业者应牢记的是，市场预测不是凭空想象出来的，对市场错误的认识是企业经营失败的最主要原因之一。

3.2.2.5　营销计划

营销是企业经营中最富挑战性的环节，影响营销策略的主要因素有：①消费者的特点；②产品的特性；③企业自身的状况；④市场环境方面的因素。

在创业计划书中，营销策略应包括以下内容：①市场机构和营销渠道的选择；②营销队伍的管理；③促销计划和广告策略；④价格决策。

对创业企业来说，由于产品和企业的知名度低，很难进入其他企业已经稳定的销售渠道中去。因此，企业不得不暂时采取高成本、低效益的营销战略，例如：上门推销，大打商品广告，向批发商和零售商让利，或交给任何愿意经销的企业销售。对发展企业来说，它一方面可以利用原来的销售渠道，另一方面也可以开发新的销售渠道以适应企业的发展。最终影响营销策略的则是营销成本和营销效益。

3.2.2.6 生产制造计划

创业计划书中的生产制造计划应包括：产品制造和技术设备现状，新产品投产计划，技术提升和设备更新的要求，质量控制和质量改进计划。

在寻求资金的过程中，为了增加企业在投资前的评估价值，创业者应尽量使生产制造计划更加详细、可靠。一般地，生产制造计划应回答以下问题：企业生产制造所需的厂房、设备情况如何；怎样保证新产品在进入规模生产时的稳定性和可靠性；设备的引进和安装情况，谁是供应商；生产线的设计与产品组装是怎样的；供货者的前置期和资源的需求量；生产周期标准的制定以及生产作业计划的编制；物料需求计划及其保证措施；质量控制的方法；相关的其他问题。

3.2.2.7 财务规划

财务规划需要花费较多的精力来做具体分析，其中就包括现金流量表、资产负债表以及利润表的制备。流动资金是企业的生命线，因此企业在初创或扩张时，对流动资金需要有预先周详的计划和进行过程中的严格控制；利润表反映的是企业的盈利状况，它是企业在一段时间运作后的经营结果；资产负债表则反映某一时刻的企业状况，投资者可以用资产负债表中的数据得到的比率指标来衡量企业的经营状况以及可能的投资回报率。

财务规划一般包括：创业计划书的条件假设；预计的资产负债表；预计的利润表；现金收支分析；资金的来源和使用。

可以这样说，一份创业计划书概括地提出在筹资过程中创业者需要做的事情，而财务规划则是对创业计划书的支持和说明。因此，一份好的财务规划对评估风险企业所需的资金数量，提高风险企业取得资金的可能性是十分关键的。如果财务规划准备得不好，会给投资者一种企业管理人员缺乏经验的印象，降低风险企业的评估价值，同时会增加企业的经营风险，那么如何制定好财务规划呢？这首先取决于风险企业的愿景规划——是为一个新市场创造一个新产品，还是进入一个信息较多的已有市场？

着眼于一项新技术或创新产品的创业企业不可能参考现有市场的数据、价格和营销方式。因此，它要自己预测所进入市场的成长速度和可能获得的纯利，并把它的设想、管理队伍和财务模型推销给投资者。而准备进入一个已有市场的风险企业则可以很容易地说明整个市场的规模和改进方式。风险企业可以在获得目标市场信息的基础上，对企业头一年的销售规模进行规划。

企业的财务规划应保证和创业计划书的假设相一致。事实上，财务规划和企业的生产计划、人力资源计划、营销计划等都是密不可分的。要完成财务规划，必须明确下列问题：

（1）产品在每一个期间的发出量有多大？

（2）什么时候开始扩张产品线？

（3）每件产品的生产费用是多少？

（4）每件产品的定价是多少？

（5）使用什么分销渠道？所预期的成本和利润是多少？

（6）需要雇佣哪几种类型的人？

（7）雇佣何时开始？工资预算是多少？

3.2.3　创业计划需要的信息

在制定创业计划的过程中，为了使创业计划更有助于企业正式创立，收集多方信息是其中的必要过程。撰写创业计划前需要收集的信息有：

3.2.3.1　市场信息

产品或服务的先前市场信息对创业者尤为重要。为了判断市场规模，创业者需要明确定义企业的目标市场。目标市场的确定将会使新创办的企业的市场规模和市场目标比较容易地确定，也能够比较客观地评估市场的发展潜力与前景。这些资料可以来源于相关领域组织机构发布的调研报告，也可以通过市场调查来获得。

3.2.3.2　运营信息

企业运营管理需要涉及的各方面信息主要包括：

3.2.3.2.1　地点

创业计划中应确定企业的经营地点，地点的选择应考虑到企业的业务需要，是否方便顾客、供应商或经销商，是否便于开展销售，当地的有关政策与法律法规等。

3.2.3.2.2　生产

如果创办的是生产型企业，为了保证企业生产的正常运行，企业需要拥有或掌握哪些技术，需要购买什么机器设备，同时应该明确具体的工序是由企业自己完成还是分包给其他企业等。

3.2.3.2.3　原料

生产产品需要哪些原材料，这些原材料由谁提供及原材料的价格，原材料的供给有没有保障等。

3.2.3.2.4　设备

需要哪些生产设备，设备是购买还是租赁，设备的维护与保养怎么解决等。

3.2.3.2.5　员工

需要什么样的员工，员工的能力要求、基本薪资等。

3.2.3.2.6　其他

经营企业可能涉及的其他各项投入与开支，如日常办公支出、业务开支、缴纳税款等。这些信息是反映企业家正常运作所必需的，在创业计划书中都应该加以明确。

3.2.3.3　财务信息

创业者必须对企业的资金需求、资金周转、盈利能力有一个全面的评价。这些信息可以帮助创业者更好地理解企业运作的命脉——资金的需求与管理，帮助企业更好地提升资金运作的效率，有效地防范资金运作的风险。同时，可以更有效地向投资者展示企业的发展前景与盈利预测。这些信息主要包括：

3.2.3.3.1　资金的需求与来源

创办这家企业需要多少资金，为什么需要这么多资金，创业者自己准备出多少，资金不够计划如何解决。

3.2.3.3.2　未来的销售状况

未来三年企业能实现多少销售额及相应的费用开支，何时开始盈利，盈利情况如何。

3.2.3.3.3　企业的投资收益

企业每一年的盈利状况，投资回报率如何，投资回报期有多长。

3.2.3.3.4　风险资本的退出

如果引入风险投资，风险资本将在何时以何种方式退出。

创业计划书里的六个 C

概念（Concept）。指的是在计划书中，要让别人可以很快知道你要卖的是什么产品。

顾客（Customers）。有了卖的东西以后，接下来要卖给谁，顾客的范围在哪里，要很明确，例如：认为所有的女人都是顾客，那 50 岁以上的女人也能用吗？5 岁以下的也是你的客户吗？适合的年龄层在哪里要界定清楚。

竞争者（Competitors）。东西有没有人卖过？如果有人卖过是在哪里？有没有其他的东西可以取代？这些竞争者跟你的关系是直接的还是间接的？

能力（Capabilities）。要卖的东西自己会不会、懂不懂？譬如说开餐馆，如果师傅不做了找不到人，自己会不会炒菜？如果没有这个能力，至少合伙人要会做，再不然也要有鉴赏的能力，不然最好不要做。

资本（Capital）。资本可以是现金也可以是资产。那么资本在哪里、有多少，自有的部分是多少，可以借贷的有多少，要很清楚。

永续经营（Continuation）。当事业发展得不错时，将来的计划是什么？

3.2.4　市场调查的内容

正式开始创业之前，需要对经营环境、市场需求、顾客情况、竞争对手多个方面进行一系列的市场调查，以确保将要创办的企业与市场实际相符合，减少创业损失。

3.2.4.1　经营环境调查

3.2.4.1.1　政策、法律环境调查

调查和经营的业务、开展的服务项目相关的政策法律信息，了解国家政策是鼓励还是限制，有哪些管理措施和手段。当地政府的执行和国家法律法规政策对你的业务有哪些有利和不利的影响。

3.2.4.1.2　行业环境调查

调查你所经营的业务，开展的服务项目所属行业的发展情况、发展趋势、行业规则及行业管理措施。例如：从事美容美发行业，应该了解该行业国内及本地区的发展状况，国际国内流行趋势和先进美容技术，该行业的行业规范和管理制度有哪些。从事服装业的，应该了解服务行业的发展趋势、流行色和流行款式、服装技术发展潮流等。充分了解和把握行业信息，有助于企业的经营管理和决策。

3.2.4.1.3　宏观经济状况调查

宏观经济状况的好坏直接影响老百姓的购买力。如果宏观经济状况不景气，生意就会很难做，反之生意就好做，这就叫作大气候影响小气候。因此，把握大气候的信息，是做好小生意的重要参数。

3.2.4.2　市场需求调查

通过市场调查，对产品进行市场定位。如果你制作或经销某一种或某一系列产品，应该对这一产品的市场需求进行调查。例如：你经销某种家用电器，就要调查一下市场对这种家用电器的需求量，有无相同或相类似的产品，市场占有率是多少。如果是提供一项专业的家庭服务项目，就应该调查一下居民对这种服务项目的了解程度，需求量有多大，有无其他人或公司也提供类似的服务项目，他们的市场占有

率是多少。市场需求调查的另一项重要内容是市场需求趋势调查。了解市场对某种产品或服务项目的长期需求态势，了解该产品和服务项目是需求前景广阔，还是需求前景萎缩，了解该种产品和服务项目从技术和经营两方面的发展趋势如何等。

3.2.4.3 顾客情况调查

调查的内容包括两个方面：一是顾客需求调查，即购买产品或服务的顾客是谁，顾客希望得到哪方面的服务和需求（如效用、心理满足、技术、价格、交货期、安全感等)，好的产品或服务为什么能够较好地满足顾客的需求等。二是顾客的分类调查，重点了解顾客的数量、特点及分布，明确目标顾客，把握顾客的详细资料。如果是企业和单位的话，应了解这些单位的基本情况，例如：进货渠道、采购管理模式、联系电话、办公地址、某项业务负责人具体状况和授权范围，对产品和服务的需求程度，购买习惯和特征。如果顾客是消费者个人，应了解消费者群体种类，即目标顾客的大致年龄范围、性别、消费特性，对产品和服务需求程度，购买动机、购买心理、使用习惯。掌握这些信息，将为有针对性开展业务做准备。

3.2.4.4 竞争对手调查

在开放的市场经济条件下，要做到知己知彼，方能百战不殆，只有了解竞争对手或潜在竞争对手的状况，包括竞争对手的数量和规模、分布与构成、竞争对手的优缺点及营销策略，才能在激烈的市场竞争中占据有利地位，有的放矢地采取一些竞争策略，做到人无我有，人有我优，人优我更优。

3.2.4.5 市场销售策略调查

重点调查了解目标市场上经营产品或开展服务的促销手段、营销策略和销售方式主要有哪些。如销售渠道、销售环节，最短进货距离和最小批发环节，广告宣传的方式和重点，价格策略等，调查一下这些经营策略是否有效，有哪些优点和不足，从而为决策采取什么销售策略、什么经营手段提供依据。

3.2.5 市场调查方法

3.2.5.1 产品留置访问

产品留置访问，是将某种产品留给被访者使用，并对其使用前后消费行为及心理的不同进行调查。

优点：可以了解产品使用前后情况的不同之处。

缺点：需要花费较高的调查费用；访问员需要较高的责任心，并与被访者建立长期友好的关系；调查的周期较长。

适用方面：新产品投入市场前的使用效果调查。

3.2.5.2　电话访问法

电话访问法，指由访问员通过电话向被访者询问问题、搜集资讯的方法。

优点：整个项目的访问时间短；节省费用；可以解除对陌生人的心理压力；问卷较简单，对访问员的要求较低。

缺点：无法访问到没有电话的单位或个人；只能得到简单的资料；无法深入了解情况；无法出示卡片、照片等相关资料；无法了解被访者当时的态度，难以辨别答案的真伪；拒绝访问情况较多。

适用方面：样本数量多，调查内容简单明了，易于让人接受。

3.2.5.3　二手资料法

二手资料法是通过找各种媒体发表的文章或文献的方法来搜集相关资料。

优点：搜集到的资料范围广，可以通过各种渠道搜集到各种类型的资料；与其他调查方法相比，省时、省力。

缺点：难以考察资料的真实性及调查样本的代表性。

适用方面：项目的前期准备工作；搜集政府的相关行业政策；搜集来自同行或相关行业在博览会、交易会、展销订货会或学术交流会上的资料。

3.2.5.4　拦截调查

拦截调查指的是在一些固定范围内（例如：商业区、商场、街道、医院、公园、报摊等）拦截行人进行面访调查。

优点：整个项目的访问时间短；可以在访问进行时对问卷真实性及品质进行控制；可以节省抽样环节和费用。

缺点：由于在固定场所，容易流失掉不到该场所去的群体；不能耽误被访者太长时间；被访者中途拒绝回答的情况可能发生。

适用方面：项目时间短，能够清晰地定义被访者的年龄、性别、职业等各方面特征。

3.2.5.5　入户调查

入户调查，指访问员到被访者的家中进行访问，直接与被访者接触，利用结构式问卷逐个问题询问，并记录下对方的回答；或是将问卷交给被访者，说明填写要求，等待对方填写完毕后再收取问卷的调查方式。

优点：直接与被访者接触，可以观察他（她）回答问题的态度；严格的抽样方法，使样本的代表性更强；能够得到较高的有效回答率；对于不符合填答要求的答案，可以在访问当时予以纠正；可由访问员控制选答式问题或开放式问题的追问。

缺点：人力、时间及费用消耗较大；可能出现访问员错误理解的情况；对访问员的要求较高；需要严格管理访问员。

适用方面：时间、经费、人力充足，需要样本在较大程度上代表总体。

3.2.5.6 深度访谈

深度访谈是一种无结构的、直接的、个人的访问。在访问过程中，一个掌握高级技巧的调查员深入地访谈一个调查者，以揭示对某一问题的潜在动机、信念、态度和感情。

优点：可以获得比较全面的资料。适合了解一些复杂的问题。

缺点：由于采用无结构访问，是否成功取决于访问员的技巧和经验。调查对象通常是特殊人群，因此较难联络。

适用方面：向相关部门的官员咨询行业政策；向竞争对手的各级经销商搜集资料；向经销商品或提供服务的群体进行访问，如医生、教师等。

案例 3-3

好吃还要会经营

老李是个下岗职工，现在在一家公司里当司机。老李开店不容易，因为他下岗了，还拖家带口，所以从资金和心理上，老李都有很大压力。在权衡许久之后，老李看上了一个投资小、回报快的项目——风味灌汤包。虽说店面不大，但投资却也不少，房租、设备、原料、员工，还有学习技术的费用，林林总总加起来也花去三四万元。为了开店，他除了把自己的积蓄拿出来，还向朋友借了一万多元的外债。但不管怎么样，老李总算是把自己的店开起来了。开张的一个多月里，老李的生意好得不得了，可能是因为有风味小吃的诱惑，老李的店每天都是顾客盈门，可是就在这一个多月内，风味灌汤包的小吃店如雨后春笋般出现在太原的大街小巷。没过几个月，光顾老李小店的顾客数量明显减少，老李在朋友的建议下，在小店里开始卖其他风味小吃，但生意还是没有多大的起色。

在连续亏了两个月后，老李的店就关门大吉了。老李说他还了外债之后，赔了一万多元，对一个下岗职工来说，这并不是个小数目。老李失败后，没有再选择创业，而是选择给别人打工，老李说，给别人打工虽说赚得少些，但心里踏实。

见招拆招：老李失败的原因很显而易见——没有做好市场调查和市场预测。选择创业项目一定要有自己的特色，老李的失败是在项目选择上，他选择的项目没有很大的市场潜力，同时该项目也已经有些市场饱和，缺乏发展潜力。其实老李很清楚自己失败的原因，他劝那些想创业的人，在准备创业的时候，一定要学会一些必要的技能，如市场营销、市场调查等，老李说他最大的失败是没有认识到自己应该学习之后再去创业，以至于盲目跟风，导致创业失败。

资料来源：http://www.360doc.com/content/17/1223/11/8303265_715571697.shtml.

3.2.6　撰写创业计划书

案例 3-4

写创业计划书是形式主义吗

小明问："我家门口开了一家早餐店，他们没有做任何创业计划书，业务也经营得蛮好，为什么我们搞个创业就非要写创业计划书，我又不要投资，写这些东西完全是搞形式主义！创业需要的是实干，不是浪费时间在写计划书上！"

案例来源：杜永红，梁林蒙等．大学生创新创业教育［M］．北京：清华大学出版社，2019.

创业计划书是商业计划书的一种，是由创业者准备的书面计划，分析和描述创办一个新的风险企业时所需的各种因素，其目的是通过撰写计划的过程对企业自身进行自我评估，对创业前景有更加清晰的认识，并且期望通过计划书获得风险投资家的风险资本。

3.2.6.1　怎样写好创业计划书

那些既不能给投资者以充分的信息，也不能使投资者激动起来的创业计划书，其最终结果只能被扔进垃圾箱里。为了确保创业计划书能"击中目标"，创业者应做到以下几点：

3.2.6.1.1　关注产品

在创业计划书中，应提供所有与企业产品或服务有关的细节，包括企业所实施的所有调查。这些问题包括：产品正处于什么样的发展阶段？它的独特性怎样？企业分销产品的方法是什么？谁会使用企业的产品，为什么？产品的生产成本是多少，售价是多少？企业发展新产品的计划是什么？把出资者拉到企业的产品或服务中来，这样出资者就会和创业者一样对产品有兴趣。在创业计划书中，创业者应尽量用简单的词语来描述每件事。商品及其属性的定义对企业家来说是非常明确的，但其他人却不一定清楚它们的含义。制定创业计划书的目的不仅是要出资者相信企业的产品会在世界上产生革命性的影响，同时要使他们相信企业有证明这个结论的论据。

3.2.6.1.2 敢于竞争

在创业计划书中，创业者应细致分析竞争对手的情况。竞争对手都是谁？他们的产品是如何工作的？竞争对手的产品与本企业的产品相比，有哪些相同点和不同点？竞争对手所采用的营销策略是什么？要明确每个竞争者的销售额、毛利润、收入以及市场份额，然后讨论本企业相对于每个竞争者所具有的竞争优势，要向投资者展示，顾客偏爱本企业的原因是：本企业的产品质量好，送货迅速，定位适中，价格合适等。创业计划书要使它的读者相信，本企业不仅是行业中的有力竞争者，而且将来还会是确定行业标准的领先者。

3.2.6.1.3 了解市场

创业计划书要给投资者提供企业对目标市场的深入分析和理解。要细致地分析经济、地理、职业以及心理等因素对消费者选择购买本企业产品这一行为的影响，以及各个因素所起的作用。创业计划书中还应包括一个主要的营销计划，计划中应列出本企业计划开展广告、促销以及公共关系活动的地区，明确每一项活动的预算和收益。创业计划书中还应简述一下企业的销售战略：企业是使用外面的销售代表还是使用内部职员？企业是使用转卖商、分销商还是特许商？企业将提供何种类型的销售培训？此外，创业计划书还应特别关注一下销售中的细节问题。

3.2.6.1.4 表明行动的方针

企业的行动计划应该是无懈可击的。创业计划书中应该明确下列问题：企业如何把产品推向市场？如何设计生产线，如何组装产品？企业生产需要哪些原料？企业拥有哪些生产资源，还需要什么生产资源？生产和设备的成本是多少？企业是买设备还是租设备？解释与产品组装、储存以及发送有关的固定成本和变动成本的情况。

3.2.6.1.5 展示你的管理队伍

把思想、设计、研究转化为一个成功的风险企业，其关键因素就是要有一支强有力的管理队伍。这支队伍的成员必须有较高的专业技术知识、管理才能和多年工作经验，要给投资者这样一种感觉："看，这支队伍里都有谁！如果这个公司是一支足球队的话，他们就会一直杀入世界杯决赛！"管理者的职能就是计划、组织、控制和指导公司实现目标的行动。在创业计划书中，应首先描述一下整个管理队伍及其职责，然后再分别介绍每位管理人员的特殊才能、特点和造诣，细致描述每个管理者将对公司所做的贡献。

3.2.6.1.6　出色的计划摘要

创业计划书中的计划摘要也十分重要。它必须能让读者有兴趣并渴望得到更多的信息，它将给读者留下深刻的印象。计划摘要将是创业者所写的最后一部分内容，但却是出资者首先要看的内容，它将从计划中摘录出与筹集资金最相关的细节，包括对公司内部的基本情况，公司的能力以及局限性，公司的竞争对手，营销和财务战略，公司的管理队伍等情况的简明而生动的概括。如果公司是一本书，它就像是这本书的封面，做得好就可以把投资者吸引住。

3.2.6.2　创业计划书的结构

除封面与目录外，一份完整的创业计划书应包括摘要、主体、附录三个部分。摘要是对整个创业计划书的高度概括，主体部分是整个创业计划书的核心（在这一部分应说明项目作者欲介绍的全部内容），附录部分是对主体的补充（以提供更多、更详细的补充信息，完成主体部分未能充分说明的事项）。其中，摘要和主体是创业计划书的必备部分。

3.2.6.2.1　摘要

在这部分，应简短明晰地摘选出创业计划书中每章的重点内容，尤其应包括：企业简介、产品的基本情况、市场情况、竞争优势和特点、管理团队的情况、未来的阶段性计划，以及财务情况。为了精简篇幅，在摘要部分可以把相关的内容合并。

注意：尽管在书面形式上，摘要是创业计划书的第一部分，但事实上，这一部分内容反映了创业计划书的全部内容，故应放在最后完成。

3.2.6.2.2　主体

（1）企业概况：写明企业名称、法律形式、联系地址、企业所有者信息等内容。（2）商业构想和市场分析：描述顾客，充分解释什么样的人会购买你的产品或服务；同时对企业所处的市场环境进行分析。（3）主营产品：详细描述主营的产品或服务，着重说明它们的特色。（4）定价计划：解释你的价格策略。注意：在定价过程中，除考虑顾客所接受的价格与竞争对手的价格外，还应考虑我方所有的管理费用（例如：材料费、仓储费、暖气费、电费、租金、人力成本、行政管理费等），此外，还要考虑是否能够获取一定的利润。（5）选址计划：描述选址计划，说明选择此地的原因，并说明分销渠道。（6）促销计划：从广告、公共宣传、销售促进、人员推销四种不同的促销方式说明向顾客宣传企业的行动计划，并计算各种不同促销方式的费用。（7）法律形式：详细描述企业所选择的法律形式以及采用这一法律形式的原因。（8）组织机构与员工：列明企业的组织机构、每位员工的职责与资质，并分职位列明企业的人工成本。用一个图表来显示实际的或建议的组织机构非常有用。当然，小公司没有必要这样做。大量的小公司在起步时只有一个管理主任，而没有其他关键人物。(9) 启动资金及资金来源：计算企业的启动资金、描述启动资金的来源，如自有资金、借贷等。(10) 企业营运与成本预测：列明企业月度销售计划，并基于此计划列明企业的月度成本费用计划。(11) 现金预算：基于销售计划和成本费用计划完成企业一年的现金流量计划。在进行现金预算时应注意以下问题：①注意销售额与管理费用的季节性变化，如冬季的取暖费和电费；②销售与收入之间可能有一定的拖延，即 1 月份完成的销售可能要到 3 月份才能拿到销售款；③不要过高地估计库存水平，要切合实际；④有些成本可能是按月或按季度在 12 个月内回收；⑤有些贷款期的开始日可能有变化。(12) 一年盈利情况预测：基于销售预测和成本费用预测数据进行年度盈利情况预测。(13) 资产负债表：提供创业后某一时点企业公开的资产负债表。(14) 风险因素和退出机制：分析企业可能面临的风险及应对风险的策略，并在此基础上描述投资者退出企业的方式（例如：利润分红、股权回购、股权转让、股票上市等)。

3.2.6.2.3 附录

附在创业计划书后面与正文有关的文章、数据信息或参考资料，是作为解释说明创业计划书的补充部分，并不是必需的。主要有附件、附表等形式。

3.2.6.3 制定创业计划书的注意事项

(1) 制定创业计划书必须小心谨慎。数据收集必须慎重。

(2) 撰写创业计划书最重要的问题是如何找到一个好的企业想法。

(3) 在识别和评估商业机会的过程中所进行的市场调查还将说明市场是否有竞争对手，新的企业是否还有生存空间以及可能占据的市场份额是多少。

(4) 识别和评估商业机会的结果是创办企业、制定计划的基础。如果市场评估过于乐观，那么企业开始经营后，将很难生产出或者提供预计数量及价格的产品或服务。这样，企业将会倒闭；如果评估过于悲观，那么企业预计的收入看起来会太低，以至于难以有一个成功的开始。

(5) 客观谨慎的市场评价有助于拟建企业，降低失败风险。成本是创业计划书的另一个重要因素。低估启动成本与经营费用，账面上也许能显示良好的利润，但是，一旦企业开始经营，将会入不敷出。

(6) 必须真实地估测成本。此外，应该为无法预料到的成本留出一定的比例。

(7) 创业计划书的最后部分将说明企业的可行性。

“都市快餐店”计划书

一、快餐店概括

(1) 本店属于餐饮服务行业，名称为“都市快餐店”，是个人独资企业，主要提供中式早餐，如油条、小笼包等各式中式点心和小菜，午餐和晚餐多以炒菜、无烟烧烤为主。

(2) 本店位于××路商业步行街，开创期是一家中档快餐店，未来将逐步发展成快餐连锁店。

(3) 本店的所有者是×××、餐厅经理×××、厨师×××，3 人均有 6 年以上的餐饮工作经验，凭借大家的智慧、才能和对事业执着的心，一定会在本行业内大展拳脚。

(4) 本店需创业资金××万元，其中××万元已筹集到，剩下的××万元向银行贷款。

虽然开始时只是梦想，但只要继续努力，不轻易放弃，梦想就能成真。

二、经营目标

(1) 由于处于商业街，客源相对充足，但竞争对手也不少，特别是本店刚开业，要想打开市场，必须在服务质量和产品质量上下功夫，并且要进一步扩大经营范围以满足消费者的不同需求。短期目标是在××商业步行街站稳脚跟，1 年收回成本。

(2) 本店将在 3 年内增设 3 家分店，逐步发展成一家经济实力雄厚，并有一定市场占有率的快餐连锁集团，在本市众多快餐品牌中闯出一片天地，并成为餐饮市场的知名品牌。

三、市场分析

1. 客源

本店的目标消费者包括：到××商业步行街购物娱乐的一般消费者，约占 50%；附近学校的学生、商店工作人员、小区居民，约占 50%。客源数量充足，消费水平处于中低档。

2. 竞争对手

本店附近共有 4 家主要竞争对手，其中规模大的有 1 家，其他 3 家为小型快餐店，这 4 家饭店的经营期均在 2 年以上。其中，××快餐店中西兼营，价格较贵，客源相对较少；另外 3 家小型快餐店卫生情况和服务质量较差，就餐环境拥挤脏乱。本店摒弃了这4家快餐店现有的弊端，推出“物美价廉”等销售策略，力争在激烈的市场竞争中占有一席之地。

四、经营计划

（1）本店主要是面向大众，因此菜价不高，属中低价位。

（2）大力开发便民小吃，早餐要品种丰富，价格便宜，因地制宜地推出中式早餐套餐。

（3）早餐、午餐提供经济型、营养丰富的菜肴，并提供优雅的就餐环境。

（4）随时准备开发新产品，以适应变化的市场需求，如本年度目标是设立“送餐到家”的服务。

（5）经营时间：6:00—21:00。

（6）对于以上计划，我们将分工合作，各尽其职。我们将会在卫生、服务、价格、营养等方面下功夫，争取获得更多的客源。

五、人事计划

（1）本店开业前期，初步计划招收××名全日制雇员，包括××名厨师，××名临时雇员（含厨师），具体内容如下：

1）通过劳务市场招聘本市户口、有一定工作经验、有良好的职业道德、年龄为20～30岁，有意加入餐饮行业的人员。应聘者持“招聘员工登记表”并附个人资料来本店面试。

2）经面试、笔试、体检合格者，与其签订劳动合同（含试用期）。

（2）为了提高服务人员整体素质，被招聘上岗的人员需要接受2个月的培训，具体内容如下：

1）制定培训计划，确定培训目的，制定培训方法。

2）实施培训计划，贯彻学习劳动纪律和各种规章制度。

3）考核上岗，对于不合格者停止学习，扣除20%的工资，直至合格为止。对于连续3次考试不合格者，扣除当月全部工资和福利。

六、销售计划

（1）开业前进行一系列企业宣传工作，向消费者介绍本店“物美价廉”的销售策略，还会发放问卷调查表，根据消费者的需求完善本店的产品和服务内容。

（2）推出会员制的季卡、月卡，从而吸引更多的消费者。

（3）每月累计消费满1 000元可参加本月月末大抽奖，中奖者（1名）可获得888元的代金券。

（4）每月累计消费满1 000元，赠送价值100元的代金券；每月累计消费满

2 000 元，赠送 200 元代金券，以此类推。

七、财务计划

本店内所有账目必须及时入账，支出与收入的钱款必须经由会计入账或记录后方能使用，记账使用复式记账法，以科学的方法进行管理，以免账务混乱。每日的收入应及时进行清点，所有点菜的菜单及收款的凭据必须保存，并一式两份，以供核对及入账使用。店内所有的物品属于店内的固定资产，不得随意破坏或带走，每月的总收益，除去一切费用，剩下的存入银行；如果每月结算后，收入比计划高，将适度调整工资，以调动大家的工作热情，如发现有人在工作中无故破坏本店的财产，将从责任人的工资或奖金中扣除以弥补损失。

（1）本店固定资产：××万元

桌椅：××套

营业面积：××平方米

冷冻柜：××台

灶件：若干

（2）每日流动资金为××万元（主要用于突发事件以及临时进货）。

（3）对于账目，要做到日有日账，月有月账，季有季账，年有年终总账，这样企业的盈亏在账目上一目了然，避免经营管理工作的盲目性。

注：因刚开业，在各种开销上要精打细算，但要保证饭菜的质量，尽量把价格放低。

八、附录

附录1　法律要求

为保证食品安全，防止食品污染和有害因素对人体的危害，保障人民身体健康，增强人民体质，严格遵守国家、地方有关法规，具体如下：

（1）食品生产经营企业和食品摊贩必须先取得卫生行政部门发放的卫生许可证，方可向工商行政管理部门申请登记；未取得卫生许可证的，不得从事食品生产经营活动。食品生产经营者不得伪造、涂改、出借卫生许可证。

（2）食品生产经营过程必须符合下列卫生要求：

1）保持内外环境整洁，采取消除苍蝇、老鼠、蟑螂和其他有害昆虫及其滋生条件的措施，与有毒、有害场所保持规定的距离。

2）食品生产经营企业应当有与产品品种、数量相适应的食品原料处理、加工、包装、贮存的厂房或者场所。

3）应当有相应的消毒、更衣、盥洗、采光、照明、通风、防腐、防尘、防蝇、防鼠、洗涤、污水排放、存放垃圾和废弃物的设施。

4）设备布局和工艺流程应当合理，防止待加工食品与直接入口食品、原料与成品交叉污染，食品不得接触有毒物、不洁物。

5）餐具、饮具和盛放直接入口食品的容器，使用前必须洗涤、消毒；炊具、用具用后必须洗净，保持清洁。

6）贮存、运输和装卸食品的容器包装、工具、设备和条件必须安全、无害，保持清洁，防止食品污染。

7）直接入口的食品应当有小包装或者使用无毒、清洁的包装材料。

8）食品生产经营人员应当经常保持个人卫生，生产、销售食品时，必须将手洗净，穿戴清洁的工作衣帽；销售直接入口的食品时，必须使用售货工具。

9）用水必须符合国家规定的城乡生活饮用水卫生标准。

10）使用的洗涤剂、消毒剂应当对人体安全、无害。

（3）禁止生产经营的食品：

1）腐败变质、油脂酸败、霉变、生虫、污秽不洁、混有异物或者其他感官形状异常，可能对人体健康有害的。

2）含有害物质或者被有毒、有害物质污染，可能对人体健康有害的。

3）含有致病性寄生虫、微生物的，或者微生物毒素含量超过国家限定标准的。

4）未经兽医卫生检验或者检验不合格的肉类及其制品。

5）病死、毒死或者死因不明的禽、畜、水产动物及其制品。

6）容器包装污秽不洁、严重破损或者运输工具不洁造成污染的。

7）掺假、掺杂、伪造，影响营养、卫生的。

8）用非食品原料加工的，加入非食品用化学物质的或者将非食品当作食品的。

9）超过保质期限的。

10）为防病等特殊需要，国务院卫生行政部门或者省、自治区、直辖市人民政府专门规定禁止出售的。

11）含有未经国务院卫生行政部门批准使用的添加剂或者农药残留超过国家规定容许量的。

12）其他不符合食品卫生标准和卫生要求的。

附录2　菜单

本店地址：××商业步行街

联系电话：××××××××

本店的营业时间：××××

本店提供品种：×××××

3.3　创业方法之精益创业

曾经市值 80 亿美元的 Webvan 为什么破产?

Webvan 创办于 1996 年，是一家非常超前的生鲜果蔬公司，其模式为线上交易，线下运输，有自己的仓储、分销系统，配送的是新鲜的杂货。Webvan 成立两个月之后，VC（风险投资）跟进。1997 年，VC 投入第一笔钱，经过两年的研发，第一个仓储系统全面上线，一个月之后，Webvan 开始接受第一笔订单，真正跟用户第一次亲密接触。

1999 年，Webvan 签订了一份 10 亿美元的合约，把仓储系统在全美复制。签约之后，1999 年 8 月，Webvan 首次公开募股（IPO），这家公司备受追捧，在最高点时市值达到了 85 亿美元。但是在运行了两年之后，也就是 2001 年 7 月，Webvan 却宣告破产。

把它的订单数和消耗的资金做一个对比，可以发现，Webvan 每接受一笔订单，消耗的资金是 130 美元。这家公司的破产导致很长一段时间所有的 VC 都不敢踏入这个行业，直到 2011 年才又有 VC 开始进入。这就是为什么美国生鲜行业 O2O 在 20 年前就开始了，现在却落后于中国。

Webvan 在没有达到盈利平衡点之前，就已经覆盖到 33 个城市，这就是公司破产的一个重要原因。这个例子引发了美国 VC 界对这种传统“火箭发射式”创业思维的反思。

长期以来，“火箭发射式”创业思维在硅谷一直是主流。但其结果有 3 种：第一，发射成功；第二，惨败，火箭在空中爆炸；第三，无声无息。

火箭发射后只有很小比例是无声无息的，但在商业实践中却有 70%以上的“发射”属于第三种情况。对于创业，这是最大的浪费。因为即使只有负面的回应，你还可以从中获取一些经验教训。

“火箭发射式”创业思维存在一个巨大的缺陷：在整个创业过程中，缺乏持续的反馈、试错和验证，而把所有的赌注都集中在最后按下按钮的那一刻。但是在创业过程中，如果等到按下按钮的那一刻，一切可能都太迟了。

2001 年 7 月，Webvan 正式进入破产程序。在这之前的两周，CEO 鲍德斯以 6 美分一股的价格清掉了 4 500 万股，从中只拿回了大概 270 万美元。

然而，这次失败之后，鲍德斯并没有从中吸取教训。鲍德斯说："我不认为我们做错了什么，做公司就像发射火箭一样。发射之前，你需要把可能想到、可能遇到的每一件事都想清楚，你不可能在火箭升空的过程中再去给它添加燃料。"鲍德斯有非常典型的"火箭发射式"的思维模式。

在Webvan失败之后，鲍德斯再次创业，创办了美国最大的连锁书店——鲍德斯书店（Borders），前几年在亚马逊的冲击下也破产了。在鲍德斯书店破产之后，他又创办了第三家公司，同样以失败告终。

"火箭发射式"创业思维的基本假设在于，所有的变量是可度量的，未来是可以预测的，因此商业模式、用户痛点和解决方案都具有极高的确定性。

与之对应，精益创业的基本假设在于，基本参数很难度量，未来不可预测，用户痛点和解决方案具有极高的不确定性，需要不断迭代，并不断积累认知，从而去逼近真实的用户痛点和有效的解决方案。

精益创业事实上不是关于假设或者计划的一门科学，而是关于如何在创业过程中用科学试错的方式来积累认知，从而提出假设并用科学试错的方法来验证假设的方法。这是精益创业的核心。

资料来源：节选改编自"龚焱．精益创业方法论：新创企业的成长模式［M］．北京：机械工业出版社，2015"．

【思考与讨论】

1. 分析Webvan公司的创业方法。
2. 什么是"火箭式发射"创业？
3. 这段材料给了你什么启示？

3.3.1 从传统创业思维到精益创业思维

3.3.1.1 传统的新产品导入模式

在20世纪，每一个针对市场开发新产品的企业都会使用某种形式的产品管理模式（如图3-2）。这种以产品为中心的开发模式出现于20世纪初，它所描述的开发流程见证了整个制造业的发展史。

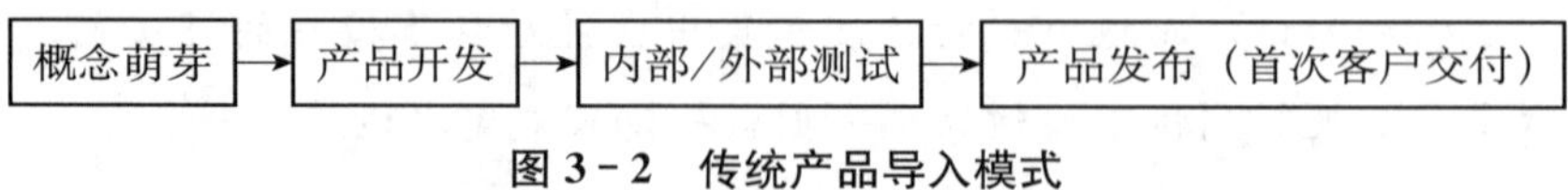

图3-2 传统产品导入模式

但是企业在应用这一模式时往往忽略了一个重要前提，即新产品导入模式适用于那些已明确客户群体、产品特征、市场范围和竞争对手的成熟企业。

在传统的计划执行模式里，首先通过商业计划产生基本的产品概念，然后导入资源，组建团队，进行产品开发，以及内部/外部的测试，最终产品得以发布，投放市场，首次发货。

这种传统的计划执行模式的根本缺陷在于所有的认知都来得太晚。尽管在拟订商业计划的时候会用一些用户调研的手段，但对象都不是真正的用户，用户一直到最后环节才会真正地参与进来。换句话说，直到产品已经开发完毕，进入测试阶段，团队才真正开始学习和认知过程。所以尽管计划执行模式看起来非常完美，但它往往正是新创公司走向死亡的原因。因为创业过程中最关键的不是某个产品或服务，而在于是否具有正确的认知，用户的反馈过程是否从一开始就结合在创业过程中。

在传统的产品导入模式中，有两个隐含的假设，即用户痛点高度确定，解决方案也高度确定，而在精益创业的框架里，这两个假设根本就不存在。再完美的商业计划也经不起和客户的第一次亲密接触。

3.3.1.1.1　概念萌芽阶段

在该阶段，企业创始人往往会抓住灵光一现的奇思妙想，有时甚至会把它们写在一张餐巾纸上，然后将其转变成一组核心理念，以此作为实施商业计划的大纲。

接下来，他们要明确围绕产品出现的几个问题。例如：我的产品或服务理念是什么？产品特征和价值是什么？该产品能否开发？是否需要进一步的技术研究？客户群体有哪些？怎样才能发现这些群体？统计市场研究和客户评论能够推动问题评估和商业规划吗？

Webvan 很好地做到了上述工作。这家公司于 1996 年 12 月成立，不但制定了诱人的商业计划，而且创始人拥有深厚的管理背景。1997 年，Webvan 从硅谷知名风险投资家手中筹集到了 1 000 万美元的启动资金，在随后不到两年的时间里，公司在 IPO 前共获得了 93 亿美元的私募投资。

3.3.1.1.2　产品开发阶段

随着公司各职能部门的建立，相关的开发活动被分配到各个团队来实施。营销部门负责确定商业计划中描述的市场规模，开始定位产品最初的客户。与此同时，工程部门正忙着明确特征和开发产品。产品开发通常会扩展为“瀑布式”的几个相互关联的步骤，每一个步骤都强调最小化以确定产品特征组的开发风险。“瀑布式”开发流程（如图 3-3）一旦启动就永无回头之路，产品即使出了问题也不可能再进行修改。通常情况下，这一流程会持续不断地进行 18～24 个月，甚至更久，中间即使出现任何有利于企业的变化或新创意，该流程也不会中断。

3.3.1.1.3　内部/外部测试阶段

工程部门继续按照传统的“瀑布式”模型开发产品，以首次客户交付日期为目

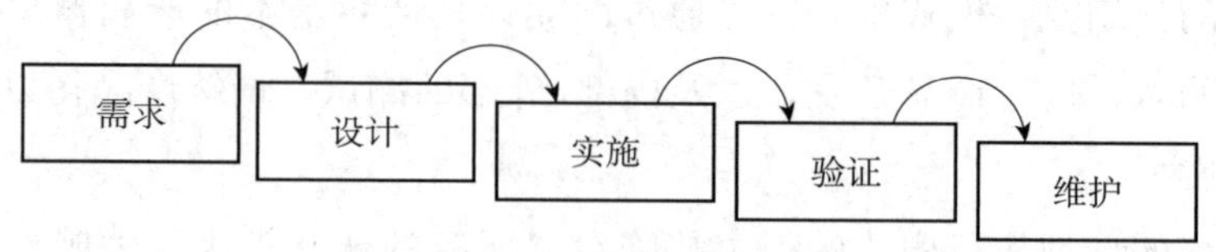

图 3-3　产品瀑布式开发模型

标安排开发进度。进入外部测试阶段，和少数外部用户一起测试产品，确保产品满足既定的设计目标。营销部门负责开发完整的营销沟通方案，建立企业网站，为销售人员提供各种支持材料，开展演示活动。公关部门负责调整定位，联系知名媒体和博客，开展品牌塑造活动。

3.3.1.1.4　*产品发布和首次客户交付阶段*

产品投入运营后，建立销售渠道和支持营销活动需要大量资金。如果企业不具备早期资产变现能力，势必要筹集更多的资金来支持运营。首席执行官会检查产品发布活动以及销售和营销团队的发展规模，再次向投资者募集资金。

3.3.1.2　精益创业思维的提出

在对以往传统创业思维和“火箭发射式”创业思维反思的基础上，近年来，硅谷开始兴起一股精益创业的热潮。精益创业（Lean start up）的概念由硅谷创业家埃里克·莱斯（Eric Rise）于 2012 年在其著作《精益创业》一书中提出。其核心思想受到史蒂夫·布兰克（Steve Blank）的《四步创业法》中“客户开发”方式的很大影响，后者也为精益创业提供了很多精彩指点和案例。史蒂夫·布兰克是一位连续创业者，他先后创办了 8 家公司，有 4 家公司上市。他在近年来开始推动精益创业运动，现在也在斯坦福大学和加利福尼亚大学伯克利分校任教。

精益创业的核心思想是，先在市场中投入一个极简的原型产品，然后通过不断的学习和有价值的客户反馈，对产品进行快速迭代优化，以期适应市场。其理念可以追溯到软件行业的敏捷开发管理。精益创业可以理解为敏捷开发模式的一种延续。

新创公司与大公司的真正区别在于商业模式是否已知，大公司已经有被验证了的商业模式，而新创企业没有。大公司更多的是在运营和执行层面执行已知或已经确认的商业模式，而新创公司则是探索未知的商业模式。新创公司肯定不是大公司的微缩版。

新创公司之所以失败，是因为它们混淆了探索与执行。

对于新创公司来说，一个重要的方法论工具就是精益创业。包括以下三大部分：

第一部分，基本的商业计划。但在精益创业的框架里，再完美的商业计划也只是前提和假设。

第二部分，客户开发。也就是说，让客户开发和产品开发同步进行，甚至把客户开发放在产品开发之前，这是和传统的“火箭发射式”封闭开发（先开发产品，再后续导入客户）模式完全相反的一个模式。客户开发是整个精益创业的重心，而非产品开发。在精益创业的框架里，客户居核心地位，产品根据客户的需求来开发。

第三部分，精益研发。即用商业计划建立前提和假设，从一开始就把客户导入创业过程中，用高速迭代、科学试错的方式来迭代并获取认知。

3.3.2　精益创业的基本框架

3.3.2.1　精益创业的理念

一般而言，新创企业会经历4个阶段，第一、第二个阶段是探索商业模式；第三个阶段是放大商业模式，也就是说，在这个点上，商业模式基本确立；第四个阶段是进入正常的运营状态。

第一个阶段是发散式的探索，不确定性极高。可能尝试多个方向，快速转向，不停试错。第二个阶段是聚焦式的探索，已经初步确立了方向，有可能在两三个路径中选择商业模式。第三个阶段是商业模式确立，进入放大阶段。第四个阶段是商业模式的正常执行。

精益创业聚焦于前两个阶段，也就是说如何从0走到1。商业模式的放大是在第三个阶段，即如何从1到100，而最后一个阶段——如何从100到110，则是传统商学院所覆盖的内容。

史蒂夫·布兰克提出基于精益创业理念的“四步创业法”，该方法共分两大阶段四个步骤，如图3-4所示。

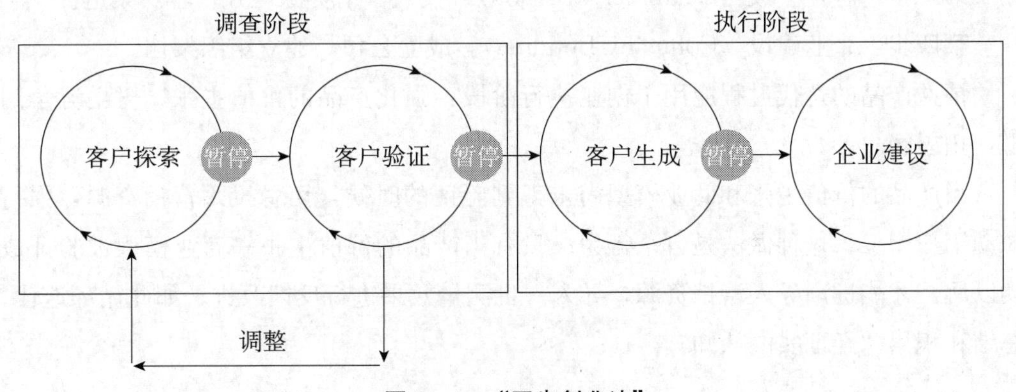

图3-4　“四步创业法”

第一阶段：创业调查阶段。该阶段主要是验证产品的价值主张（Value Proposition）和商业模型是否成立，不需要成立公司。客户探索和客户验证是精益创业的起点，通过这种方法探索客户痛点，并定义客户痛点和解决方案。

第一步，客户探索（Customer Discovery）。进行客户市场细分，寻找天使客户，通过和客户访谈，确定产品方向。

定义基本假设：客户痛点假设和解决方案假设。

停止推销，开始倾听：在探索阶段，倾听的技巧非常关键，观察、倾听客户，与客户访谈，不能急于推销解决方案，在很长一段时间内应该对推出自己的解决方案保持克制。

不断探索，积累认知：不断探索和迭代，把认知逼近真实痛点。

第二步，客户验证（Customer Validation）。开发最小可行产品（Minimum Viable Product，MVP），验证假设，如果不成功，轴转到第一步。

验证基本假设：客户痛点假设和解决方案假设。

验证商业模式：是否可重复、可规模化。

寻找早期支持者：与天使客户之间进行大量的互动，如果没有客户就轴转到调查阶段。

商业模型得到验证的标志：成单，MVP 有人买单。

轴转（Pivot）是客户开发的核心反馈机制，通过循环往复，不断获取和更新对产品和市场的认知，免除危机。轴转的关键在于快速、敏捷地把握时机。

很多初创企业的失败不是因为商业模式或者产品有问题，而是因为等不到最终完成商业模式验证的那一天。所以轴转的过程必须敏捷和快速，速度越快，对现金流的需求越小。

第二阶段：创业执行阶段。该阶段包括客户生成和企业建设两个步骤。

第三步，客户生成（Customer Creation）。投入营销资源，开拓客户渠道。

第四步，企业建设（Company Building）。成立公司，建立组织架构。

精益产品的迭代过程应用于创业执行阶段：强化产品的价值主张，树立竞争门槛，拓展客户。

当产品的价值主张和商业模型尚未得到验证的时候，切忌投入营销资源，强行拉动用户增长，这种做法是自杀行为；只有当产品的价值主张和商业模型被验证成功以后，才能逐渐导入营销资源，导入一批测量效果进行反馈改进，如此循环迭代，总结和积累“经证实的认知”。

3.3.2.2 精益创业的五项原则

第一，客户导向原则。精益创业的核心是围绕客户，所有的认知、迭代都是围绕客户而展开的；而火箭发射式创业则是自我导向——从初创公司或者创始人本身导入创业过程。

第二，行动原则。行先于知，而不是用知来引导行，从计划导向转为行动导向。

第三，试错原则。从完美预测转向科学试错。

第四，聚焦原则。初创企业最好首先聚焦在最关键的天使客户上。

第五，迭代原则。从火箭发射式创业中的完美计划、完美执行，转换到精益创业的高速迭代。迭代和速度都是非常关键的。

精益创业从行动开始，是行动导向而非计划导向的，它用科学试错的方式来获取认知，由行而知，完成学习的第一循环。同时，将所收获的认知转向行动，由知而行，完成学习的第二循环。再不断地重复这个过程，最终形成认知的不断更迭与行动的不断调整。这是精益创业在思维上的一个基本模式。

3.3.2.3　精益创业的适用范围

精益创业来源于互联网行业，它是软件开发的一种新模式。但其背后的“客户验证”思想在大量非 IT 领域得到了应用。

案例 3－6

美剧的精益创业方式

美剧往往都会先拍摄一部几十分钟的先导片，交代主要的人物关系、矛盾冲突、故事背景，然后邀请几十位观众参加小规模的试映会，再根据观众的反馈来决定剧情要做哪些修改，是否需要调整演员，以及决定是否继续投拍。在每一季结束时，制作方又会根据收视率和观众意见，决定是砍掉该剧还是订购新一季内容。这种周拍季播的模式，把所有的决策权交给观众，让制作方的投资以及失败成本降到了最低，是一种典型的精益创业方式。

资料来源：［美］埃里克·莱斯．精益创业［M］．北京：中信出版社，2012.

整体而言，精益创业适合客户需求变化快，但开发难度不高的领域，例如：软件、电影电视、金融服务等领域。在国内，大众点评网等就采用这种小步试错的方式进行开发，一些传统企业如中信银行信用卡中心利用精益创业方式进行信用卡产品及客户服务的创新。

由于精益创业需要经常进行客户验证，因此对于一些客户验证成本较高，或者技术实现难度较大的工作并不适合。如大型赛事，其服务的客户是全体运动员，想要获得他们的频繁反馈是比较困难的。又如航天工程，客户需求是比较明确、清晰的，主要难点在于飞行器的技术实现和对接控制。

案例 3－7

大众点评网

大众点评网的创始人张涛花了 3 天时间做出了大众点评网最早的一个网页。以前他羞于给别人看这张图，因为实在太丑了。但是后来，他觉得这张最简陋的网页就是 MVP。当时他没有跟任何一家餐馆签协议，而是将旅游手册里的 1 000 多家餐馆信息录进网站系统。他就想验证一件事：网民在一家餐馆吃完饭，是否愿意进行点评？这个认知的获得是大众点评网商业模式最重要的起点。

当然，那时候他们还是无意识地做 MVP，现在他们已经主动选择这样的产品策略。举个例子，大众点评网想切入餐馆订位服务，市场上有很多解决方案，例如电话预订。在经过一番研究之后，他们想到一种声讯电话模式。简单地说，就是用户在手机上提交预订请求，然后用技术把文本转为语音，之后通过声讯电话服务商把用户的要求发送给相应的餐馆，餐馆可以简单地通过按“1”或者“2”来选择是否接受预订，最后大众点评网把预订结果以短信形式通知用户。

这个解决方案听起来很漂亮，但是，开发这套系统至少需要 3 个月时间，而且他们也不确定用户是否愿意通过这种方式来预订餐位。MVP 的概念再次帮了张涛的忙，他做了一个极为“性感”的试验：一开始根本不用语音转化技术和声讯电话业务，而是后台有两位客服人员人工接收信息，致电餐馆，回复用户，换句话说只是“假装”成声讯电话的样子。最后验证这个需求和解决方案是可行的，他们才投入大量资源来开发系统。目前，这个服务已经成功地在上海铺开，下一步会进入北京。

资料来源：http://www.doc88.com/p-3731240173736.html.

本章小结

本章主要讲解创业管理过程中的创业流程、创业计划及创业方法。其中，创业流程主要介绍注册公司的要求和流程步骤内容。创业计划方面，主要先讲解了创业计划的概念和作用，进而介绍创业计划书的内容，创业计划过程中的前期准备和方法步骤，在实际进行创业计划书的撰写等几个方面进行详细介绍。创业方法中主要从精益创业方面进行介绍，从传统的创业思维引出精益创业思维，介绍了精益创业的基本框架和五项原则以及适用范围。整个章节主要介绍创业的流程及方法，为以后创业过程提供参考。

核心概念

企业注册、创业计划、市场调查、精益创业

实训操作

一、实训目的

在设计创业计划的过程中达到巩固知识的目的，同时学以致用，在实践中加深对所学专业的认识，为日后创业起到帮助；在团队协作的过程中，培养团队意识，促进健全职业人格的塑造。

二、实训内容

以小组为单位，结合所学的专业知识，分组讨论假定要创办的企业，并撰写符合市场实际的创业计划。

三、实训组织与实施

（1）教师向学生讲述本次实训的目标、要求、时间安排、考核等。

（2）将学生进行分组，6～8 人为一组，各组就此次实训内容进行讨论。

（3）复习本章节所学创业计划的相关知识，各组成员结合拟创办企业，并通过采访、实地考察等一手资料采集方式或查阅文献、网络调查等二手资料采集方式，共同完成创业计划。

（4）各组间进行交流与讨论，教师针对各组表现进行打分并提出建议。

拓展游戏

头脑风暴

1. 游戏目的

加强组员思维活跃创新的学习和训练。让组员了解思维活跃创新的重要性。

2. 游戏内容

（1）人数：4～6 人一组。

（2）时间：10 分钟。

（3）场地：教室。

（4）道具：回形针，可移动的桌椅。

（5）步骤：

①调查研究表明，创造力可以通过简单、实际的练习培养。可很多时候，创新的想法往往被诸如“你这个我们去年就已经试过了”或者“我们一直就是这么做的”之类的想法扼杀，需要进行活跃思维的演练。

②游戏基本原则：a. 不允许有任何批评意见。b. 欢迎异想天开（想法越离奇越好）。c. 要求数量而不是质量。d. 寻求各种想法的组合和改进。

③将群体人员分成每组 4～6 人的若干小组。他们的任务是在 60 秒内尽可能多地想出回形针的用途。每组指定一人负责记录想法的数量，而不是想法本身。

④60 秒之后，请各组汇报他们所想到的想法数量，然后举出其中“疯狂的”或者“激进的”想法。

3. 游戏讨论

（1）游戏过程中你有什么顾虑？

（2）你认为这种活跃思维的方法最适合解决哪些问题？

思考练习

1. 假如你自己要开一个超市，在创业流程这方面需要考虑什么？做一个简单的方案。

2. 总结注册公司的基本条件。

3. 大学生创业时为什么要编写创业计划书？

4. 创业计划书有哪些内容？

5. 撰写创业计划书应注意哪些问题？

6. 为什么近年来精益创业方法论开始引起重视和流行起来？它和传统创业思维与模式有哪些区别和联系？

7. 精益创业的基本框架和过程是怎样的？

8. 精益创业有哪些基本原则？

9. 精益创业适用于哪些企业？

10. 简述撰写创业计划书的步骤。

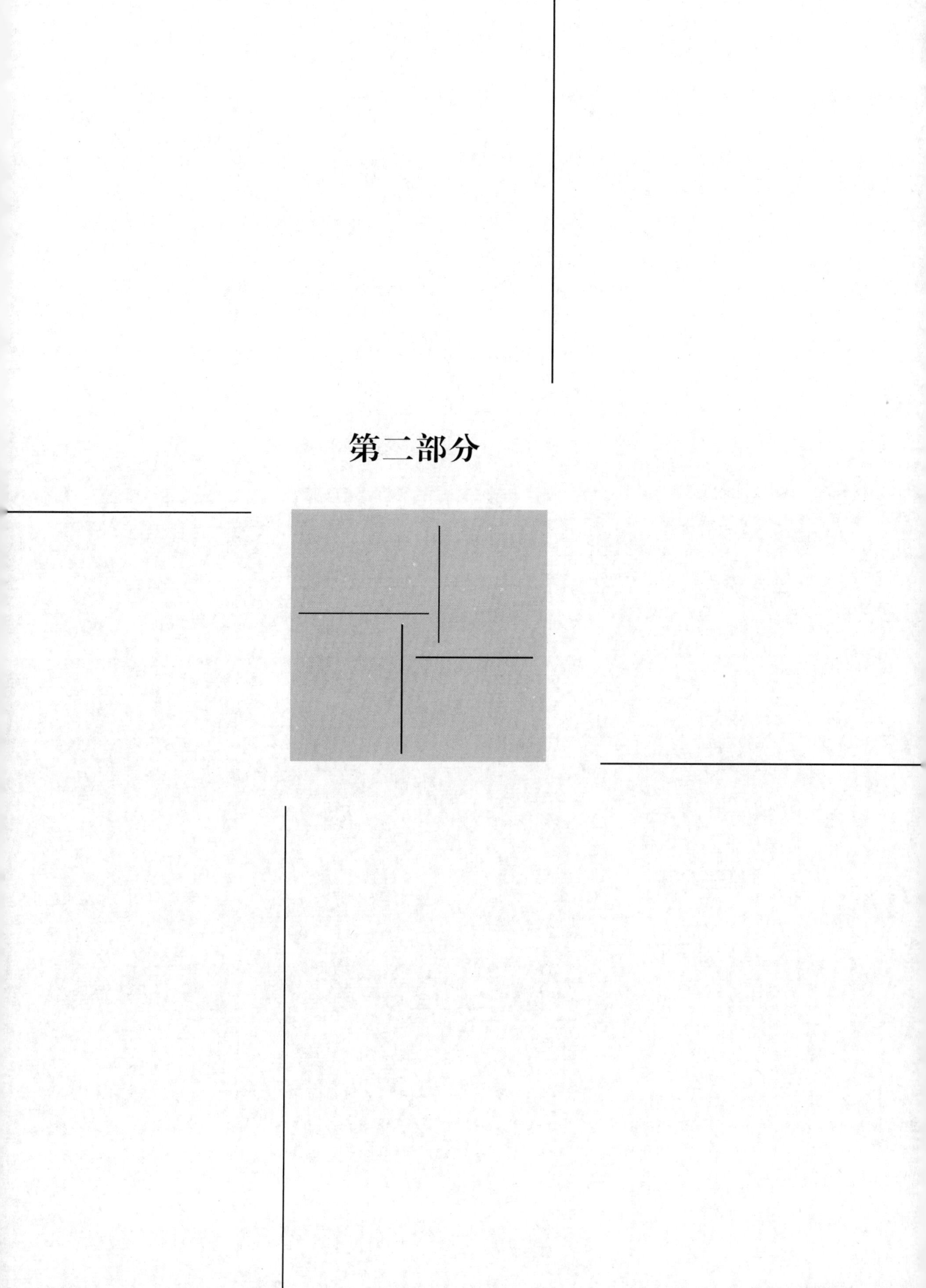

第二部分

第 4 章　创业机会

【学习目标】

(1) 掌握机会识别和判断的基本方法。

(2) 把握判断适合个体创业者的机会特性。

(3) 了解创业机会评价的目的和方法。

(4) 了解商业机会的基本知识。

(5) 了解商业评估。

4.1　创业机会的内涵

富豪榜的推出

胡润，1970 年出生在卢森堡，就读于英国杜伦大学，所学专业是中文。1990 年的时候到中国留学，后来就留在安达信会计师事务所上海分部工作，成为一名会计师。但是，胡润遇到了一件麻烦事，每次休假回到英国，大家都会很好奇地问他，中国什么样？这个问题看似简单，不过还真是难回答，关键是没有标准，偌大一个中国，5000 年历史，13 亿人口，不知道说什么好。胡润为了这个事特别烦恼，一个在中国留学的人，连这么简单的问题都回答不了。每次回国，胡润都要受这种刺激。1999 年，当时正好是中华人民共和国成立 50 周年，胡润当时想，不如我给英国的亲友们介绍 50 个中国特别成功的人，不就可以让他们知道新中国成立 50 年来的变化吗？基于这样的想法，胡润后来推出了富豪榜。

资料来源：https://www.docin.com/p-809127144.html.

【思考与讨论】

胡润的创业是对机会的挖掘吗？

4.1.1　机会与创意

创意是创造意识或创新意识的简称，机会是市场上存在的尚未满足或尚未完全满足的需求。创意，可以是种从未出现过的新颖的想法，但却不能够解决实际问题；机会可以通过发现问题→解决问题→新技术推广→满足市场需求这样一系列的验证，从而解决实际问题。

4.1.1.1 创意的概念和特征

4.1.1.1.1 创意的定义

创意是指对现实存在事物的理解以及认知所衍生出的一种新的抽象思维和行为潜能，简单地说就是产生具有新颖性和创造性的想法。

创意是企业创新的养料。企业最重要的资产不是原材料、运输系统或是政要关系，而是创意资产。创意不仅可以引起企业组织经过一系列活动改变现状，也可以为组织创造新的机会，简而言之，就是能够为组织带来变化的一系列新的、有用的、个性化的点子。但创意不单纯地等同于点子，创意是具有创业指向，同时具有创新性甚至原创性的想法，是将问题或需求转化成逻辑性的架构，让概念物像化或程序化，而不是单纯的奇思妙想，创意与点子的不同之处在于创意具有创业指向。

4.1.1.1.2 创意的来源与方法

创意是一种通过创新思维意识，从而进一步挖掘和激活资源组合方式进而提升资源价值的方法。头脑风暴法（Brain Storming）是最为人所熟悉的创意思维策略，该方法是由美国人奥斯本（Osborn）于1937年倡导的，此法强调集体思考的方法，着重互相激发思考，鼓励参加者于指定时间内，构想出大量的意念，并从中引发新颖的构思。该法的基本原理是：只专心提出构想而不加以评价；不局限思考的空间，鼓励想出越多主意越好，激发参与者的创意思想。

创意的方法还有国际著名的广告大师詹姆斯·韦伯·扬（James Webb Young）在其著作《创意》一书中提出的理论——旧元素的重新排列组合形成新元素，即把已知的、原有的元素打乱并重新进行各种形式的排列组合形成一个未知的、没有的新元素。

头脑风暴法

头脑风暴最早是精神病理学上的用语，指精神病患者的精神错乱状态而言的，转而为无限制的自由联想和讨论，其目的在于产生新观念或激发创新设想。在群体决策中，由于群体成员心理相互作用影响，易屈于权威或大多数人的意见，形成“群体思维”。群体思维削弱了群体的批判精神和创造力，损害了决策的质量。为了保证群体决策的创造性，提高决策质量，管理上发展了一系列改善群体决策的方法，头脑风暴法是较为典型的一个。

4.1.1.2　机会的概念和特征

4.1.1.2.1　机会的定义

机会是营造出对新产品、新服务或新业务需求的一组有利环境，是对未明确的市场需求或未充分使用资源或能力的察觉和发现。成功创业者能够识别机会，并将其转化为成功企业的人。机会识别一半是艺术，一半是科学。创业者必须依靠直觉，使之成为一门艺术；也必须依靠有目的的行动和分析技能，使之成为一门科学。当创业者利用机会时，“机会窗口”必须是敞开的。“机会窗口”是一种隐喻，以描述企业实际进入新市场的时间期限，一旦新产品市场建立起来，机会窗口就打开了；随着市场成长，企业进入市场并设法建立有利可图的定位；在某个时点，市场成熟，机会窗口就被关闭，如图 4－1 所示。

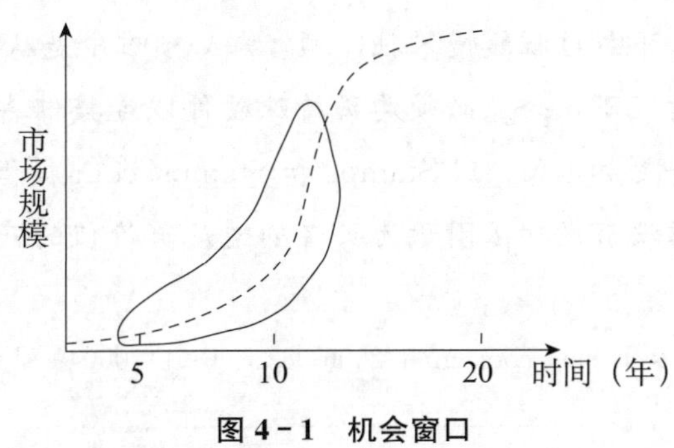

图 4－1　机会窗口

4.1.1.2.2　机会的本质特征

同样的环境和条件，有人认为是机会，有人认为是碎片。有价值的机会根植于为客户或最终用户创造或增加价值的产品或服务中，具有以下本质特征：

（1）有吸引力。机会在市场中以各种形式存在，但只有当创业者确认这个机会存在且有价值时，才能够获取商业利润，即产生创业。

（2）持久性。创业是动态和不连续的过程，始于创业者的思想创意，最终结果受到很多外部条件的制约，但机会是有持久性的。

（3）及时性。机会产生于一个特定的环境，在特定的时间才有效用。

（4）依附于为买者或终端用户创造或增加价值的产品、服务或业务。

网上销售邮票的互联网企业

对大多数人来说，购买邮票时唯一的选择就是在邮局排队购买，然而有两家初创的互联网企业——G Stamps 和 Stamps. com 对此提供了解决方案。在美国邮政的鼓励下，G Stamps 和 Stamps. com 两家企业推出了允许顾客通过互联网购买邮票并在自家 PC 机上打印出来的服务。但是很遗憾，最终它们都失败了。失败的一个最重要的原因是，它们的服务没能交付足够“价值”以吸引足够多付费顾客的兴趣。实际上，对许多企业来说，这项服务的结果是带来更多不便而不是好处，这是因为：

第一，尽管避免往返于邮局的创意听起来很好，但网上购买邮票没有价格减让。实际上，在很多情况下，网上支付邮资的成本更高，因为网络提供者要收取服务费。尽管网上支付邮资减缓了邮局拥挤，但“美国邮政”仍然没有同意这两家公司向顾客打折提供邮票的方案。

第二，下载邮票成为一种麻烦。下载的邮票是一种防篡改条形码，但因为美国邮政的安全规定，下载过程缓慢笨拙，顾客却必须唯命是从。

第三，在某些情况下，企业必须购买特殊硬件以连接储存已下载邮资的计算机，这使该服务显得更加不便。G Stamps 和 Stamps. com 提供的服务没有通过机会的关键测试：创意没有成功依附于为买者创造足够价值的产品或服务并表现出合理机会。

资料来源：http://tech. sina. com. cn/it/2006-08-25/18511105049. shtml.

4.1.1.3 机会≠创意

市场机会不等于创意，有一个好的创意也并不意味着就一定有市场机会。对于企业创业来说，最基本、最重要的是其产品或服务的市场需求。只有当市场即消费者或客户认可创业者生产的产品或服务的时候，也就是说，只有存在这样的市场需求的时候，新创的企业才可能生存并获得发展。可以说，一个好的创意只是创业者手中的一个工具，即使有了十分吸引人的创意，也只是一个初步的设想，只是创建新的企业的一个火花，而要实现这一创意，还有许多工作要做，创业者仍需要进行市场研究，并在此基础上对市场机会进行辨识和筛选，把一个创意考量为一个值得投资的市场机会，或者把一个有前景的创意进一步转化为市场机会。

机会是创业的核心要素，创业离不开机会，机会识别是创业活动中的关键行为。产生创意后，创业者会把创意发展为可以在市场上进行检验的商业概念，设计产品获取利益，这种利益是顾客认可并愿意为此支付的价值。

4.1.1.3.1 创意转化为机会的条件

创意是一种思想、概念或想法，它可能满足也可能不满足机会的标准。当创意不能满足这些条件时，它会导致令人失望的结果。创意很难说存在绝对意义上的好与坏，但具有价值潜力的创意一般具有 3 个基本特征：

一是新颖性。这意味着新的技术和新的解决方案，可以是差异化的解决办法，也可以是更好的措施。同时，还意味着一定程度的领先性，具有模仿的难度。

二是真实性。有价值的创意绝对不会是空想，而要有现实意义，具有实用价值，能够开发出可以把握机会的产品或服务，而且市场上存在对产品或服务的真实需求，或可以找到让潜在的消费者接受产品或服务的方法。

三是价值性。创意的价值特征是根本，好的创意能给消费者带来真正的价值。创意的价值要靠市场检验。好的创意需要进行市场测试。

商业模式

商业模式是企业创造价值的核心逻辑。商业模式的这一逻辑性主要表现在层层递进的 3 个方面：

(1) 价值发现：明确价值创造的来源。这是对机会识别的延伸。通过可行性分析，创业者所认定的创新性产品和服务，只是创建新企业的手段，企业最终的盈利与否取决于它是否拥有顾客。创业者在对创新性产品和服务识别的基础上，进一步明确和细化顾客价值所在，确定价值命题，是商业模式开发的关键环节。绕过价值发现的思考过程，创业者很容易陷入"如果我们生产出产品，顾客就会来买"的错误逻辑，这是许多创业实践失败的重要原因之一。

(2) 价值匹配：明确合作伙伴，实现价值创造。新企业不可能拥有满足顾客需要的所有资源和能力，即便新企业愿意亲自去打造和构建需要的所有能力，也常常面临很大的成本和风险。因此，为了在机会窗口内取得先发优势，并最大限度地控制机会开发的风险，几乎所有的新企业都要与其他企业形成合作关系，以使其商业模式有效运作。在戴尔公司案例中，与供应商、托运企业、顾客以及其他许多商业伙伴的合作，促使戴尔公司的商业模式形成。假如戴尔的供应商不愿意在即时原则基础上向它供应新式零部件，戴尔公司就要付出很高的库存成本，就不可能向顾客供应高品质产品或进行价格竞争。戴尔公司与供应商密切合作，不断激励它们参与进来。通过与戴尔公司合作，这种方式也有助于供应商获利，因为戴尔的订单规模占了供应商很大部分的生产份额。

(3) 价值获取：制定竞争策略，占有创新价值。这是价值创造的目标，是新企业能够生存下来并获取竞争优势的关键，因此是有效商业模式的核心逻辑之一。许多创业企业是新产品或服务的开拓者，但却不是创新利益的占有者。

4.1.1.3.2 创意转化为机会的方法

善于把创意转化为市场机会，为创业者争取更多的产品机会。创业者创业的本质是围绕着为用户创造价值进行的，而创业者自身和新创企业则从中获取一部分价值。在价值创造的过程中，有两个最关键的要素：一个是用户痛点的捕捉，也就是说，我们需要解决的问题到底是什么，用户痛点到底在哪里；另一个是如何提供一个解决方案，从而来解决这个用户痛点。创意向机会成功转化的关键在于有效捕捉用户痛点并提供解决方案。

精益创业方法论的重点就在于如何去定义用户痛点和解决方案，如何去验证用户痛点和解决方案。创业者不知道也无法完美地预测用户痛点是什么，只能通过不断地科学试错以及不断地逼近用户的真实痛点，而不是幻想能够百分之百地捕捉到用户痛点；想象中或计划中的解决方案和有效的解决方案也永远无法重叠，只能用不断迭代的方式去不断逼近有效的解决方案。

案例 4-2

Snapchat 阅后即焚

Snapchat（色拉布）最主要的功能是所有照片都有一个 1 到 10 秒的生命期，用户拍了照片发送给好友后，这些照片会根据用户所预先设定的时间按时自动销毁。而且，如果接收方在此期间试图进行截图的话，用户也将得到通知。主要用户群体是在 13 到 25 岁之间的青少年。

Snapchat 解决的用户痛点是隐私泄密。社交中发照片很多时候是为了点赞，这对发出者和接收者都有压力。

资料来源：https://baike.so.com/doc/6702267-6916217.html.

4.1.2 创业机会的含义、分类和来源

4.1.2.1 创业机会的含义

机会是指未明确的市场需求或未充分使用的资源或能力。机会总是存在的，但一般不是显而易见的，又具有很强的实效性，所以当机会来临时，我们要善于把握。

对于创业机会，一般有以下几种不同的定义方式：

（1）可以为购买者或使用者创造或增加价值的产品或服务，它具有吸引力、持久性和适时性。

（2）可以引入新产品、新服务、新原材料和新组织方式，并能以高于成本价出售。

（3）它能为经济活动引入新产品、新服务、新原材料、新市场或新组织方式。

（4）主要是指具有较强吸引力的、较为持久的有利于创业的商业机会，创业者据此可以为客户提供有价值的产品或服务，并同时使创业者自身获益。

综上所述，我们可以得出较为全面的概念：创业机会，是指在市场经济条件下，在社会的经济活动过程中形成和产生的一种有利于企业经营成功的因素，是一种带有偶然性并能被经营者认识和利用的契机。

创业机会具有以下特征：

（1）普遍性。凡是有市场、有经营的地方，客观上就存在创业机会。创业机会普遍存在于各种经营活动过程之中。

（2）偶然性。对一个企业来说，创业机会的发现和捕捉带有很大的不确定性，任何创业机会的产生都有“意外”因素。

（3）消逝性。创业机会存在于一定的时空范围之内，随着产生创业机会的客观条件的变化，创业机会就会相应的消逝和流失。

4.1.2.2　创业机会的分类

4.1.2.2.1　根据创业机会的来源来分

（1）问题型机会，指的是由现实中存在的未被解决的问题所产生的一类机会。

（2）趋势型机会，就是在变化中看到未来的发展方向，预测到将来的潜力和机会。

（3）组合型机会，就是将现有的两项以上的技术、产品、服务等因素组合起来，以实现新的用途和价值而获得的创业机会。

4.1.2.2.2　根据目的、手段关系的明确程度来分

（1）识别型机会，是指市场中的目的、手段关系十分明显时，创业者可通过目的、手段关系的连接来辨识机会。

（2）发现型机会，是指当目的或手段任一方的状况未知，等待创业者去进行发掘。

（3）创造型机会，是指目的和手段皆不明朗，因此创业者要比他人更具先见之明，才能创造出有价值的市场机会。

4.1.2.3 创业机会的来源

4.1.2.3.1 问题

创业的根本目的是满足顾客需求，而顾客需求在没有满足前就是问题。寻找创业机会的一个重要途径是善于发现和体会自己和他人在需求方面的问题或生活中的难处。例如：上海有一位大学毕业生发现远在郊区的本校师生往返市区交通十分不便，他就创办了一家客运公司，就是把问题转化为创业机会的成功案例。

案例 4－3

关上窗帘的故事

据说美国华盛顿广场有名的杰弗逊纪念大厦，因年深日久，墙面出现裂纹。为能保护好这幢大厦，有关专家进行了专门研讨。

最初大家认为损害建筑物表面的元凶是侵蚀的酸雨。专家们进一步研究，却发现对墙体侵蚀最直接的原因，是每天冲洗墙壁所含的清洁剂对建筑物有酸蚀作用。而每天为什么要冲洗墙壁呢？是因为墙壁上每天都有大量的鸟粪。为什么会有那么多鸟粪呢？因为大厦周围居住了很多燕子。为什么会有那么多燕子呢？因为墙上有很多燕子爱吃的蜘蛛。为什么会有那么多蜘蛛呢？因为大厦四周有蜘蛛喜欢吃的飞虫。为什么有这么多飞虫呢？因为飞虫在这里繁殖特别快。而飞虫在这里繁殖特别快的原因，是这里的尘埃最适宜飞虫繁殖。为什么这里最适宜飞虫繁殖？因为开着的窗阳光充足，大量飞虫喜欢在此繁殖。

由此发现解决问题的办法很简单，只要关上整幢大厦的窗帘。此前专家们设计的一套套复杂而又详尽的维护方案也就成了一纸空文。

4.1.2.3.2 变化

创业的机会大都产生于不断变化的市场环境，环境变化了，市场需求、市场结构必然发生变化。这种变化主要来自产业结构的变动、消费结构升级、城市化加速、人口思想观念的变化、政府政策的变化、人口结构的变化、居民收入水平提高、全球化趋势等诸方面。如居民收入水平提高，私人轿车的拥有量将不断增加，这就会派生出汽车销售、修理、配件、清洁、装潢、二手车交易、陪驾等诸多创业机会。

4.1.2.3.3 创造发明

创造发明提供了新产品、新服务，更好地满足顾客需求，同时带来了创业机会。如随着电脑的诞生，电脑维修、软件开发、电脑操作的培训、图文制作、信息服务、网上开店等创业机会随之而来，即使不发明新的东西，也能成为销售和推广新产品的人，从而带来商机。

4.1.2.3.4　竞争

如果你能弥补竞争对手的缺陷和不足，这也将成为你的创业机会。如果你能比你的竞争对手更快、更可靠、更便宜地提供产品或服务，你也许就能找到机会。

4.1.2.3.5　新知识、新技术的产生

随着健康知识的普及和技术的进步，围绕“水”带来了许多创业机会。上海就有不少创业者因加盟“都市清泉”而走上了创业之路。

作为创业者，最难能可贵的地方就在于能发现其他人看不到的机会，并迅速采取行动来把握创业机会并实现创业机会的价值。

4.1.3　创业学习与创业意向

强烈的创业学习和创业意向可以给创业创造机会。创业学习可以显著地提升创业的警觉性，提高发现商机的灵敏能力；创业意向是将创业机会付诸实践的强大动力。

4.1.3.1　创业学习

创业学习是指创业者基于自身条件，有意识或无意识地通过接受创业方面的教育，并通过对自身已有创业知识的反思、观察和模仿成功的创业者或企业家以及参加类似创业的活动而获取相关创业方面知识的过程。

创业学习包括经验学习、认知学习和实践学习 3 个维度。经验学习是在校生通过对已有的创业经历或类似活动的反思与总结的学习方式来提升自己创业知识的过程。认知学习主要指学生通过课程及书籍等提升自身认知的方式来获取的创业知识的过程。实践学习是指学生直接参与创业活动或类似活动的学习，如创业竞赛等。

4.1.3.2　创业意向

创业意向是指打算创办一个新企业，且有明确的创业目标并形成自我承诺的信念。学生创业意向指在校学生根据自身条件，正在或者打算新建一个企业并计划付诸实践的倾向与心理状态。

而影响创业意向的因素可分为自身因素和环境因素两方面。其中，自身因素包括性格特征、个体认知等；环境因素是自身以外的一些影响因素，如社会上的各种思想而形成的社会文化对个体的创业意向产生的影响，家庭背景、学历、自己及亲戚朋友有无创业经验对自身创业动机产生的影响，是否接触过创业方面教育对创业意向的萌发影响等。

蒙草抗旱董事长王召明：十多年就做一件事——赤心抗旱绿化

王召明出生在内蒙古巴彦淖尔市一片荒漠化十分严重的草原，从小就喜欢花草树木的他报考了当时的内蒙古林学院。在大学期间，王召明就做起了“买卖”：“当初，我就跟学校的植物试验场说，你们的花我拉出去卖，卖了就把钱交回来，卖不了就把花交回来，他们觉得挺好，双方一拍即合，所以当初没有花钱就开始做了第一笔生意。”毕业后，王召明做起了花卉生意。20 世纪 90 年代，城市建设进入高潮，王召明意识到市场对草坪的需求特别大，其中的一个明显标志就是广场建设蔚然成风，仅华北几个大城市建设用草坪就达到了几百亿元的需求。王召明毅然决然地将公司转型成绿化公司，开始涉足城市绿色业务。在经营过程中，他凭着自己对水的天然敏感，意识到相较于耗水的进口草坪，内蒙古草原具有更高的“掘金”价值。认准了研发草种，王召明带领一班人马走遍内蒙古、新疆、青海的干旱、半干旱草原。他将草原上的野生高抗逆性草种作为原种进行驯化培育，经过实验室的反复培育实验，最终驯化成兼具生态效益和经济效益，且高度适应北方干旱、半干旱地区生态环境的高抗性植物。在王召明看来，内蒙古独特的地理区域造就了“节水耐旱、耐寒、耐盐碱、耐贫瘠的蒙草”，蒙草在极端干旱的条件下仍然芬芳斗艳。在生态环境建设中使用节水抗旱的“蒙草”，不仅能节省大量的水资源，而且能节约大量维护成本。促进抗旱草产业的发展，可以防风固沙，保持水土的质量，形成产业链的良性发展。

资料来源：https://new.qq.com/rain/a/20141025003922.

4.2　创业机会的识别

解决生活垃圾困境：新城环保的诞生

城市生活垃圾带来的环境污染一直是当今社会面临的一大难题。以往，这一个问题都是由政府完全负责，但是政府对于日益增多的垃圾显得力不从心。新城环保应运而生。成立于 2000 年的新城环保是一家从事城市生活垃圾综合处理及开发利用的民营环保企业。新城环保以社会效益、环境效益和经济效益三者并举，致力于环境保护和可再生资源的开发利用。新城环保与浙江大学等院校和科研机构进行技术开发合作，从而掌握了先进的垃圾处理技术，提高了垃圾处理的效率和质量，并能够变废为宝，获取一定的经济效益。在浙江长兴县政府的帮助下，如今的新城环保一年能够处理生活垃圾超过 14 万吨，承担了长兴县全县生活垃圾焚烧处理及夹浦区集中供热的任务，为长兴县实现生活垃圾无害化处理和完成阶段性节能减排目标做出了较大的贡献。

资料来源：王晶晶，郭新东．企业社会创业动机的探索性研究：基于三家企业的案例分析[J]. 管理案例研究与评论，2015 (4).

【思考与讨论】

新城环保取得成功的重要原因是什么？

4.2.1　创业机会识别的定义和过程

创业机会的识别是创业过程中的关键要素，是创业活动把握和商机开发的前提和基础。

4.2.1.1　创业机会识别的定义

创业机会识别没有固定的定义，不同角度、不同背景的创业者对其有不同的理解，具体表现如下：

(1) 创业机会识别是在创业过程中发现的，而且是必须做的事情，这也是创业的基本过程。

(2) 创业机会识别是感知到某一项对自己有利的新业务，选择在一个特定的时间点继续深入开发机会还是放弃机会。

(3) 机会识别是新业务创建的可能性和创业者自身特质影响其活动效率的可能性。

(4) 创业机会识别是人们在面对多样化外部环境的刺激时对商业机会是否存在的一种知觉。

(5) 创业机会识别是将感知到的新想法、新理念创造成具有增值意义的商业活动和新的业务。

虽然人们对创业机会识别的定义认识不同，但都集中在机会是发现的还是创造的这两种观点上，且一致认为创业机会识别对创业者的决策和成功起着非常重要的作用。

4.2.1.2　创业机会识别的过程

创业机会识别是包含经济和认知的复杂过程，这个过程涵盖了机会的搜寻、发现和评估，根据创业者的个人特质、经验积累等对机会搜索、发现并进行评价。

同时，创业机会识别是一个不断调整、适应的过程。每人对待创业机会的方式不尽相同，这里面有许许多多因素的制衡，如机会的自然属性和创业者的个人特质等因素。

机会的自然属性包括市场的结构、规模大小、需求量的多少及所能带来的增值空间，影响人们对于机会的评价过程，也在一定程度上代表人们对于未来的期望。

创业者的个人特质是关于创业者的知识积累、经验储存以及洞悉、分辨机会的能力。例如：创业者对创业活动有很强的自信心，他对机会的发现更加敏锐；或者对创业活动具有较高的警觉性，他会比一般人对信息更加渴望，也更愿意在这上面花费时间，更愿意接触那些与自己所拥有的知识和信息相近的机会，而且这些知识也将影响他对于机会的发现。创业者在机会识别过程中，他的社会网络也起着非常重要的作用。

创业机会的识别步骤

（1）判断新产品或服务将如何为购买者创造价值及使用新产品或服务的潜在障碍。根据对产品或服务使用的潜在障碍以及市场认可度的分析，得出新产品的潜在需求、早期使用者的行为特征以及产品达到创造收益的预期时间。

（2）分析产品在目标市场投放的技术风险、财务风险并进行机会窗分析。

（3）在产品的制造过程中是否能保证足够的生存批量和可以接收的产品质量。

（4）估算新产品项目的初始投资额，使用何种融资渠道。

（5）在更大范围内考虑风险程度以及如何控制和管理那些风险。

4.2.2 影响创业机会识别的因素和规律

4.2.2.1 影响创业机会识别的因素

关于“是什么因素导致一些人更善于识别出有价值的创业机会”，不少学者进行过研究，下面是取得共识的四类主要因素：

4.2.2.1.1 先前经验

在特定产业中的先前经验有助于创业者识别出商业机会，这被称为走廊原理。它是指创业者一旦创建企业，他就开始了一段旅程，在这段旅程中，通向创业机会的“走廊”将变得清晰可见。这个原理提供的见解是，某个人一旦投身于某产业创业，这个人将比那些从产业外观察的人更容易看到产业内的新机会。

4.2.2.1.2　认知因素

机会识别可能是一项先天技能或是一种认知过程。有些人认为，创业者有“第六感”，所以他们能看到别人看不到的机会。多数创业者以这种观点看待自己，认为他们比别人更“警觉”。警觉在很大程度上是一种习得性的技能，拥有某个领域更多知识的人比其他人对该领域内的机会更警觉。

4.2.2.1.3　社会关系网络

社会关系网络能带来承载创业机会的有价值的信息，个人社会关系网络的深度和广度影响着机会识别。研究已经发现，社会关系网络是个体识别创业机会的主要来源。

4.2.2.1.4　创造性

创造性是产生新奇想法或创意的过程。从某种程度上讲，机会识别是一个不断反复的创造性思维过程。在听到更多趣闻轶事的基础上，你会很容易看到创造性包含在许多产品、服务和业务的形成过程中。对个人来说，创造过程可分为 5 个阶段，分别是准备、孵化、洞察、评价和阐述。如图 4－2 所示。

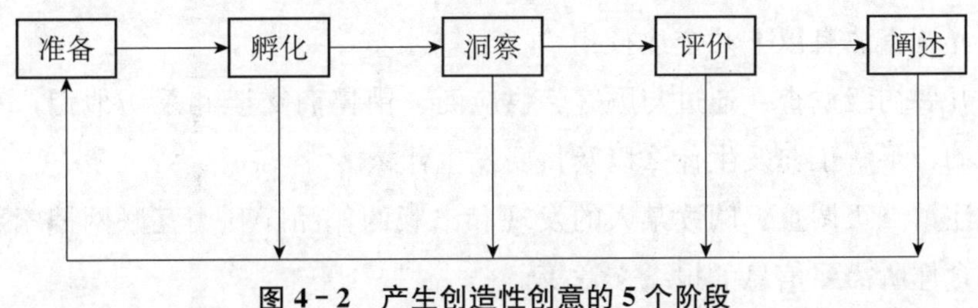

图 4－2　产生创造性创意的 5 个阶段

4.2.2.2　影响创业机会识别的规律

创业者发现创业机会的前提条件，是将获取别人难以接触到的有价值的信息，与具备优越的信息处理能力共同联结起来。一方面，获取别人难以接触到的有价值的信息，能在社会网络中处于更佳的位置，同时有助于获取信息的工作或生活圈子并具有创业警觉；另一方面，要具备优秀的信息处理能力，这包括智力结构、乐观的心态和敏锐的洞察力。

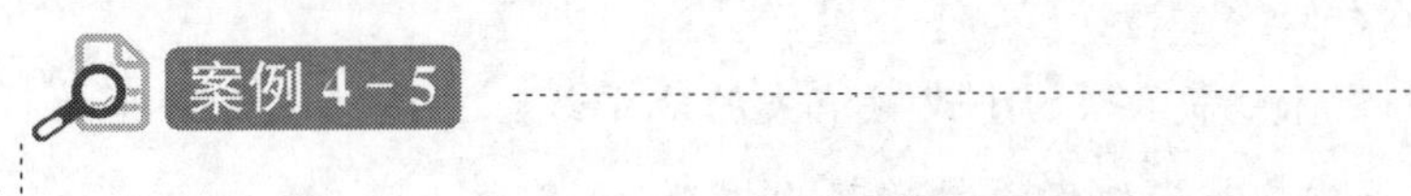

李维斯的“棒极了！”

大家都知道牛仔裤的发明者是美国的李维斯。当初他跟着一大批人去西部淘金，途中一条大河拦住了去路，许多人感到愤怒，但李维斯却说“棒极了”，他设法租了一条船供想过河的人摆渡，结果赚了不少钱。不久摆渡的生意被人抢走了，李维斯又说“棒极了”，因为采矿出汗，饮用水很紧张，于是别人采矿他卖水，又赚了不少钱。后来卖水的生意又被抢走了，李维斯又说“棒极了”，因为采矿时工人跪在地上，裤子的膝盖部分特别容易磨破，而矿区里却有许多被人抛弃的帆布帐篷，李维斯就把这些旧帐篷收集起来洗干净，做成裤子卖，结果销量很好，“牛仔裤”就这样诞生了。李维斯将问题当作机会，最终实现了致富梦想，这也得益于他有一种乐观、开朗的积极心态。

资料来源：周树银．创业研究：创业机会的发现、识别与评价［M］．北京：北京理工大学出版社，2010.

4.2.3 识别创业机会的常见方法

常见的识别创业机会的方法有新眼光调查法，通过系统分析发现机会法，通过问题分析和顾客建议发现机会法和通过创造获得机会法。

4.2.3.1 新眼光调查法

新眼光调查法有以下几个途径：

（1）开展初级调查：通过与顾客、供应商、销售商交谈和采访他们，直接与这个世界互动，了解正在发生什么以及将要发生什么。

（2）注重二级调查：阅读某人的发现和出版的作品、利用互联网搜索数据、浏览寻找包含你所需要信息的报纸文章等。

（3）记录你的想法：瑞士最大的音像书籍公司的创始人说，他就有一本这样的笔记本，当记录到第 200 个想法时，他坐下来，回顾所有的想法，然后开办了自己的公司。

 案例 4－6

巧借“香格里拉”

“香格里拉”是什么？

1933 年，英国人詹姆斯·希尔顿的小说《消失的地平线》出版。小说讲述的是一架英国飞机失事，飞行员被当地老百姓救起的故事。

《消失的地平线》两度被好莱坞拍成电影，获得了广泛传播。影片中多次出现的“香格里拉”一词，类似汉语的“桃花源”和“理想国”。

“香格里拉”在哪里？

《消失的地平线》说，“‘香格里拉’在曼谷西北。”范围之大，给了人们遐想的空间。四川甘孜的稻城、西藏的波密、云南的丽江和怒江，以及老挝、尼泊尔，不管掉没掉过飞机，都宣称自己是“香格里拉”。人们猜测这个地方，应该在“藏滇川”交界的横断山地区。这里确实有外国飞机坠落的事实。问题是，这架飞机到底掉到了哪个具体的地点呢？

策划“香格里拉”

1995 年，一个叫孙炯的年轻人参加导游考试，遇到一道题：“香格里拉”源自那种语言？答案是喜马拉雅山麓的康巴方言。

1996 年春节，他来到了中甸，遇到了迪庆藏族自治州的州委书记格桑顿珠。两个人“如此这般”地谋划了一通。两个月后，一架飞机从新加坡起飞，满载着世界各大媒体和旅游节的重要人物，开始了“寻找香格里拉之旅”，最后降落在中甸，从此中甸就成了“香格里拉”。后经过中央人民政府批准，“香格里拉”成为云南的一个县。迪庆的百姓说：“叫中甸没钱赚，叫香格里拉有钱赚。”

已经担任云南民委主任的格桑顿珠说：“香格里拉这顶帽子谁都可以戴，就看谁最先戴上。”已经担任中甸副县长的孙炯说：“‘香格里拉’是一个美丽的策划。”

4.2.3.2　通过系统分析发现机会法

实际上，绝大多数的机会都可以通过系统分析发现。人们可以从企业的宏观环境（政治、法律、技术、人口等）和微观环境（顾客、竞争对手、供应商等）的变化中发现机会。借助市场调研，从环境变化中发现机会，是机会发现的一般规律。

4.2.3.3　通过问题分析和顾客建议发现机会法

问题分析从一开始就要找出个人或组织的需求和他们面临的问题，这些需求和问题可能很明确，也可能很含蓄。一个有效并有回报的解决方法对创业者来说是识别机会的基础。这个分析需要全面了解顾客的需求，以及可能用来满足这些需求的手段。

从顾客那里征求想法。一个新的机会可能由顾客识别出来，因为他们知道自己究竟需要什么。顾客建议多种多样，最简单的，他们会提出一些诸如“如果那样的话不是会很棒吗”这样的非正式建议，留意这些，有助于发现创业机会。

4.2.3.4 通过创造获得机会法

这种方法在新技术行业中最常见，它可能始于明确的市场需求，从而积极探索相应的新技术和新知识；也可能始于一项新技术发明，进而积极探索新技术的商业价值。通过创造获得机会比其他任何方式的难度都大，风险也更高。同时，如果能够成功，其回报也更大。这种情况下所产生的创新在人类所具有重大影响的创新中，居于压倒性的主导地位。索尼公司开发随身听（Walkman）就是一个很好的例子。索尼公司察觉到人们希望随身携带一个听音乐的设备，并利用公司微缩技术的核心能力从事项目研究，最终开发出划时代的产品——随身听，取得了巨大的成功。

会赚钱的人摔跤也能捡到金子

很多人都很好奇，为什么外国人创业时那么能玩，如世界上最大的酒店集团——Airbnb。

一提到酒店，很多投资者、创业者脑海里马上就会浮现出一幢幢高楼、一排排房间，还有密密麻麻的服务员，但 Airbnb 的创始人可不这么想。到今天为止，Airbnb 没有一间房间是自己的，全都是世界各地别人的闲置房。世界上最大的出租车公司是 Uber，它也没有一辆车是自己的。

有人可能说，你提到的那些公司都是美国硅谷的公司，那里从不缺少稀奇古怪的创业点子，能把这些稀奇古怪的点子落实到商业模式的人才也更多，我们能有什么捷径“灵光一现”呢?

其实不难，很多时候，创业的想法就来源于人们在生活中遭遇的痛点。美国一项相关调查显示，创业者提得最多的想法来源就是他们在个人生活中所经历到的某个挫折或某段痛苦的经历。肯特·普兰克特（Kent Plunkett）之所以会创办 Salary. com，就是当他要雇佣一位秘书时，发现自己不能确定要付出多少薪水，所以他就建立了全世界最大的薪酬数据库，之后公司于 2017 年上市，市值高达 1.75 亿美元。

因此，会赚钱的人，摔跤也能捡到金子!

如果要以让你摔过跤、掉过泪的某段经历为触发点开始创业，对相关领域，你还必须有相当了解，这样你才能把痛点转化为卖点。

4.3 创业机会的评估

案例引入

布莱恩·切斯基的创业经验

从罗德岛设计学院毕业后，我（布莱恩·切斯基）在洛杉矶一家小型工业设计公司找到了工作。最初，我很喜欢那份工作，因为其工资优厚，而且我的一些设计还登上了商店货架。

但仅仅设计一些最终进入垃圾填埋场的产品，让我感觉不到成就感，我希望创造一些更有生命力的商品。在洛杉矶，我曾接触过许多创业者，令我吃惊的是，虽然我是一名设计师，但他们才是在创造有意义的事物。我问自己："他们与我有什么区别？我为什么不能做同样的事情？"也就是在那一刻，我终于意识到，他们选择了冒险，而我却没有。

有一天，我接到大学好友乔·杰比亚的电话。他从大学毕业后就一直劝说我搬到旧金山，但这一通电话却触动了我，我最终决定冒险。人总会在某个时刻做出一两个决定，进而彻底改变自己的一生。我后来的一系列决定，都是前往旧金山这个决定的连锁反应。

于是，我将所有财产装进了我那辆破旧的本田思域轿车，然后出发前往旧金山，结果到了那里才发现，我甚至承担不起第一个月的房租。这是一个有风险的决定，但为了想办法支付房租，我们最后吹起了一些充气床，并且把起居室租给了 3 位陌生人，他们周末住在这里。我们将这种办法称为"充气床与早餐"（Air Bed and Breakfast），Airbnb 这一名称就来源于此。

在当今社会，我们习惯了在所有不适当的时刻避免冒险。大学毕业后，人们告诉我们要做有保障的事情，要做出正确的选择，要保持低调。人们以为，我们要站稳脚跟或找到一份稳定的工作，然后才可以尝试孤注一掷。

但生活并非如此，这样理解风险是错误的。随着年龄的增长，事情不可避免地会发生变化。你可能成立了家庭，你可能遇到了意想不到的障碍。随着时间的流逝，冒险会让人感觉更加可怕，看起来更加艰难。

所以，我的建议是不要等待。我们总能找到各种安稳过日子的理由。但通常情况下，人一生中最令人激动的时刻，始终是你选择冒险的时候——你决定跟随内心那种痛苦的感觉，而不是选择别人建议的安全、谨慎的道路。

对我而言，那次冒险改变了一切。

资料来源：节选自美国《财富》杂志 2014 年 11 月“40 位 40 岁以下商业精英内部网络”（For-lune 40 Under 40 Insider Network）专栏中 Airbnb 联合创始人兼 CEO 布莱恩·切斯基撰写的文章。

【思考与讨论】

对于作者而言，去洛杉矶冒险意味着什么？

创业机会的评价通常与创业项目的判断联系在一起，这个判断决定了正在开发的机会是否得到物力、财力支持以便进入下一阶段的发展。在整个机会开发过程中，对机会进行评价的人主要是创业者（及创业团队）和投资人（初始投资人、风险投资家和股东）。在开发过程的不同阶段，创业者很可能对这一机会做出多次评价，这些评价会使创业者识别出其他的新机会或调整其最初看法。

4.3.1 机会评价的方法

主要有阶段性决策方法。得到普遍使用、可以适应很多情况的一种评价方法是阶段性决策方法。这一方法明确要求创业者在机会开发的每个阶段都要进行机会评价。一个机会是否能够通过每个阶段预先设置的“通过门槛”，在很大程度上取决于创业者经常面对的约束或限制，如创业者的目标回报率、风险偏好、金融资源、个人责任心和个人目标等。虽然某个创业者可能因为某个准则而放弃某个机会，但它又会引起其他个人和团队注意。

一项不能成功通过某一阶段的评价门槛进入下一阶段的机会，将被修订甚至被放弃。因此，通过循环反复的“识别→评价→开发”步骤，一个最初的商业概念或创意就会逐步完善起来。同时，评价过程使创业企业家在开发过程中的每个阶段都要放弃一些机会，一个明显的证据就是——我们认识到的社会需求和未利用资源的数量要远远超过成功形成的企业数量。

4.3.2 影响机会评价的三个重要因素

4.3.2.1 创业经历

很多研究指出，创业者和管理者的个性特征有差异。而且，有研究认为，创业者和管理者在信息处理方式上存在明显差异。所以，在机会评价标准的经验分析上，有创业经历的管理者的意见比没有创业经历的管理者的意见更值得重视。

4.3.2.2 工作年限

蒂蒙斯（Timmons）在研究中指出，企业工作经验对创业者能否做出正确的判断有重要影响，他认为“具有至少 10 年或 10 年以上的企业经验，才能识别出各种商业行为，并获得创造性的预见能力和捕捉商机的能力”。因此，在机会评价标准的检验分析上，企业工作年限超过 10 年的创业者的意见比工作年限较短创业者和管理者的意见更值得重视。

4.3.2.3　管理经验

在进行机会识别和评价时，创业者的事前知识结构起到重要的影响作用。担任高级管理职务，意味着其可以掌握更多的决策经验和资源控制能力。因此，在机会评价标准的经验分析上，担任企业最高层管理职务的创业者的意见比担任中层管理职务的创业者的意见更值得重视。

4.3.3　机会评价的标准

目前，并没有什么绝对权威的机会评价标准。创业机会能否从最初的市场需求和未利用资源的形态发展成新企业，不仅涉及机会本身的情况，还要求机会能与创建新企业的其他力量（创业团队、投资人等）相协调。

一些风险投资公司在评估商业计划时制定了详细的指标，也提出一定的标准，但风险投资家在做出决策的时候，更多地依靠个人的商业感觉。而创业者的非正式评价基本不依赖指标体系。

常用的两种机会评价框架是：蒂蒙斯机会评价框架和刘常勇机会评价框架，如表 4-1、表 4-2 所示。

表 4-1　蒂蒙斯机会评价框架

评价方面	评价指标
行业和市场	1. 市场容易识别，可以带来持续收入。
	2. 顾客可以接受产品或服务，愿意为此付费。
	3. 产品的附加价值高。
	4. 产品对市场的影响力高。
	5. 将要开发的产品生命长久。
	6. 项目所在的行业是新兴行业，竞争不完善。
	7. 市场规模大，销售潜力达到 1 000 万元到 10 亿元。
	8. 市场成长率在 30%～50%甚至更高。
	9. 现有厂商的生产能力几乎完全饱和。
	10. 在五年内能占据市场的领导地位，达到 20%以上。
	11. 拥有低成本的供货商，具有成本优势。

续表

评价方面	评价指标
经济因素	12. 达到盈亏平衡点所需要的时间在两年以下。
	13. 盈亏平衡点不会逐渐提高。
	14. 投资回报率在25%以上。
	15. 项目对资金的要求不是很大，能够获得融资。
	16. 销售额的年增长率高于15%。
	17. 有良好的现金流量，能占到销售额的20%以上。
	18. 能获得持久的毛利，毛利率要达到40%以上。
	19. 能获得持久的税后利润，税后利润率要超过10%。
	20. 资产集中程度低。
	21. 运营资金不多，需求量是逐渐增加的。
	22. 研究开发工作对资金的要求不高。
收获条件	23. 项目带来附加价值，具有较高的战略意义。
	24. 存在现有的或可预料的退出方式。
	25. 资本市场环境有利，可以实现资本的流动。
竞争优势	26. 固定成本和可变成本低。
	27. 对成本、价格和销售的控制较高。
	28. 已经获得或可以获得对专利所有权的保护。
	29. 竞争对手尚未觉醒，竞争较弱。
	30. 拥有专利或具有某种独占性。
	31. 拥有发展良好的网络关系，容易获得合同。
	32. 拥有杰出的关键人员和管理团队。
管理团队	33. 创业者团队是一个优秀管理者的组合。
	34. 行业和技术经验达到了本行业内的最高水平。
	35. 管理团队的正常廉洁程度能达到最高水准。
	36. 管理团队知道自己缺乏哪方面的知识。
致命缺陷问题	37. 不存在任何致命缺陷问题。
个人标准	38. 个人目标与创业活动相符合。
	39. 创业家可以做到在有限的风险下实现成功。
	40. 创业家能接受薪水减少等损失。
	41. 创业家渴望进行创业这种生活方式，而不只是为了赚大钱。
	42. 创业家可以承受适当的风险。
	43. 创业家在压力下状态依然良好。

续表

评价方面	评价指标
理想与现实的战略差异	44. 理想与现实情况相吻合。
	45. 管理团队已经是最好的。
	46. 在客户服务管理方面有很好的服务理念。
	47. 所创办的事业顺应时代潮流。
	48. 所采取的技术具有突破性，不存在许多替代品或竞争对手。
	49. 具备灵活的适应能力，能快速地进行取舍。
	50. 始终在寻找新的机会。
	51. 定价与市场领先者几乎持平。
	52. 能够获得销售渠道，或已经拥有现成的网络。
	53. 能够允许失败。

表 4-2　刘常勇创业机会评价框架

评价方面	评价指标
市场评价	1. 是否具有市场定位，专注于具体顾客需求，能为顾客带来新的价值。
	2. 依据波特的五力模型进行创业机会的市场结构评价。
	3. 分析创业机会所面临市场的规模大小。
	4. 评价创业机会的市场渗透力。
	5. 预测可能取得的市场占有率。
	6. 分析产品成本结构。
回报评价	7. 税后利润至少高于 5%。
	8. 达到盈亏平衡的时间应该低于 2 年。
	9. 投资回报率应高于 25%。
	10. 资本需求量较低。
	11. 毛利率应该高于 40%。
	12. 能否创造新企业在市场上的战略价值。
	13. 资本市场的活跃程度。
	14. 退出和收获回报的难易程度。

案例 4-7

凡客的帆布鞋如何再出发

凡客帆布鞋早在 2014 年年中就该上线销售了，不过由于用户反馈存在夹脚问题，陈年最终决定放弃继续销售，将产品回炉再造。这么决定的原因很简单，凡客再来一次的机会难得，第二次已经输不起了，既然选择走产品精良这条路，就一定要确保产品万无一失。

鞋子的种类有很多种，为何陈年偏偏选择做一款帆布鞋？第一，帆布鞋是凡客的起点和象征；第二，帆布鞋对70后、80后而言，是对年轻时的回忆；对于90后、00后而言，是时尚轻便的选择；而在市场层面，帆布鞋是年轻人永不过时的选择；第三，从运营层面来看，与其他类型的鞋子相比，帆布鞋的成本造价更低，市场销量更大，研发门槛相对较低，更符合凡客现今的运作实力。

对于凡客而言，除了匡威（Converse）之外还有更多竞争对手，随便上淘宝一搜“帆布鞋”，就有172.51万件宝贝，销量2万以上的单品已有不少，1万上下的更是数不胜数。帆布鞋的市场销量还是很大的，凡客如今的首要任务是先拿下这部分市场，若能做到这一点，至少在销量上还是可以秒杀匡威的。而凡客要想重生做品牌，首先就得从约束自身开始。

市场上从来不缺少帆布鞋，缺的是一双值得买的帆布鞋，更高端一点说，缺的是一双值得收藏的帆布鞋。凡客新品能做到吗？

陈年费了这么大的劲儿来做一双口碑与销量俱佳的帆布鞋，主要是想要重塑凡客品牌。过去的凡客经不起大风浪，主要是“始终没有认真地去做一件产品”，现在凡客开始认真做产品了，而且在帆布鞋之前还做了衬衫和T恤，也都是陈年的“匠心”之作，虽然这两款产品也不那么容易做。

淘宝一下可以发现，“衬衫”共571.84万件宝贝，“T恤”共1 515.79万件宝贝，这两个市场的竞争难度可想而知。若根据此前雷军给陈年的提议：“我们能不能回到事情本身，就是把一件衬衣、一条牛仔裤、一双帆布鞋、一件T恤做好。如果真的做好了，这就是个伟大的事业。”这么看的话，凡客下一步很有可能还会做牛仔裤，而淘宝上“牛仔裤”共有465.65万件宝贝，也不是一件容易的事情。

如今的凡客在产品质量上足以过关，现在就差重新获得用户认可了，而这一次凡客品牌不能再靠“凡客体”的营销手段，产品质量是唯一的途径。凡客能否涅槃也许真的得靠这一双蕴藏陈年“匠心”情怀的帆布鞋了。

资料来源：http://www.sohu.com/a/23706529_115060.

4.3.4 创业机会评价的定性原则

创业机会定性评价，通常依据以下5项基本标准。第一，机会对产品有明确界定的市场需求，推出的时机也是恰当的。第二，必须能够维持持久的竞争优势。第三，机会必须具有一定程度的高回报，从而允许一些机会中的失误。第四，创业者和机会之间必须互相适合。第五，机会中不存在致命的缺陷。

创业机会定性评价，通常分为以下 5 个环节：其一，判断新产品或服务将如何为购买者创造价值，判断新产品或服务使用的潜在障碍，如何克服这些障碍，根据对产品和市场认可度的分析，得出新产品的潜在需求、早期使用者的行为特征、产品达到创造收益的预期时间。其二，分析产品在目标市场投放的技术风险、财务风险和竞争风险，进行机会窗分析。其三，在产品的制造过程中是否能保证足够的生产批量和可以接受的产品质量。其四，估算新产品项目的初始投资额，使用何种融资渠道。其五，在更大的范围内考虑风险的程度，以及如何控制和管理那些风险因素。

如何评价创业机会

今天，我的主题发言名字是“Get Big Fast”。第一，现在很多创业者经营一个小公司，你做任何方面相关的公司可能巨头都在做了，你怎么在竞争激烈的市场迅速做大？这就要聚焦一个特别细分的市场。第二，价格战是硬道理，唯品会降价及时，亚马逊坐失良机。第三，创始人团队，一个是产品导向，一个是消费导向，我愿意选择产品导向，但产品导向是要有天赋的。第四，创始人一定要花很多时间，聚焦用户洞察和产品体验。第五，平台类的企业是很残酷的，要么做大，要么出局，没有中型的企业。最后，我对大家的希望是，既然创业是很艰苦的活儿，失败的概率也很高，那么你就去创新，做细分市场第一；你去创造品类，不要害怕失败；创业者本来就是孤独的，所以你们要勇于孤独，勇于伟大。

4.3.4.1　创业机会风险性评价

创业机会“风险性”的评价主要考察的是该创业机会在后续的创业过程中，本身是否存在一些固有的属性，给新创事业带来巨大的风险。也就是说该属性事实上是度量创业机会是否从一开始就已经注定了失败的命运，因此这一属性对于创业者在评价创业机会时尤其重要。

风险可以表现在资金、管理、人员、市场反应、外界环境突然变化的可能等方面。资金风险是中小企业创业面临的最大的风险，所以在评价创业机会时要着重考察，特别是对未来资金的需求预期以及现金流预期上，必须考虑全面。其次是与资金需求有关的投资回报问题。由于中小企业创业普遍存在资金紧张的状态，借贷途径十分有限，如果有限的资金不能在适当时间内回笼，将造成资金链断裂，必定会给创业企业带来致命的打击。

4.3.4.2 创业机会可行性评价

若能成功开创一项新事业，创业者获得的将是惊人的个人财富和无比荣耀的成就感，这也是激励许多人抛弃原有的稳定生活而甘愿承担巨大的经济风险和精神压力去从事创业活动的初衷。但事实上，资深的创业者在创业之初首先想到的是事业有很大失败的可能性，其次想到的是把新开创的事业稳定地运转下去，最后才想到怎样赚钱。大量的统计也表明，很多新创企业挨不过最初的三年。因此，如果说对创业机会风险性的评价就是考察该机会是否注定会失败，那么对可行性的评价维度就是考察新创企业是否能在最初几年的竞争中存活下来。这也是对机会评价最为细致关键的环节，因为机会开发后续许多环节工作的展开都基于这一维度的考察。

4.3.4.3 创业机会盈利性评价

任何创业者，获取财富的回报都是促使其从事创业活动最大的动力之一，在我国生存型创业占主导的特殊情况下，这一情况尤为明显。因此，对机会盈利性的评价是重中之重，其评价方法是考量市场成长率、投资回报率、销售额的年增长率、能获得持久的毛利率、能获得持久的税后利润率等要素。

创业机会评价步骤

在评价创业机会时，阶段性的决策是一种普遍适用、可以适应很多情况的模式。这一方法明确要求创业者在机会开发的每个阶段都进行机会评价。一个机会是否能够通过每个阶段预先设置的门槛，在很大程度上取决于创业者经常面对的约束或限制，如创业者的目标回报率、风险偏好、金融资源、个人责任心和个人目标等。为了应对外部情况的不断变化，避免可能出现的失败的风险，创业者必须不断调整创业的步伐。因此，对创业机会采取三步骤的评价方法是合适的。

第一步，对机会的风险性特征下的分指标进行判断，以评价机会的风险程度。当评价结果显示风险可控时，进入机会评价的第二步。

第二步，对可行性特征下的指标进行判断，以评判创业机会是否有利于新创企业在初创阶段的生存。当评价结果比较乐观时，可以进入下一个评价环节。

第三步，对盈利性特征进行评价。这一步评价的结果将直接反映机会是否具有显著的发展前景，并且评价的结果将决定创业事业能否有获得融资的机会。

当上述三项结果都有利时，表明该创业机会通过了初步的评价，可以进入下一步的机会开发程序。

本章小结

本章首先介绍创业机会的内涵，将创意与机会区别开来，强调创意不等同于机会，但创意可以转化为机会，弄清创业机会的含义、分类和来源，可以更好地把握创业机会，而创业学习与创业意向可为创业创造机会。其次介绍创业机会的识别，理清创业机会识别的过程，引出影响创业机会识别的因素和规律，以及识别创业机会的常见方法。最后介绍创业机会的评价，给出机会评价的方法，并分析影响机会评价的 3 个重要因素：创业经历、工作年限和管理经验，通过蒂蒙斯创业机会评价框架和刘常勇机会评价框架，介绍了机会评价的标准，除此之外还介绍了机会评价的定性原则，使我们对创业机会的评价有了系统全面的了解。

核心概念

机会、创意、创业机会、机会识别、机会评价、机会窗口

实训操作

一、实训目的

在设计创业计划的过程中达到巩固知识的目的，同时学以致用，在实践中加深对所学专业的认识，为日后创业起到帮助；在团队协作的过程中，培养团队意识，促进健全职业人格的塑造。

二、实训内容

以小组为单位，结合所学的专业知识，分组讨论假定要创办的企业，并撰写符合市场实际的创业计划。

三、实训组织与实施

(1) 教师向学生讲述本次实训的目标、要求、时间安排、考核等。

(2) 将学生进行分组，6～8 人为一组，各组就此次实训内容进行讨论。

(3) 复习本章节所学创业计划的相关知识，各组成员结合拟创办企业，并通过采访、实地考察等一手资料采集方式或查阅文献、网络调查等二手资料采集方式，共同完成创业计划。

（4）各组间进行交流与讨论，教师针对各组表现进行打分并提出建议。

拓展游戏

机会来了

1. 目的

以出人意料的方式激发听众的活力，形象地解释什么是商机。

2. 操作步骤

（1）讲到机会或商机时，创业培训师从口袋里拿出一张百元钞票举在手里，然后在不做任何解释的情况下突然连声喊："100 元卖 20 元，谁要？"

（2）一边喊一边在教室内走动，直到有人上前用 20 元买下。

（3）创业培训师从容地将 20 元钱放入口袋中，然后开始发问。你刚才看到了什么？你有没有发现机会？如果发现，你行动了吗？如果行动了最终是否得到？为什么？现实生活中，机会来临的时候会不会自己喊出来？等等。

3. 小提示

事先安排一位学员不认识的人来卖钱，效果更佳。很多人都抱怨没有机会，这个游戏会给他们很多启示。

思考练习

1. 怎样才能发现创业机会？
2. 分析影响创业识别的因素。
3. 研究创业机会的分类，谈谈每种创业机会的优缺点。
4. 创业机会评价的标准是什么？
5. 机会、创意、创业机会之间存在什么样的区别和联系？
6. 大多数研究创业的学者都会关注创业者对创业机会的认知，这是为什么？
7. 识别创业机会受到哪些因素影响？
8. 有价值的创业机会的特征有哪些？
9. 有哪些机会适合用于创业？有哪些机会适合于现存企业？
10. 为什么有的人可以看到创业机会，而另一些人则看不到？
11. 如何评价创业机会？
12. 如何理解创业机会的发现和建构？

第 5 章　创业团队

【学习目标】

(1) 了解创业团队的组建及类型。

(2) 掌握初创企业的人员激励方法。

(3) 熟悉初创企业的团队管理办法。

5.1　创业团队组建

案例引入

俞敏洪创业团队

2013 年，以俞敏洪和他的创业团队为原型的《中国合伙人》一经上映就引起了人们的热议，俞敏洪和他的新东方团队再次走入了人们的视线。

1. 聚集人才

1993 年，俞敏洪创办了新东方。创业伊始，俞敏洪单枪匹马招揽学员。他需要找到更多的合作伙伴，帮他控制住英语培训各个环节的质量，而这样的人，不仅要有过硬的专业知识和能力，更要有和俞敏洪本人共同的办学理念。他首先想到的是同学和好友。

俞敏洪根据他的梦想对新东方未来作了构想。从 1994 年到 2000 年，杜子华、徐小平、王强、胡敏、包凡一、何庆权、钱永强、江博、周成刚等人陆续被俞敏洪网罗到新东方的门下。新东方就像一个磁场，凝聚起一个个年轻的梦想。

2. 构建团队

身处教育行业，师资构成了新东方的核心竞争力，但是如何让这支高精尖的队伍最大限度地发挥作用？俞敏洪从学员需求出发，秉持着一种“比别人多做一点儿，比别人做得好一点儿”的朴素的创新思维，合理架构自己的团队，寻找和抓住英语培训市场上别人不能提供或者忽略的服务，使新东方的业务体系不断完善。

徐小平、王强、包凡一、钱永强等人各尽所能，为新东方搭起了一条顺畅的产品链。徐小平开设的“美国签证哲学”课，把出国留学过程中大家关心的一个个程序问题，上升到一种人生哲学的高度，让学员在会心大笑中思路大开；王强开创的“美语思维”训练法，突破了一对一的口语训练模式；杜子华的“电影视听培训法”已经成为国内外语教学培训极有影响力的教学方法。新东方的老师很多都根据自己教学中的经验和心得著书立说，并形成了自身独有的特色，让新东方成为一个有思想、有创造力的地方。

俞敏洪的成功之处是为新东方组建了一支年轻而又充满激情和智慧的团队，俞敏洪的温厚，王强的爽直，徐小平的激情，杜子华的洒脱，包凡一的稳重，5个人的鲜明个性让新东方总是处在一种不甘平庸的氛围当中。

资料来源：http://www.docin.com/p-67667153.html.

【思考与讨论】

1. 创业者应具备怎样的素质和能力？
2. 创业团队的领导者应具备的能力有哪些？
3. 如果你自主创业，设计一下创业团队的角色结构和职责。
4. 如果作为领导者，你将如何提升团队的凝聚力？

5.1.1 创业团队的概念

创业团队是由两个或两个以上的创业者共同组成的创业组织。组织成员具有共同的创业理念和价值追求，在风险共担、利益共享的前提下，努力实现创业目标，取得创业成功。

5.1.2 创业团队的组成要素

健全的创业团队是一个由许多复杂要素组成的科学系统。组成团队的要素包括以下几点：

5.1.2.1 人

人是创业行为的具体实施者，是创业活动的主体，也是创业团队中最核心的要素及组成部分。创业目标是靠人来实现的，因此创业团队的人员配置十分重要。一般而言，创业团队在人员的选择上要同时具备同一性和差异性的特点。同一性指团队成员应该“志同道合”，有共同的价值观、创业观等。这里的差异性并非只是简单的不同，而是指团队成员之间优势互补。这种互补既要有性格上的互补，也要有技能、专业、特长方面的互补，还要有人脉资源上的互补，没有一个创业者是创业活动的“上帝”。对一个创业团队而言，有人善于领导，有人善于沟通交流，有人善于资本运作，有人善于营销策划……物尽其用、人尽其才就可以产生“1+1>2”的积极效果。这也是创业团队组建的意义所在。

5.1.2.2　目标

创业团队的建立必须有一个明确的创业目标。它是创业团队形成的基础，是创业团队凝聚力的载体，是创业活动取得成功的关键。明确的目标可以使团队认清创业方向，使团队成员知道应该用怎样的方式和手段进行创业，以及需要把握或创造何种机会。明确的创业目标能够使团队明确新创企业员工的素质、技能等方面的要求。在团队组建和员工招聘、员工培训等方面有科学的指导作用。明确的目标能够有效提升创业团队的素质能力和综合实力。

案例 5-1

UT 斯达康优秀的团队

UT 斯达康是专门从事现代通信领域前沿技术和产品的研究、开发、生产、销售的国际化高科技通信公司，总部位于美国硅谷，在全世界各地建立了广泛的分支机构，以创新并富有竞争力的产品和专业服务拓展全球通信市场。

UT 斯达康在创立的初期，就瞄准了小灵通的市场。在推广小灵通的过程中，每一步都很重要。首先是 UT 斯达康的创业者考虑用一种低成本的、无线技术产品取代铜线，进而让固定电话变为无线电话，最终他们认定了日本的 PHS 技术。他们接触了日本的松下公司，并说服松下公司与其合作，把基站的技术和手机的技术跟 UT 斯达康当时接入网的技术结合。技术研发成熟后，UT 斯达康在浙江的余杭开始了试点，为了降低成本，他们在中国设立了研发中心。技术力量的不断增强和小灵通网络的优化、升级，是小灵通占领市场的一个重要因素，加上低成本与合理的市场定位，小灵通在中国迅速兴起。

虽然在小灵通的推广过程中遇到了许多障碍，但在各位创始人的坚持之下，最终取得了辉煌的成就。在 UT 斯达康的团队中有 4 个核心人物，他们制定企业长远的发展战略，对企业、社会和消费者负责，以优秀企业文化吸引人才，靠提供给下属充分的发展机会来激励员工，核心团队的人员各有所长，分工明确，带领下面的团队成员共同实施企业的发展计划。

公司总裁兼 CEO——陆弘亮，是一位儒家君子，无私宽厚、言出如山，颇有大哥风范，同时他还是一位资本高手，成为 UT 斯达康发展的主心骨。

中国区总裁——吴鹰，是一位睿智的销售，他善于处理各种关系，特别是对政府的关系处理得游刃有余，同时由于技术背景出身，他对于市场更为敏感。

副总裁、首席技术官（CTO）——黄晓庆，在技术上很有天分，为UT斯达康的技术领先立下汗马功劳。

中国区CEO——周韶宁，是一位好管家，办事缜密，常常强调“魔鬼就在细节”，同时性情坦诚耿直，虽然有可能对你大发脾气，但却并不记恨在心，颇有性情中人的味道。

他们4个人性格迥异却又很互补，正是因为有了这样一个融洽的团队，UT斯达康才有辉煌的成就。当然，还有其他来自世界各地的100多名留学生，并以他们为核心组成了一支不断创新的队伍。有了这么多优秀的人才，UT斯达康才能实现它的目标。

资料来源：http://www.docin.com/p-376804504.html.

5.1.2.3 职能分配

科学、合理的职能分配是组建优秀创业团队不可或缺的条件之一，创业团队在组建之初就要有明确的职能分配。明确规定每一名成员在创业活动过程中负责的主要工作岗位、岗位职责和岗位拥有的权力是职能分配的主要内容和意义所在。在职能分配过程中，首先，要“人尽其才”，根据团队成员的专业、优势等确定其岗位和职责，保证个人能力得到最大的发挥；其次，在明确岗位和职责的基础上明晰岗位权力，权力的科学划分和有效行使是科学决策的前提和保障；最后，避免岗位职责、权力出现交叉、缺位。

5.1.3 创业团队的类型

创业团队的形式多种多样，角度不同，对创业团队的划分也会不同。

5.1.3.1 按是否有主导人物划分

5.1.3.1.1 星状创业团队

这种类型的创业团队有一个明确的主导成员，一般是在主导人物发现创业项目或拥有创业机会的前提下组建的。这一主导人物在团队中是绝对的核心，拥有极大的威信和决策权，创业团队成员的选择一般也由其自主决定。这一类型的创业团队具有以下特点：组织紧密、向心力强；主导成员对其他成员影响巨大；决策简单，工作高效；权力集中，决策风险大；主导成员主观因素易造成团队成员之间的分歧，影响团队合作甚至创业团队的生命力。

5.1.3.1.2 网状创业团队

团队成员之间因为共同的价值观、创业理念、金钱观等因素组合在一起，为一个共同的创业目标而努力。团队中并没有明确的主导者，成员根据自身特点自发地担任团队的某一角色。这一团队具有结构松散；通过大量沟通交流集体决策，效率低；易形成多个领导；一旦分歧无法通过沟通解决时，团队容易解散等特点。

5.1.3.1.3　虚拟星状创业团队

团队成员通过推选产生一个或多个主导者。主导者并非团队的绝对核心，而是扮演着团队成员的代言人、协调者、信息收集者等角色。这一类型的团队特点与前两者相比，权力既不过于集中，又不太分散，决策时，既能充分考虑大家的意见，又能在有意见冲突时，果断地做出决定，既提高了组织效率，又降低了决策风险；核心人物有足够的威信来领导整个团队，但不会损害个别成员的利益，保证团队和谐稳定；缺点是缺乏绝对的权威会导致团队成员与主导者的冲突，影响团队的发展。

5.1.3.2　按创业项目划分

组建团队之初已有的创业团队为项目型创业团队，反之则为情感型创业团队。

项目型创业团队目标明确，向心力强，干劲十足，创业活动效率高；创业目标的选择对项目型团队的创业活动影响巨大，一旦目标选择出现偏差不仅会创业失败，还可能导致团队解散。而情感型创业团队以亲情、友情等纽带为基础，初期可能缺乏明确的创业目标，但团队凝聚力较强；但长期找不到创业目标将会打击团队成员的积极性，甚至中途放弃。

5.1.3.3　按创业团队成员的专业结构划分

按创业团队成员的专业结构划分，可分为多元化创业团队和单一化创业团队两种。

多元化创业团队可以实现团队成员之间的互补，达到技术、资源等利用效率最大化，但专业学习的差异容易使团队成员之间产生分歧，破坏组织的凝聚力和团队创造力。单一化创业团队成员由于专业背景的一致性，理论和实践能力较强，易达成共识，提高团队效率。但是，过于单一的专业能力会使团队在职能上出现明显的能力偏差，资源结构也较为单一。

5.1.4　组建优秀创业团队

5.1.4.1　共同的创业理念

组建一个优秀的创业团队首先要有共同的创业理念支撑。共同的创业理念是创业团队形成强大凝聚力和向心力的有效保证。团队中的每一名成员都是不可或缺的组成部分，心往一处想，力往一处使，才能保证团队能力的最大化发挥，才能成功达成创业目标。

5.1.4.2　团队协作

优秀的创业团队应该是职能划分科学明晰的团队，团队成员优势互补，每一名团队成员各司其职是关键，在此基础上的团队协作是将凝聚力和向心力转化为实际工作能力和创业能力的有效途径，也是取得创业成功的必备条件之一。由此可见，团队协作对创业团队来说十分重要。

向竹子学习团队协作

对所有的团队来讲，竹子都应该是学习的楷模。

竹子有三大特点：第一大特点是群生，人们看到的往往是一片竹林，而不是孤零零的一棵竹子。对一棵竹子而言，它面对的只有死亡。这说明团队成员之间，只有大家抱团才能生存和发展下去，否则，这个团队只有死亡。第二大特点是虚心，所有的竹子都是中空的，都是能容得下其他人的。第三大特点是一节一节生长，生长一段，就结一个箍，再生长一段，再结一个箍。所以，对团队成员来讲，工作一段时间后需要总结和反思，才能不断成长和发展。

资料来源：http://www.docin.com/p-1453583081.html.

5.1.4.3 和谐的人际关系

优秀的创业团队在创业过程中需要和谐的人际关系作为“润滑剂”。“世界上没有两片完全相同的树叶”，创业团队成员也是如此。团队成员之间由于成长环境、教育背景、个性特点的差异以及在利益分配中无法达成共识等原因会产生矛盾和冲突，而有效地解决矛盾和冲突的关键就是和谐的人际关系。和谐的人际关系有益于团队成员的身心健康，有助于团队协作，能够极大地提高团队的运行效率。和谐的人际关系的建立应该以尊重每一名成员的个性为前提，以包容彼此的缺点为核心，以有效沟通为手段。

5.1.4.4 科学管理

科学管理是创业团队能力有效发挥和旺盛生命力的保障。一个优秀的创业团队需要职能明晰、权责明确，需要沟通顺畅、关系和谐等，这一切是建立在科学的管理思想和统筹的管理方法基础上的。如果将创业团队看作一艘海上的轮船，科学管理是轮船平稳航行、成功快速到达目的地的船舵。

5.1.4.5 较强的意志品质

创业活动由于其复杂性和决策效果的不确定性，本身充满了未知挑战和艰辛坎坷。如果创业团队成员没有顽强的意志、坚韧不拔和吃苦耐劳的精神作为支撑，很难继续在创业的道路上走下去，更不可能实现创业目标，取得创业成功。因此，培养创业团队中每个成员的顽强意志品质尤为重要。

案例 5-3

海尔团队的“不可能”

1999 年 4 月 5 日下午两点，一个德国的经销商打来电话，要求“必须在两天内发货，否则订单自动失效”。两天内发货意味着当天下午所有的货物必须装船，而此刻正是星期五下午两点，如果按海关、商检等有关部门下午五点下班来计算的话，时间只有 3 个小时，而按照一般程序，做到这一切几乎是不可能的。

如何将不可能变为可能，此时海尔人优良的团队精神显示了巨大的能量。他们采取齐头并进的方式，调货的调货、报关的报关、联系船期的联系船期，全部全身心地投入工作中，抓紧每一分钟，使每一个环节都顺利通过。当天下午五点半，这位经销商接到了来自海尔“货物发出”的消息，他非常吃惊，吃惊之余转为感激，并向海尔写了感谢信。

资料来源：http://www.doc88.com/p-9095921675395.html.

5.1.4.6　良好的外部环境

良好的创业外部环境会使创业活动事半功倍。以“互联网+”创业模式为例，政府针对互联网迅猛发展的社会现状，制定扶持创业的政策，促进互联网创业如雨后春笋般蓬勃发展起来。优秀的创业团队要能够认清外部发展的大环境，在充分考察、调研的基础上选择创业目标，制定创业方案。在此基础上，取得创业成功的概率将会极大地提高。

5.1.4.7　领导的魅力

团队创建之初领导者的个人魅力会影响整个团队的风格。对每一个团队成员来讲，领导者的个人品行、素质、能力、领导风格等是否被认同，领导权威是否使人信服，关系到他们对团队的归属感，关系到整个团队的凝聚力和向心力。因此，领导者个人魅力在创业团队中的作用不可轻视。

5.1.4.8　公平的环境

创业团队组建之初，成员在个人创业动机的驱使下，在创业前景的渴望和激励下，普遍具有极大的创业热情。这种热情可以忽略很多因素，如职能划分等。然而，每一个创业团队建立的初衷都是取得创业成功和利益回报。随着创业活动的进行，公平的创业环境和团队归属感会逐渐替代创业热情，成为支撑团队发展和创业活动有序进行的强大力量。科学合理的激励政策就变得十分必要了。在创业的不同阶段，激励政策并不是一成不变的。不同时期创业团队成员的个人诉求是不断变化的，以此为依据调整激励政策，才能保证每一名成员在每一个时期都能为团队的发展发挥最大的能力，做出最大的贡献。

5.1.5 创业团队的领导者

5.1.5.1 创业团队领导者的概念

创业团队的领导者，是指在某一创业团队中担任领导职位，承担领导责任，通过行使领导权力，实施领导职能，带领创业团队实现创业目标的人。

创业团队的领导者与其他领导者相比具有明显的不同：主动承担风险；承受超强的心理压力；更加关注创新；不拘泥于常规；对创业机会极为敏感；在团队发展和外部环境并不成熟的条件下努力寻求竞争优势。

5.1.5.2 创业团队领导者的类型

创业团队领导者的分类可借鉴一般意义的领导者分类，分为独裁式创业团队领导者、民主式创业团队领导者和放任式创业团队领导者。

独裁式创业团队领导者在创业团队中自身决定创业项目、方案和决策等，并要求其他团队成员坚决执行。体现出其他创业团队成员对团队领导者的高度服从，选择创业项目、制定创业方案和决策是领导者的专属权力。此类创业团队领导者的权力十分集中，影响力巨大。

民主式创业团队领导者是通过与其他团队成员的积极沟通协商，集思广益，进而进行决策和制定实施方案。领导者与其他团队成员的关系相对融洽，工作有一致性且效率较高。

放任式创业团队领导者对于创业活动中负责职能的具体分配、整合资源和指挥沟通，对于创业活动的方案与决策干预程度较低，由其他创业成员各司其职，自主完成。领导者对团队成员极为信任，团队成员的组织行为具有极大的自主性。

5.1.5.3 优秀的创业团队领导者的必备能力——领导力

领导力是一种规划创业前景和引领创业方向的能力，需要通过对创业团队的激励来实现共同的创业目标。创业团队领导者的领导力具有以下特征。

5.1.5.3.1 高尚的品德

德是做人之根，是创业之本。只有在高尚品德的基础上，谈论才能才是有意义的。品行不端，越高的才能反而会带来越大的伤害。借用市场营销专业人士的贴切总结：无才无德是“废品”，有德无才是“次品”，有才无德是“危险品”，只有德才兼备才是“正品”。

5.1.5.3.2　强大的抗压能力

承受压力是创业者的必修课，在创业活动中，领导者是风险和压力的主要承担者。一个优秀的创业团队领导者善于承担风险压力，在巨大的压力下将之转化为强大的动力，保持清醒的头脑，集中精力，科学地判断决策。

5.1.5.3.3　创业视角和魄力

在创业活动中，领导者要有领导力就要有预见性，要敢于冒险，要有足够的魄力。创业活动由于本身的未知性和复杂性，创业风险会一直伴随存在。领导者对创业前景的预见性，对风险的规避和防御能力以及应对困难的勇气不仅会鼓舞和影响团队其他成员，形成强大的凝聚力，还直接影响创业成败。

5.1.5.3.4　善于决策

决策权是所有领导者权力的核心，创业团队领导者的主要职责就是决策。成功的创业团队领导者往往能够集思广益，同时果敢地大胆决策，不仅自己能够做出正确的选择，还能培养团队其他成员把事情做正确。

5.1.5.3.5　做好“伯乐”

优秀的领导者要做少有的伯乐，而且要做好伯乐。在创业团队中，最重要的资本是团队的每一名成员。领导者要清晰地认识到每一名团队成员的优势和不足，知人善任，将他们放到合适的位置。在此基础上，挖掘出每人的潜力，并将他们凝聚起来。

5.1.5.3.6　掌控全局，协调分工，学会放权

作为创业团队的领导者，时刻面临复杂的环境和不断变化的新情况、新问题，掌控全局的能力尤为重要。事必躬亲的领导者必然不是个聪明的领导者。聪明的领导者要学会在科学把握全局的基础上合理分工，适当放权，这样不仅会提高团队其他成员的积极性，而且可以解放自身，让自己有精力更加清晰、科学地分析问题。

5.1.5.3.7　鼓励批评

合格的领导者能接受批评并听取反面意见。鼓励团队成员积极思考团队问题，对创业活动进行中的一切弊端直言不讳，对团队成员的错误或过失，要向本人明确指出。

5.1.5.3.8　思想开放

创业活动不是闭门造车，再优秀的团队都会有不足之处。创业团队的领导者一

定要摒弃盲目自大、故步自封的思想观念，敢于承认不足，乐于借鉴他人的成功经验。同时，对于创业过程中的不同观点、意见，不要急于否定，要用开放和包容的心态科学理智地分析后，再决定是否采纳。

SYB 创业培训的内容有哪些？

第一部分为创业意识培训，这是 SYB 培训教材的先修课，共两步（第一步至第二步）：

第一步告诉你什么是企业，创办企业所需的素质是什么，让你衡量自己是否适合创办企业。

第二步告诉你如果你自己适合创办企业，那么你想创办什么样的企业，你有没有自己的构思，如果没有，怎样去发现并开发你的企业构思。

第二部分是创业计划培训，共八步（第三步至第十步）。这八步是要指导你怎样把自己创办企业的构思变成现实，即告诉你怎样去创办企业，将自己的创业构思，用系统的知识去计划、演算，形成自己的创业计划书。每步的具体内容如下：

第三步告诉你在有了自己创办什么企业的构思后，要评估你的企业有无市场、潜在顾客、竞争对手，以及确定企业营销计划并预测销售量。

第四步告诉你预测了你的产品销售量后，怎样组织人员去生产。你要明白怎样组织和安排你企业的人员。

第五步告诉你办企业必须合法，要选择一种法律形态。介绍适合于创办小微企业的各种法律形态，教你选择出适合自己企业的一种法律形态。

第六步告诉你企业要承担相关的法律责任，你的企业只有登记注册，才能受国家法律保护。你的企业要遵守国家的税法、企业法、劳动法、环境保护法等相关法律法规。

第七步是预测启动资金。告诉你办企业需要启动资金，启动资金包括投资（固定资产）和流动资金。你应该根据自己企业的规模，即前面预测的销售量计算出自己需要的启动资金数额。

第八步是制定利润计划。告诉你办企业必须盈利，这是企业成败的关键。要懂得什么是成本，怎样定价，怎样才能盈利，现金流对维持企业正常运转与盈利的重要性，要能够制定自己企业的盈利计划和现金流计划。

第九步是制定企业计划。通过前八步的模拟练习，你就可以把在各步中对自己企业的各项考虑和练习填入创业计划书中，形成自己的创业计划。通过制定创业计划，衡量自己的企业是否能够创办下去，同时，根据自己的创业计划，制定创办企业的行动计划，如申请贷款、申领营业执照等。

第十步是开办企业。告诉你当企业开办起来之后，还有哪些管理工作要做。

5.2　人员激励

华为员工激励策略

华为公司在 2017 年首次进入《财富》世界 500 强前 100 名，以年营业收入 785 亿美元名列第 83 位。华为的崛起固然与经济社会发展的大好形势有关，但也与华为自身的人力资源管理，特别是员工激励的作用密不可分。

华为对于员工的物质激励在全国已经非常出名了，说白了就是愿意给钱，敢于给钱。当时哪怕负债累累、资金捉襟见肘，华为却敢于提供优于行业的薪酬待遇，并且还执行每年平均超过 10%的工资薪酬提升。值得一提的是，华为大胆地实施股权激励，华为总裁任正非仅持有公司 1.4%的股权，其余股权由 8.4 万名华为员工持有。据报道，2015 年华为公司用于支付员工工资和奖金的数额高达 148.5 亿美元，占华为当年收入额的 23.6%，而同行业的平均水平仅为 12%。

技术研发工程师占据华为 1/2 的员工比例，而企业研发是一项高投入、高风险的业务。为了最大化激励员工的研发热情和研发创造力，华为坚持将不低于年收入 10%的资金用于高精尖领域的研发，在今后 30 年内，这个比例还将继续增长到 20%。同时，为了避免因为研发失败的风险打压工程师研发的热情和创造力，华为规定，基础科学研究 30%的研发投入中，允许 50%的失败率，也就是说在研发项目论证中，只要有一半机会是可以成功的，这一项目就可以继续开展下去。这实际上是对员工自主性的保护。此外，在精神激励方面，华为公司的各种各样的奖励可谓琳琅满目，荣誉部门专门对员工进行考核、评奖。

在华为，只要员工在某个方面取得了一定的进步就有机会获得相应的奖励和荣誉。华为专为此而成立了荣誉部，负责对员工进行考核、评奖，目的是挑选创新榜样。金牌奖是奖励为公司持续商业成功做出重大和突出贡献的团队和个人，是公司授予员工的最高荣誉。金牌奖每年年末评选一次，获奖代表可以获得与公司高层合影的机会。只要有自己的特点，工作有自己的业绩，员工就能得到荣誉奖。新员工有进步奖，参与完成了一个项目有项目奖等。

作为一家民族企业，华为公司很好地吸收了中国传统文化的精华，同时积极借鉴国外著名企业的现代管理经验，在结合华为企业家创业思维的基础上产生了华为自身的管理理念、管理思想和管理文化。华为公司的核心文化有两种，一种是作为华为企业文化之魂的“狼”文化，其核心是互助、团结协作、集体奋斗，这是华为文化之魂。这一文化包含多方面内容：对于专业领域敏锐的嗅觉，对于事业不屈不挠、永不疲倦的进取精神，对于企业群策群力的团队精神。实事求是地讲，华为的“狼”文化适合大部分年轻人，特别是青年大学生投身于华为公司。因为华为能够提供的不仅是高薪，而且是一个可以充分展现、发挥自我的大舞台。这种文化氛围的激励是对人自我实现需要的满足，也是华为公司的目标与员工个人目标达成一致的契合点，实际上是一种双赢的结果。

另一种是“家”的氛围，华为一直强调企业就是家的理念，让员工感觉在为家服务。华为公司成立了各种俱乐部，旨在丰富员工的生活，提升员工生活的品质。俱乐部为华为员工提供了互相交流的机会，有利于和谐同事关系的形成，满足了员工的社会需要和归属需要。

华为公司的激励体系和制度，既照顾了员工基本的物质需求，也满足了员工的精神需求和文化需求。马斯洛需求层次理论中的不同层次需求在华为公司的人力资源管理过程中基本上都可以得到关注和满足。员工持股满足了员工的生理需求和安全需求，体面工作的提供和可观的经济收入满足了员工的社会需求，宽松的科学研究工作环境保证了尊重需求的满足，“狼”文化的理念和“家”氛围的营造有利于员工自我实现需求的最大化满足。

资料来源：http://www.jingliren.org/rlzy/ygjl/9404.html.

【思考与讨论】

1. 华为在人员鼓励上是企业的典范，简述华为人员鼓励的方法。
2. 分析华为与苹果公司的异同点。

5.2.1 激励及激励机制的内涵

激励，即激发、鼓励，是指在管理过程中将有意识的外部刺激，转化为被管理者的自觉行动，从而最大限度调动被管理者的积极性，实现管理目标的过程。激励的特点是有被激励人。被激励人有从事某种活动的内在愿望和动机，而产生这种动机的原因是需要人被激励的动机强弱，即积极性的高低是一种内在变量，不是固定不变的，只能从观察出来的由这种积极性所推动而表现出来的行为和工作绩效上判断。作为一个管理者、团体和组织，为了实现既定目标，就更加需要激励全体成员。在一般情况下，激励表现为外界施加的吸引力或推动力激发成自身的推动力使得组织目标变为个人目标。

激励的基本组成因素是需求、驱动、动机和目标异向的行为。需求是任何行为受激励的前提，只有满足人们尚未满足的需求才能对人们产生吸引力和推动力。

知识链接

马斯洛需求层次理论

马斯洛需求层次理论是行为科学的理论之一，由美国心理学家亚伯拉罕·马斯洛（Abraham Harold Maslow）在 1943 年的《人类激励理论》论文中提出。马斯洛理论把需求分成生理需求（Physiological needs）、安全需求（Safety needs）、爱和归属感（Love and belonging）、尊重（Esteem）和自我实现（Self-actualization）五类，依次由较低层次到较高层次排列。在自我实现需求之后，还有自我超越需求（Self—Transcendence needs），但通常不作为马斯洛需求层次理论中必要的层次，大多数会将自我超越合并至自我实现需求当中。

通俗地理解，假如一个人同时缺乏食物、安全、爱和尊重，通常对食物的需求是最强烈的，其他需求则显得不那么重要。此时人的意识几乎全被饥饿所占据，所有能量都被用来获取食物。在这种极端情况下，人生的全部意义就是吃，其他什么都不重要。只有当人从生理需求的控制下解放出来时，才可能出现更高级的、社会化程度更高的需求，如安全的需求。

激励机制，则是指组织系统中激励主体通过激励因素或激励手段与激励客体之间相互作用关系的总和，也是企业激励内在关系结构、运行方式和发展演变规律的总和。激励机制所包含的内容极其广泛，既有外部激励机制，又有内部激励机制。外部激励机制是指消费者、履行社会管理职能的政府、社区公众等对企业的激励。内部激励机制是指对企业自身包括经营者和员工的激励。企业内部激励机制主要包括物质激励和精神激励。物质激励，是指企业以经济手段来激发员工的物质动力，如工资、奖金、福利待遇等。精神激励，是指企业以授予某种具有象征意义的符号或对员工的行为方式和价值观念给予认可、赞赏等作为激励手段，以此激发员工的精神动力。

太太式培训

DELL公司对销售人员是采取“太太式培训”的。他们把销售经理比作销售新人的“太太”，销售经理像太太一样不断地在新人耳边唠叨、鼓励，才能让新人形成长期的良好销售习惯，从而让销售培训最终发挥作用。培训由培训经理和销售经理一起完成。销售新人不但向直线经理汇报，还要向培训经理汇报。培训经理承担技能培训和跟踪、考核职能（每周给销售新人排名，用E-mail把排名情况通知他们），销售经理承担教练和管理职能，通过新人的最终执行，达到提高业绩的目的。

先是为期三周的集中培训，由专家讲解销售的过程和技巧，邀请有经验的销售人员来分享经验。然后每周末召开会议，销售经理与培训经理都参加，检查新人上周进度，讨论分享工作心得，分析新的销售机会，制定下周的销售计划。销售经理、培训经理和新人们一起讨论新人的成长，下一步工作的方向。最终，“太太”在工作中能够自觉指导新人运用销售技巧，及时鼓励新人，有效管理新人。“太太式培训”的效果十分惊人，用数字可以说明。没有“太太式培训”的时候，新人第一季度平均销售额为20万美元。经过这样的培训，新人在第一季度的平均销售额达到56万美元，远远高于以前销售新人的销售额。

资料来源：https://www.docin.com/p-2143554041.html.

5.2.2 初创企业人员的激励方法

创业企业往往资源不足，但你仍然需要给自己和团队成员提供合理的报酬。团队成员的能力越强，他们对报酬的要求可能越高。创业企业需要决定如何支付报酬，如何安排工资、奖金和股份的组合。在决定创业团队报酬时，需要考虑企业和团队的性质。创业企业的领导者可能要将一半的时间花在团队建设和管理上，这样的投入是值得的，激励团队共同工作远比一个人奋斗更有效。

强化

根据美国心理学家斯金纳的强化理论，可以把强化即激励分为正强化和负强化。正强化就是对员工的符合组织目标的期望行为进行奖励，以使得这种行为更多地出现，即员工积极性更高。负强化就是对员工违背组织目标的非期望行为进行惩罚，以使得这种行为不再发生，使犯错员工积极地向正确方向发展。

5.2.2.1　创业团队股份

股份是创业团队常见的激励形式，这里面有几个原因。首先，新企业通常无法支付市场上有竞争力的工资。股份可以吸引员工接受低于市场水平的工资，期望在将来获得更大的财富。其次，将股份分配给员工有助于让员工的利益与公司的利益结合起来。与大企业相比，新企业或小企业的股份价值与员工绩效之间的关联更加直接。最后，团队共同持股有助于创造出一种同舟共济的氛围。以股份作为激励也有缺点，创业者可能因此减少自己在公司中的股份比例，股份分配不当可能损害团队的士气。

股份分配的方法主要有两种：创业团队股份和期权。创业团队股份是创业团队在公司成立时分配的股份比例。这些股份的取得是以创业者的“血汗”为基础的，通常不计成本，也就是创业团队成员不需要花钱购买股份。分配创业团队股份的人数应当尽量少一些，例如这主要是考虑到，如果创业团队的股份过于稀释，则将对创业者团队未来的收益产生不利影响（实际上失去了股份的意义），特别是在预期还将引进外部投资的时候。因为从投资人的角度来看，他们往往希望创业团队持有相对较高的股份，这样更能体现股份的激励效果。如果经过几轮融资后，创业团队的股份下降到只有个位数，创业团队将失去拥有企业的激励，减少对企业的忠诚，甚至可能更加关心给工资报酬而不是股份的价值。总之，创业团队的股份分配目标应当是吸引团队成员保持长期的承诺，避免在企业成功之前放弃退出。

创业团队股份应当如何在团队成员间进行分配？平均分配是创业团队常用的方法。例如：由四名成员构成的创业团队每人持有 25%的股份。这种方法的优点主要是在初期避免股份比例的差异影响某些成员的激励，但这种方法的缺点很明显：首先，平均分配股份会导致决策中的困难。因为股份（投票权）的制约，必须达成共识之后才能形成决策。即使企业已经任命了 CEO，但创业团队中持有平均股份的股东们仍然会认为自己有权介入决策，这会导致决策效率下降，或在需要决断时迟迟不能行动，给企业带来损害。在这样的股份结构下，比同事承担更多压力和任务的 CEO 也可能发生缺乏激励的情形，对于创业企业可能不利。

在创业团队间分配股份时，主要的依据是过去的贡献和期望的未来贡献：首先，应当承认过去贡献的时间和价值，提出创业理念并做了大量前期准备，动员其他成员加入的成员应当获得较高的比例，如果这名成员在新企业中担任 CEO，则 50%的比例也许是适当的。其次，关键知识产权，例如：专利或发明的持有者通常会分配到20%～30%的创业股份。当然，有时企业团队成员会身兼各种角色，这会增加问题的复杂性。在决定股份分配时，最好向专业的律师咨询。

案例5-5

腾讯公司初期的股权分配

1999年，马化腾与同学张志东共同出资注册了深圳腾讯计算机系统有限公司，后来又吸收了三名股东：曾李青、许晨晔、陈一丹。马化腾、张志东、陈一丹和许晨晔是大学同学，前三人还是中学同学，而曾李青是马化腾姐姐的同事。马化腾认为这样的关系“心态上会好很多，可能会吵架，但相对在外面萍水相逢的朋友，如果遇到争执，不容易出问题”。

一般认为，腾讯在快速成长下能够做到团队稳定，主要得益于马化腾早期的机制设计。从股份构成上来看，5个人一共凑了50万元，其中马化腾出资23.75万元，占47.5%的股份；张志东出资10万元，占20%的股份；曾李青出资6.25万元，占12.5%的股份；其他两人各出资5万元，各占10%的股份。虽然主要资金都由马化腾所出，他却自愿把所占的股份降到一半以下。“要他们的总和比我多一点点，不要形成一种垄断、独裁的局面。”而同时，他自己又一定要出主要的资金，占大股。“如果没有一个主心骨，股份大家平分，到时候也肯定会出问题，同样完蛋。”

保持稳定的另一个关键因素，就在于搭档之间的“合理组合”。马化腾是CEO（首席执行官），张志东是CTO（首席技术官），曾李青是COO（首席运营官），许晨晔是CIO（首席信息官），陈一丹是CAO（首席行政官）。马化腾回忆说：“股权分配也是根据个人能力和特长分配的，这样可以保证以后稳定一点。我也见过一个公司，一开始几个人全部平分，但没有考虑未来的可持续发展，三个人各三分之一，往往是很危险的。”事实是，直到2005年曾李青退出，这个格局都没有改变（2013年陈一丹才退出）。腾讯公司创业团队在开始时就认识到，未来的潜力要和应有的股份匹配，不匹配就要出问题。如果拿大股的不干事，干事的股份又少，矛盾就会发生。

资料来源：http://www.360doc.com/content/19/0217/10/37726958_815497250.shtml.

5.2.2.2 期权池

期权池是另一种基于股份的激励，主要适用于雇员的激励。期权池（Option

Pool）是专门留出来用于将来授予的股份部分。期权是指持有者在未来以低于市场的价格购买企业股份的权利。通常，期权的价格是员工入职时企业股份的市场价格，未上市公司则会参考上一轮融资时的价格或内部交易的价格。期权让员工成为公司的所有者，有助于将员工的利益与公司的利益联系起来。行使期权需要支付购买价格，也是公司资本的来源之一，只是通常所占比例非常低。另一方面，期权也并不总是能够起到激励的作用。在互联网泡沫时，许多公司员工发现自己手上的期权失去了价值。当然，如果企业发展前景良好，则期权的价值和激励作用将更加明显。2013 年阿里巴巴上市，其员工持股的内部交易价一度从 2012 年的每股 60 元上涨到每股 160 元。

企业可以采用几种方法来保证期权能够促进企业的绩效。首先，应当帮助员工充分理解企业的员工持股计划。为此，企业需要让员工了解企业的真实经营绩效。其次，员工应当了解如何衡量企业的成功以及这种成功与其个人努力之间的关系。最后，实行员工持有计划的企业应当有特别的机制保证企业能够从中获得收益，如让员工持股的目的是增加所有者的意识，然而如果企业不能采用员工提出的意见或解决方案，则期权的作用就丧失了。

对于企业，授予期权将稀释股份，这样做必须换来股份价格上升才是合理的。以高技术企业为例，它们在吸收了一轮主要的投资之后通常会留下 15%～20%的股份作为员工期权。在授予员工期权时，需要注意不能将全部期权授予现有的员工，要考虑未来招募人员的需要。还要考虑的是，在员工长期工作期间，你可能需要继续授予期权。

创业团队常常采用期权兑现的方法来进一步支持股份分配的效果。期权兑现（Vesting）是指经过一段时期之后才授予股份或期权的行为，通常时限为 4 年。如创业团队的成员分配到 25%的股份，但他必须工作满四年才能兑现全部的股份。如果在第一年他决定退出，那么他将只能带走 1/4 分配的股份，而他没有兑现的股份则可以用于未来的分配。

对于员工，期权兑现可以写入聘用合同。通常入职不满一年的员工不能兑现期权，合同中还可以规定当员工离职时公司有权按员工购买期权的成本价格或一定的价格折算赎回员工手上的期权，或享有这样做的优先权。此外，还要考虑在合同中规定企业解雇员工的权利不受员工持有的期权约束，以避免未来可能需要解雇员工时引起小股东的诉讼。

表 5－1 对创业企业的股权分配提供了一个事例。这个例子包括 6 个阶段。在第一阶段，创业领导者与团队达成股权分配为 60%和 40%。在第二阶段成功地吸引到 20 万元投资，占 20%的股份，这意味着此时公司总价值被认定为 100 万元。经过后

面3个阶段的股份分配，公司估值不断提高，而创业领导者的股份则稀释为5%。假定公司稳定在这一股份结构下继续成长，最终以1亿元出售给一家大型企业，创业领导者的收益为500万元。

表5-1 创业团队股权分配、期权池和各方的收益

创业股权变动	阶段1	阶段2	阶段3	阶段4	阶段5	阶段6	最终收益（千元）
创业领导者股份	60%	48%	22%	8%	5%	5%	5 000
创业团队成员股份	40%	32%	14%	5%	4%	4%	3 000
家庭/朋友股份		20%	9%	3%	2%	2%	2 000
天使投资人股份			40%	15%	10%	10%	10 000
期权池			15%	6%	4%	4%	4 000
CEO				10%	7%	7%	7 000
CFO				3%	2%	2%	2 000
VP				7%	5%	5%	5 000
第一轮风险投资				43%	29%	29%	29 000
第二轮风险投资					32%	32%	32 000
企业总价值（千元）		1 000	2 500	7 000	30 000	100 000	

案例5-6

荣誉激励

美国IBM公司有一个“百分之百俱乐部”，当公司员工完成年度任务，就被批准成为该俱乐部会员，他和他的家人将被邀请参加隆重的集会。结果，公司的雇员都将获得“百分之百俱乐部”会员资格作为第一目标，以获取那份光荣。

对于员工不要太吝啬于一些头衔、名号，因为此头衔、名号可以换来员工对公司的认可，进而激励起员工的干劲。日本电气公司在部分管理职务中实行“自由职衔制”，就是说可以自由加职衔。取消“代部长、代理”“准”等一般普遍管理职务中的辅助头衔，代之以“项目专任部长”“产品经理”等与业务内容相关的、可以自由加予的头衔。

资料来源：https://www.docin.com/p-994949153—f7.html.

5.2.2.3 创业企业的工资

创业企业的股份很有吸引力，足以补偿工资低于平均水平的不利方面。但是，创业团队仍然需要基本工资以维持生活，那么，如何决定基本工资的水平呢？有些

网站提供了类似企业的工资水平，招聘广告上也会透露一些信息。当然，具体到个人还要看他的经历、企业的业务重点和其他具体因素。2017 年，深圳初级程序员的月薪为 5 000～6 000 元，而项目经理的工资为 10 000～12 000 元，技术总监为 20 000～40 000 元。以此为依据，根据团队成员的个人专长和他对企业的价值再做出调整。一位资深、成功员工的市场价格可能是创业企业难以支付的，因此通常创业企业会邀请年轻的新手，他们更有可能接受低于市场平均水平的工资。

在工资谈判时，可以将当前工资与未来工资的涨幅联系起来。创业企业在决定工资水平时的一个特殊考虑是工资支出必须与企业现金流管理相匹配，例如：约定当下一轮成功融资后，创业团队成员的工资将增加多少。除此之外，任何工资增加都必须以销售增长为前提，尽可能减少对工资增长的承诺，而采用以绩效为基础的工资制度，让员工分享利润。创业企业工资制度的设计应当能够让员工为共同的目标而努力，并且愿意推迟实现当前应有的收入（工资）以换取未来更多的收入（奖金、股份和期权）。

无论采取怎样的工资设计，都要考虑工资设计对财务假定的影响。例如：有的企业约定在未来某一时刻将工资水平上涨到市场标准。然而，这一假定是基于未来某一时点的增长或利润水平的，而当实际运营发现企业并不像计划中那样能够实现增长和利润时，工资承诺可能变成企业的负担。此外，对于投资人，工资的约定属于债务，要在财务报表中做出说明。

在与其他企业竞争高技能人才时，创业企业还要考虑货币激励之外的激励。例如：灵活的上班和休假制度。激励的设计还应当是战略性的，以最低的成本吸引企业最需要的人才。如果你主要吸引刚毕业的年轻人来企业工作，则不需要复杂的医疗保险；如果你的团队主要由有家庭负担的员工组成，则相对全面的保险应当是基本的报酬组合中的一部分。

多种工作模式

第一，远程工作。最近几年，美国企业中远程工作的模式比较普遍。据统计，美国有近 1 000 万名员工并不在企业里办公，而是在家里、供应商那里或者在路上、消费者处工作。这样做可以节省资源，如办公场地和能源。IBM 有 33 万名员工不在公司上班，每年节省 3 500 万美元，更重要的是，不在公司上班可以调动员工的积极性，因为很多员工需要在家里工作，方便照顾孩子、父母等。当然，这种方法也可能带来员工的孤独感，增加管理难度。但从发展趋势来看，越来越多的企业在采用这种方法。

第二，弹性工作，员工自己决定什么时候上班，什么时候下班。美国很多企业都实行了弹性工作制，有的企业甚至有23种上班的时间安排。这样既方便员工照顾家里，也避开了交通高峰期。

第三，压缩工作周。一般企业是一天工作8小时，一周工作5天，但也有企业让员工一天工作10小时，一周工作4天。总的工作时间不变，但员工可以有完整的时间做自己的事情。

第四，工作轮换、工作扩大化。工作轮换是指在不同的时间阶段，让员工在不同的岗位上工作。这给了员工更多的发展机会，让员工感受到工作的新鲜感和刺激感，使员工掌握更多技能，增进彼此的理解，提高协作效率。工作扩大化是指工作范围的扩大。

第五，工作丰富化。工作丰富化，是纵向的扩大，例如：让工人参与管理工作，从而带来挑战感、自我实现感等。

第六，员工参与管理。例如：提合理化建议、参与全面质量管理等。

第七，利润分享。这是一种应用激励的方式，让员工和企业分享一定的利润所得。

第八，员工持股、员工所有。美国在20世纪90年代初就有11 000家公司的股份完全或部分归员工所有。这实际上就是一种很强的激励力量。员工入股后，把企业利益看作自己的利益。

5.3 团队管理

苹果、谷歌和Facebook如何分配股权

苹果公司在起始阶段的股权比例是乔布斯和沃兹尼亚克各45%，韦恩10%。苹果电脑是沃兹尼亚克开发的，但乔布斯和沃兹尼亚克股份一样（沃兹尼亚克的父亲对此非常不满），因为乔布斯不仅是个营销天才，而且拥有领导力，对公司的未来意志坚定、激情四射。而沃兹尼亚克生性内敛，习惯于一个人工作，并且只愿意兼职为新公司工作，乔布斯和他的朋友与家人百般劝说才同意在苹果公司全

职工作。至于韦恩，他拥有 10%的股份是因为其他两人在运营公司方面完全是新手，需要他的经验。由于厌恶风险，韦恩很快就退股了，他一直声称自己从未后悔过。

谷歌的股权比例是佩吉和布林一人一半。谷歌的两位创始人同样在公司开张不久就揭不开锅了，他们本来只想筹集 5 万美元，但是 SUN 公司的创始人之一、硅谷风投人贝托尔斯海姆给他俩开了张 10 万美元的支票。自 20 世纪末以来，天使投资人所占的股份，一般不低于 10%，也不会超过 20%。谷歌从获得天使资金到 A 轮的时间差不多是一年。硅谷著名风投公司 KPCB 和红杉资本各注入谷歌 125 万美元，分别获得 10%的股份。5 年后的 2004 年，也就是公司创立 6 年后，谷歌上市，近 2 000 名员工获得配股。

Facebook 的股权比例是扎克伯格 65%，萨维林 30%，莫斯科维茨 5%。Facebook 是扎克伯格开发的，他又是个意志坚定的领导者，因此占据 65%的股权比例，萨维林懂得怎样把产品变成钱，莫斯科维茨则在增加用户上贡献卓著。Facebook 的天使投资人是帕克的朋友介绍的彼得·泰尔，他注册 50 万美元，后来获得 10%的股份。Facebook 不到一年就拿到了 A 轮融资——阿克塞尔公司投资 1 270 美元，公司估值 1 亿美元。7 年后的 2012 年，Facebook 上市，此时公司 8 岁。

资料来源：http://www.64365.com/zs/926908.aspx.

【思考与讨论】

1. 分析苹果、谷歌、Facebook 三者创业成功的共同点。
2. 苹果、谷歌、Facebook 三者在公司管理方面有什么经验值得我们学习？

5.3.1　团队管理的定义

团队管理主要是对人力资源所进行的人员规划、人员招聘与配置、绩效考核以及沟通激励、团队文化和精神构建等方面的管理活动。团队管理的目的是调动所有利益相关者的积极性，发挥各自所长，在承担组织的内部和外部建立卓有成效的工作机制与良好的工作环境，凝聚团队精神，激发团队潜能，保证工作的顺利开展，使工作目标得以较好地实现。

5.3.1.1　团队精神

团队精神，是团队成员大局意识、服务意识和协调意识的综合体，是团队的共同价值观在团队文化上的反映，是团队所有成员都认可的一种集体意识，是高绩效团队的灵魂，是团队所有成员价值观与理想信念的基石，是凝聚团队力量，促进团队进步的内在力量。团队精神的核心是协同合作，目的是最大限度地发挥团队潜能，使个人利益和整体利益统一，确保组织高效运转。

5.3.1.2 团队特征

第一，有明确而富有挑战性的团队目标。一个具有明确且有挑战性目标的团队的效率要比无明确目标的团队高得多。通常情况下，团队成员往往因为完成了某个明确且具有挑战性的任务而感到自豪，团队成员为了获得这种自豪感会更加积极努力地工作，带来团队工作的高效率，进而形成一种良性循环。

第二，注重资源共享，承诺一致。一个好的团队，就是一个整体，团队成员之间非常注重目标所需资源、信息、经验和教训的传递与共享。每个团队成员都会表现出对团队的高度忠诚与信任，信守承诺，心甘情愿地奉献自己的智慧和汗水。

第三，有明确角色的定位。好的团队，其成员都会有明确的角色定位，而且每个成员的角色特点都会相互补充。面对一项具有挑战性的工作任务时，每个人都会充分发挥自己的特长，确保出色地完成任务。

第三，具有良好的沟通能力。良好的沟通能力，是团队成员必备的能力之一。好的团队要求每位成员学会与他人沟通交流，这对团队管理非常重要。缺乏沟通的团队，成员之间可能会发生冲突，从而导致一些重要紧急的工作被搁置，团队成员只能重复做同样的工作，工作效率低下。

第四，具有共同的价值观和行为规范。价值观对于企业，就像世界观对于个人一样，世界观指导个人的行为方式，企业的价值观指导整个企业员工的行为。好的团队一定是团队成员具有共同的价值观，进而形成统一的行为规范。

5.3.2 团队管理的平衡

平衡管理（Balanced Management）是利用有限的资源为实现预期目标而进行的以人为中心的协调活动。平衡管理是企业稳定运营和健康发展的基础和保障。企业应以市场为导向，以顾客需求为服务宗旨，以技术创新为后盾，使企业形成一个系统、一个整体，并达到与内外环境的平衡。管理平衡致力于协调各种内外关系，充分利用各种资源，用先进的技术工具和科学的理论方法指导管理实践。

5.3.3 团队管理的要素

团队建设完成后，如何进行有效管理，这是企业各级管理者面临的非常实际的问题，也是创业者面临的主要问题。TOPCC模型认为团队管理具有五要素：

第一要素，建立信任（Trust）。信任是团队管理的基础。如果管理者能够在团队内部建立起坚实的信任基础，管理成本就会大大降低，管理成效也会大幅度提升。

第二要素，目标导向（Objective）。一个团队如果没有目标，就像航行缺少灯塔一样，团队成员很难在组织中体现自身价值。所以，管理者一定要在带领团队的过程中以目标为导向，部署各项工作任务。

第三要素，管理流程（Process）。管理流程是确保组织目标实现的重要环节，也是保障组织决策能否按既定要求实现的关键点。如果团队在管理过程中能够不断优化流程管理，团队可以通过流程实现团队管理水平的整体提升。

第四要素，共同承诺（Commitment）。团队的共同承诺对于目标的达成、流程的优化都至关重要。但是，让团队愿意承诺却不是一件容易的事情。当项目完成时，管理者要对完成任务的团队或成员及时给予激励，带领团队庆祝成功。一方面可以让员工感到自己的价值所在，另一方面可以营造“勇于承担”的团队文化。

第五要素，有效沟通（Communication）。有沟通才有理解。有效的沟通能够让交流的双方充分理解、达成共识。沟通的意义是传递理解，完美有效的沟通是经过传递后，接收者感知到的信息与发送者的信息完全一致。不能有效沟通，就无法明白和体会对方的意思，更难以把事情做得顺利圆满，工作上就会出现障碍。

公司治理与企业家精神

设想一个极端的情况：企业所有权完全或绝对地掌握在企业家手中，这也就是学术界常提及的企业家控制的企业，其首要特征表现为所有权和控制权合一。依托于该类治理结构，民营企业的治理基本无须担忧传统概念的委托代理问题，因为其本身就不存在控制权的代理。此刻的企业家个人利益和组织利益的方向大体是一致的。企业家追求利润最大化的动机有助于形成一种内生化的自我约束机制，这种自我约束机制最终受来自市场竞争秩序的牵制，企业家只有遵循这种约束条件才可能获得市场的认可，创造利润，从而创造股东或利益相关者价值才有可能。因此，可以将这种企业家控制的企业作为公司治理制度的一个极端。在这个极端，不存在控制权的企业内部制衡机制，企业家精神受到最小约束的治理制度安排，企业家服从的是市场竞争边界条件下的自我约束。换句话说，宽松的约束条件使企业家的创新能力和决策经营能力得到最大限度的发挥，其企业家精神可以创造最大容量的市场租金或价值。

本章小结

本章内容主要从创业者的角度简述了创业团队的组建，分析在企业中人员激励的方式，最后讲解创业企业中的创业团队的管理办法。首先从讲解创业团队的概念、组成要素、类型等方面入手，引出组建优秀创业团队需要的条件，优秀团队领导者的必备条件；然后通过介绍激励机制的含义以及对初创企业的人员激励方法的建议，让初创企业能更好地通过人员激励方式开展工作；最后对初创企业的人员管理方式进行了介绍，让学者能学到初创企业的团队管理方法而进行有效创业。

核心概念

创业团队、激励、激励机制、团队管理

实训操作

一、实训目的

通过从本游戏中体验团队精神，要求团队中的每一个人都充分贡献自己的力量，不能存在任何偷懒、滥竽充数的思想。

二、实训内容

将班级分为两组，每个组的成员都围成一个圈，然后听从指令。

三、实训组织与实施

（1）所有的学员围成一圈，每位学员将自己的手放在前面学员的肩上；

（2）听从训练者的指挥，然后每位学员徐徐坐在自己后面学员的大腿上；

（3）坐下之后，培训者可以再喊出相应的口号，如齐心协力、勇往直前等；

（4）可以以小组比赛的形式进行，看看哪个小组可以坚持的时间更长。

博弈游戏

1. 游戏目的

游戏用简单的形式体现了商业领域的竞争关系和定价策略，从而为学生提供了实战演习的机会。这个游戏是典型的博弈论思想的体现，反映出在“背靠背”的情况下怎样应对和猜测对手的想法。训练创新能力、工作和经营方法。

2. 游戏准备

参加人数：20 人左右。时间：30 分钟。道具：幻灯片。

3. 游戏规则

（1）将学员分成五组，每组分别代表一家航空公司。市场经营的规则是，所有航空公司的利润率都维持在 9%；如果有三家以下的公司采取降价策略，降价的公司由于薄利多销，利润率可达 12%，而没有采取降价策略的公司利润率则降为 6%；如果有三家或者三家以上的公司同时降价，则所有公司的利润率都只有 6%。

（2）每个小组派代表到小房间内，老师给他们交代上述拓展游戏规则，并告诉小组代表，他们之间需要通过协商初步达成一种协议。初步协商之后小组代表回到小组，并将情况向小组其他成员汇报。

（3）小组成员经过 5 分钟讨论之后，需要得出最终的决策：降价还是不降价？并将决定写在纸条上，同时交给老师。

（4）老师公布结果。

（5）可重复一至两次上述游戏过程，分别记录大家的选择。

4. 游戏注意事项

本游戏看似简单，但结果往往出人意料，因为大部分公司都会选择降价，其实往往会导致两败俱伤。这个游戏可以用博弈论中的典型案例——囚徒困境来分析，如果每家航空公司都采取不降价的策略便可以使彼此都保持 9%的利润率，但是受到降价后 12%利润率的吸引，很多人还是会选择降价。在这种情况下，每家公司都降价导致的是行业利润率的整体下降，最终利润率变成 6%，但这种结果是无法避免的，因为每家公司都在追逐高利润率。

这个游戏告诉我们两个道理，第一是不要假定竞争对手比你傻，第二是不要打价格战，因为价格战中是没有赢家的。经营行为还是应该按照行业规则和市场需求来做。

5. 游戏相关讨论

（1）作为小组代表，在和别组代表讨论时，你的出发点是什么？你隐瞒了什么？动了什么脑筋？

（2）回到自己小组时，你们的决策是在什么基础上产生的？你们是否遵守了几个小组达成的共识？你们是否运用了博弈论思想？

思考练习

1. 什么叫创业团队？

2. 创业团队应该由哪些要素组成？

3. 如何创建优秀的创业团队？

4. 创业团队的领导者应该具备怎样的能力？

5. 我们应该怎样科学有效地管理一支创业团队？

6. 试论述创业团队的管理要点。

7. 简述人员激励内涵，总结其概念。

8. 与大企业相比，创业企业可以向员工提供哪些更灵活的激励方式？

第 6 章　商业模式

【学习目标】

(1) 了解商业模式的内涵与逻辑。

(2) 熟悉商业模式的核心构成要素。

(3) 掌握商业模式的设计方法。

(4) 分析商业模式设计中的关键假设。

(5) 了解商业模式的评估模式。

(6) 熟悉商业模式的创新方式。

6.1　商业模式概述

宝洁公司商业战略

宝洁公司迄今为止已经有 170 多年的商业模式创新历史，现在是全球最大的日用消费品公司。宝洁公司的商业模式是与宝洁公司的宗旨一脉相承的，其宗旨是通过提供优质超值的品牌产品和服务来改善消费者的日常生活。为了服务这一宗旨，宝洁的商业模式就是吸引尽可能多的忠诚的消费者。

从市场营销学的角度来看，如果一个顾客对于某一个品牌的产品具有较高的忠诚度，那么这个顾客相对于企业来讲就具有较高的价值。同样的，宝洁商业模式的目标就是要吸引尽可能多的消费者经常购买宝洁公司的产品，并且对宝洁公司的品牌和产品留下良好的印象。为了实现这一目标，宝洁公司在商业模式上必须保证能够为消费者提供超值的产品和服务，并且提高消费者的满意度。

宝洁公司通过拥有 4 个核心业务和若干著名品牌来达到自己的目的。由于宝洁商业模式的定位，宝洁公司对于自己的业务范围的选择是非常慎重的，现在主要集中于 4 个业务领域，即织物护理、洗发护发护理、婴儿护理和女性护理，在这 4 个领域内拥有 10 个领先品牌，其中每个品牌都能产生至少 10 亿美元的年销售额。

对于公司的扩张，宝洁公司主要是围绕着能够发挥自己商业模式优势的领域，即一旦进入该领域，就要在该领域拥有顾客忠诚度和较高的品牌效应。如宝洁在1990年才进入女性护理领域，但到2007年的时候，就已经拥有全球37%的市场份额，远远领先于竞争对手；又如在美容和健康护理领域，宝洁公司在过去的几年里是该领域增长最快的公司之一。

宝洁公司以吸引尽可能多的忠诚顾客为目标，实现这一目标的主要手段是创新。宝洁公司的创新是广义的创新，既包括工程技术方面的创新，也包括消费者体验的创新，正是由于创新的缘故，才促使宝洁公司拥有众多知名品牌。从工程技术方面来讲，宝洁的许多品牌产品都是世界上同类产品中第一个产业化的，例如：汰渍是全球第一种合成洗衣粉，佳洁士是第一个使用氟化物并证实可以预防蛀牙的牙膏，帮宝适是第一次成功的一次性尿布。

在工程技术创新的基础上，宝洁公司更加关注产品整体在消费者心目中的品牌体验。为了迎合消费者，宝洁公司非常关注产品的两个“真理时刻”，即“当消费者来到商店的时候，选择我们的产品；当消费者用我们产品的时候，感到满意”。第一个“真理时刻”为第二个“真理时刻”的实现提供可能，同时第二个“真理时刻”是第一个“真理时刻”再次实现的必要条件。

为了顺利实现两个真理时刻的良性循环，宝洁公司在2000年到2007年对消费者和购物研究的费用超过了10亿美元，其研究的范围远远超过了传统的消费者群体研究，更多地转到了针对消费者的沉浸式研究，通过融入消费者的生活，更加深入地了解消费者的消费心理和消费习惯。通过丰富的消费者认知，为实现产品的技术创新和缩短产品面世的前导时间提供了科学基础。

在这方面成功的一个典型例子是宝洁公司的玉兰油。玉兰油全效系列针对那些希望修复老化的痕迹、使其肌肤重返自然光泽的人群；玉兰油新生焕肤系列则是针对那些使用很多产品来保养皮肤的女士，她们对于成分以及效用背后的化学原理十分关注；玉兰油焦点皙白系列和玉兰油新生焕肤系列大部分特性都是相同的，但是更关注那些在意皮肤颜色和质地的人，往往是更为成熟的女性。这些由消费者认知拉动的产品细分，使得玉兰油的销量在短时间内飞速增长。2000年的时候，玉兰油还有可能被淹没在货架上成排的护肤品牌当中，如今却变成了世界上领先的护肤品牌，年销售超过20亿美元。

资料来源：https://wenku.baidu.com/view/d732fbf87f1922791688e84e.html.

【思考与讨论】

1. 宝洁公司所选用的商业模式是什么样的？
2. 宝洁公司发展快速的原因是什么？

6.1.1　商业模式涉及的基本问题

在现实中会发现，尽管大量创业者识别到了绝佳的市场机会，形成了新颖的创业思路并组建了才干超群的创业团队，但仍然很难获得投资人的认可，成长乏力或快速失败，其中一个可能的重要原因便是没有建立起驱动健康成长的正确的商业模式。因此，创业者的一个主要任务就是探索并建立与机会相适配的商业模式。但是，究竟什么是商业模式呢？虽然有关商业模式的讨论很多，却没有一个严格的定义，对商业模式的理解也存在一定的偏差，表 6－1 列出了一些代表性的观点。

表 6－1　　商业模式的定义

学者（时间）	定义或解释
Timmers (1998)	商业模式是产品、服务和信息流的一个体系架构，包括说明各种不同的参与者以及他们的角色，各种参与者的潜在利益，以及企业收入的来源。
Amit & Zott (2001)	商业模式描述了交易的内容、结构和规制，用以通过开发商业机会创造价值。
Joan Magretta (2002)	商业模式是用以说明企业如何运营一组故事的概念，它必须回答管理者关心的一些基本问题：谁是顾客，顾客的价值何在，如何在这个领域中获得收入，以及如何以合适的成本为顾客提供价值。
S. C. Voelpel et al. (2004)	商业模式表现为一定的业务领域中的顾客核心价值主张和价值网络配置，包括企业的战略能力和价值，网络其他成员（战略联盟及合作者）的能力，以及对这些能力的领导和管理，以持续不断地改造自己来满足包括股东在内的各种利益相关者的多重目的。
Seddon & Lewis (2004)	商业模式是对一组活动在组织单位中的配置，这些单位通过在企业内部和外部的活动在特定的产品和市场上创造价值。
Osterwalder et al. (2005)	商业模式是一个概念性工具，它借助一组要素以及要素之间的联系，用以说明一个企业的商业逻辑。它描述了企业向一个或多个顾客群提供的价值，企业为产生持续的盈利性收入所建立的架构以及移交价值所运用的合作网络与关系资本。

需要指出，以上观点主要产生于对现存企业或电子商务企业的研究，大部分研究对象是大型企业，或是经营内容复杂的企业。创业企业只具有简单的组织结构和经营内容，当商业模式的界定过于复杂时，反而不易透析出创业企业的特征。鉴于此，可以从商业模式要解决的问题的视角来理解商业模式。商业模式涉及 3 个基本问题：如何为顾客创造价值？如何为企业创造价值？如何将价值在企业和顾客之间传递？下面将依次介绍这三个基本问题。

如何为顾客创造价值？这里谈的实际上是顾客价值主张的问题，即在一个既定价格上向其顾客提供能够帮助其完成任务的产品或服务。所有的企业得以运行都有自己的商业模式，哪怕是一个街头小店。当你建立这样一个小店时，你首先要回答的问题是：顾客为什么偏偏进我的而不是别人的店。提供与众不同的产品或服务当然是一种答案，但这个答案常常不那么管用，因为在技术更新加速发展的时候，产品和服务的货品化和同质化的速度越来越快。这时，你有什么理由让人偏偏买你的而不是别人的产品？你必须向顾客提供同类产品难以模仿的价值，增加顾客的转换成本，让顾客对你的产品形成“成瘾性依赖”。遗憾的是，通过法律保护、技术和设计能力设置的模仿障碍在今天变得越来越脆弱。

于是，就有了商业模式的创新。众多在产品上具有创新能力的创业者誓言要超越甚至颠覆 iPod，但它们很快就发现 iPod 早已不是一种产品，而是一种商业模式。

 案例 6-1

购买行为后的隐秘需求

iPod 的背后，是苹果建立的网上音像商店 iTunes。购买一个 iPod，等于买下一家奇大无比的音像商店（现在从 iTunes 购买下载的数字音乐和电影的数量已经超出亚马逊）。iPod 有点类似于洛克菲勒的公司在卖煤油时免费送出的油灯（只不过 iPod 并非免费的油灯，而且比同类的油灯贵得多），有了这盏“油灯”，你就会从 iTunes 那里不停地购买“油”（数字音像）。因为乔布斯深知，顾客购买播放器的真正目的是听音乐和看电影，而其他公司以为顾客购买的是播放器本身。一种购买行为的背后，隐藏着另一种购买需求，甚至这种隐藏的购买需求背后还潜藏着一种或多种更隐秘的需求。平庸的企业往往只能看到显而易见的需求，并且把全部精力用来满足这种浅层的需求，而卓越的企业之所以卓越，就在于它们具有对顾客需求的还原能力。苹果公司目前所取得的一切源于“顾客价值主张”。没有它，任何商业模式都无法成立。

如何为企业创造价值？这里谈的实际上是企业价值主张问题，即在为顾客提供价值的同时如何为自己创造价值。企业要想从创造的价值中获得价值，必须考虑以下问题：

（1）收益模式：营业收入＝价格×数量，数量可以是市场规模、交易规模、购买频率、附加性产品的销量。

（2）成本结构：成本是如何分配的，包括主要工资的成本、直接与间接成本，规模经济等。成本结构主要取决于商业模式所需要的关键资源的成本。

（3）利润模式：为实现预期利润，每笔交易应产生的净利润。

（4）资源利用速度：为了完成目标数量，该以多快的速度来利用企业的资源？这涉及库存周转率、固定资产及其他资产的周转率，并且要从整体上考虑应该如何利用好资源。

但必须明确，商业模式不同于盈利模式。事实上，商业模式虽然包含盈利模式，但盈利模式却只是商业模式的其中一小部分。基本上，商业模式是企业在市场上创造并留下价值的方式。

案例 6－2

价值创造和升级方式

举例来说，如果你开的是早餐店，把原来价值 10 元的面包、火腿、鸡蛋做成一个可以卖 50 元的三明治，那你主要创造价值的方式就是“把食材变成食品”的这个过程。至于三明治做好之后，你是想要一个卖 50 元，还是要采取会员制，每个月支付 1 000 元，可以每天早上吃到新鲜的三明治，或者是吃白面包不用钱，但是想要加火腿、鸡蛋，每多一项食材收 20 元，甚至是通通不要钱，但是你必须一边吃早餐，一边看广告，那些才是盈利的方式。

如何将价值在企业和顾客之间传递？从逻辑上讲，只有拥有了独特的顾客价值主张和企业价值主张，才可能去谋求实现这种价值主张的资源和能力。清清楚楚的创业想法往往是无视自身资源与能力的局限，它可能确实包含着机会，但也很可能是别人（具有与之相匹配的资源和能力的人）的机会。

案例 6－3

电影院的盈利来源

很多人都知道，美国电影院线的主要盈利来源（而非收入来源）是在影院出售的食品（冰激凌、爆米花等零食甚至影院餐厅提供的正餐）。人们到电影院来的真正目的不是看电影，而是在闲暇时间最大限度地放松身心。电影观众的这种需求并不是一下子就能被发现，而是从观众看电影时携带零食，甚至先在影院附近的餐厅吃完饭再来看电影等现象中逐渐被识别的。发现这样的需求后，经营影院的人要问的是：我能不能以可控的成本（以观众愿意接受的价格来衡量）提供这样的产品和服务？答案非常明确而令人乐观：接触顾客的成本几乎为零，而且产品和服务的渠道具有排他性。顾客不可能中途出去吃饭或购买零食，观众爱在这个时候吃冰激凌和爆米花，但很容易化掉的冰激凌、凉了就不好吃的爆米花不大可能从外面携带进来。如果提供这类产品，就意味着影院拥有了一个别的产品不可能进入的销售渠道，而渠道的排他性意味着这些产品可以以相当高的价格出售，从而获得相当可观的利润。各影院之间可以就电影的票价展开竞争，竞争的加剧意味着票价出现货品化趋势（以略高于甚至低于成本价出售），但销售冰激凌和爆米花的产品渠道的排他性（别的影院不可能到这里来卖这些产品）可以有效屏蔽货品化。

资料来源：吴伯凡．你卖的是什么？[N]．21世纪经济报道，2005-04-24.

从这个简单的例子可以看出，顾客价值主张和企业价值主张如果没有相应的资源（顾客资源、产品渠道）和能力作为支撑，就难以形成商业模式，尤其是难以实现可持续、可盈利的收入流。

从上述3个基本问题可以看出，商业模式本质上是要回答彼得·德鲁克早就提出的一些问题：谁是你的顾客？顾客看重什么？它同时回答了每个创业者都会问及的一些基本问题：从业务中如何赚钱？潜在的经济逻辑是什么？即如何以合理的价格为顾客提供价值。

案例6-4

神州租车

神州租车（中国）有限公司成立于2007年9月，总部位于北京。自成立以来，虽然一直保持着较高的（12%以上）盈利水平，然而如何抓住市场发展机会，以什么样的商业模式突破以北京为首的北方市场，实现规模化扩张，是一直困扰着神州租车的问题。

神州租车首先对消费者的租车心理进行了细致的分析，最终列出了消费者在租车时最关注的3个因素：价格、车况与车型，以及便利性。经过进一步分析，神州租车意识到，要实现自己的顾客价值主张——为顾客提供低价、便利的好车与租车服务，需要巨大的资金。大规模购车不仅能使租车公司掌握与汽车厂商进行购车谈判时的价格王牌，也使租车公司有能力选购更多车型并缩短车辆淘汰时间，这样就能满足消费者租车时关注的前两个因素：价格和车。至于第三个因素——便利性，也只有通过遍布全国的门店网络、优化的运营流程来实现，而这也需要投入资金才能实现企业内部的扩张。于是神州租车经过慎重考虑，选择了联想投资作为战略性投资伙伴，不仅获得了 100 亿元可用资本，还取得了强大的银行授信。

紧接着，为了实现规模化扩张战略，神州租车制定了具体的实施步骤，例如：将 30 岁以下城市白领（节假日出行需求）以及上市公司（控制成本需求）作为核心顾客，不仅制定了有针对性的品牌宣传方案，还运用线上（如在新浪微博建立网络营销阵地）及线下（例如通过分众传媒，在高档办公楼宇、住宅小区投放广告）、新媒体（如手机 WAP）综合的品牌推广体系，针对核心消费者进行宣传。

再例如：神州租车在业内率先推出“两证一卡”的简易租车程序，即顾客只要提供身份证、驾驶证和信用卡就能在门店租到车。随后，神州租车扩大了全国门店布局，深入机场、火车站、市中心以及大的社区和商务区等，同时大力发展手机、网络、呼叫中心等渠道，一方面便于顾客随到随取车，另一方面也使异地还车成为可能。神州租车通过分析消费者的消费心理，制定了自己的顾客价值主张：为顾客提供低价、便利的好车与租车服务。

为了实现这一价值主张，神州租车创建起相应的盈利模式，为公司创造价值。首先解决了资金瓶颈，然后依靠雄厚的资金力量，通过良好的车况、广泛的车型选择、低价策略以及遍布全国的网点来吸引并留住顾客。

得益于雄厚的资金支持，神州租车能够在采购车辆时，尽可能选择丰富的车型以满足消费者的不同需求；而在车况方面更是实现了由原来 2 年淘汰提前到目前的 1 年半时间，这样的车辆更新频率为神州租车提升了竞争力；而高效、集中的信息系统，集成了所有渠道、顾客、车辆信息，有利于综合管理。

关键流程则是指经过优化的内部运营流程和管理流程，例如：通过内部对经营活动深入、透彻地分析和监控，计算车辆维修成本、分摊的管理成本、保险费率，以及努力提高出租率等，实现效益最大化。

截至 2011 年 6 月，神州租车在全国 58 个城市拥有超过 300 个租车网点，车队规模近 18 000 辆，服务的个人顾客数百万名，企业顾客数千家，是中国目前服务网络最大、车队数量最多、服务品种最全的全国性汽车租赁服务企业。

资料来源：http://www.mbachina.com/html/cjxw/201110/52008.html.

6.1.2　商业模式的逻辑

商业模式是企业创造价值的核心逻辑。商业模式的这一逻辑性主要表现在层层递进的 3 个方面（如图 6－1）：

图 6－1　商业模式的逻辑

价值发现：明确价值创造的来源。这是对机会识别的延伸。通过可行性分析识别创业者所认定的创新性产品和服务，这只是创建新企业的手段，企业最终盈利与否取决于它是否拥有顾客。创业者在对创新性产品和服务识别的基础上，进一步明确和细化顾客价值所在，确定价值命题，是商业模式开发的关键环节。

绕过价值发现的思考过程，创业者很容易陷入“如果我们生产出产品，顾客就会来买”的错误逻辑，这是许多创业实践失败的重要原因之一。

陨落的铱星项目

1991 年，摩托罗拉为开发卫星电话成立了独立的铱星公司，生产铱星手机。铱星手机的价格是 3 000 美元，每分钟通话费是 3～8 美元。如此高的服务价格肯定竞争不过传统的蜂窝电话服务。于是，铱星公司把目标市场定为传统网络无法覆盖地区的人们，主要包括国际商务旅行者、边远地区的建筑工人、海上船只、世界各地的军队和近海石油钻塔的工作人员等。但是，直到 1999 年 7 月，公司仅有 2 万个用户，而公司至少需要 5.2 万个用户才能达到贷款合约的要求。结果当年 8 月，铱星公司因拖欠 15 亿美元贷款而申请破产。

价值匹配：明确合作伙伴，实现价值创造。新企业不可能拥有满足顾客需要的所有资源和能力，即便新企业愿意亲自去打造和构建需要的所有能力，也常常面临很大的成本和风险。因此，为了在机会窗口内取得先发优势，并最大限度地控制机会开发的风险，几乎所有的新企业都要与其他企业形成合作关系，以使其商业模式有效运作。

价值获取：制定竞争策略，占有创新价值。这是价值创造的目标，是新企业能够生存下来并获取竞争优势的关键，因此是有效商业模式的核心逻辑之一。许多创业企业是新产品或服务的开拓者，但却不是创新利益的占有者。这种现象发生的根本原因在于这些企业忽视了对创新价值的获取。

价值获取的途径有两个：一是为新企业选择价值链中的核心角色，二是对自己的商业模式细节最大可能地保密。对第一个来说，价值链中每项活动的增值空间是不同的，哪一个企业占有了增值空间较大的活动，就占有了整个价值链价值创造的较大比例，这直接影响创新价值的获取。对第二个来说，有效的商业模式被模仿，在一定程度上将会侵蚀企业已有利润，因此创业企业越能保护自己的创意不泄露，越能较长时间地占有创新效益。

案例 6-6

Google 的收入模式

Google 公司通过以下几种方式赚取收入：巧妙地安排随同搜索结果一起出现的广告；向门户网站（如美国在线）许可搜索技术；向企业许可搜索技术，以建立企业内部搜索引擎；即使有见识的观察者也难以觉察的其他获利途径。Google 公司严守它的商业模式秘密，避免其他企业成功复制其运作方式。Google 对有效商业模式的细节向其他企业保密的时间越长，它越能长时间地获得巨额投资回报。

总体来看，价值发现、价值匹配和价值获取是有效商业模式的 3 个逻辑性原则，在其开发过程中，每一项思考过程都不能忽略。新企业只有认真遵循了这一原则，才能真正开发出同时为顾客、企业以及合作伙伴创造经济价值的商业模式。

商业模式、战略与战术

我们可以把商业模式想象为一辆汽车。不同的车辆会设计不同的功能——传统引擎与混合动力引擎的运作方式就有很大不同，标准变速器和自动变速器的运作也不相同，这就为驾驶者创造了不同的价值。车辆的制造方式决定了驾驶者可以做什么，不可以做什么，也决定了他可以采用的战术。例如：要在巴萨罗那哥特区蜿蜒的小巷中自由穿梭，低能耗紧凑型轿车绝对比大型 SUV 越野车更能为驾驶者创造价值，因为大型越野车在这里几乎毫无用武之地。如果驾驶者对车子进行改装，包括外观、功率、油耗、座位等，那么这些改装都不是战术性的，而是构成了战略变化，因为这包含对车辆（商业模式）本身的变更。简言之，战略关乎设计和制造汽车，商业模式是汽车本身，而战术则是如何驾驶汽车。

资料来源：拉蒙·卡萨德苏斯·马萨内尔，霍安·里卡特．在竞争中设计商业模式［J］．哈佛商业评论（中文版），2011（7）．

6.2 商业模式画布

阿里巴巴商业布局

在起步阶段，一方面，由于当时外界环境和企业自身技术能力的限制，阿里巴巴选择以效率型的商业模式设计为主导，在国内首创了B2B模式。当时，中国正处于改革开放时期，出现了许多的中小企业。同时由于国内互联网技术的落后，在C2C和B2C模式在发达国家中得到成功实践的情况下，阿里巴巴选择鲜有尝试的B2B模式，不仅顺应了中国经济发展的潮流，而且回避了自身技术能力的劣势，避免了与先发企业的直面竞争。另一方面，阿里巴巴以技术引进为主导的技术创新战略不仅是基于当时的外界环境和自身技术能力做出的选择，而且是与商业模式设计相匹配的。马云和他的团队有过开发对外经济贸易部官方站点、网上中国商品交易市场等一系列国家级站点的经验，这为他们快速进入电子商务领域，实现有效的技术引进战略奠定了良好基础。但当时中国整体技术水平落后，技术资源缺乏、获取技术的难度和成本都较大，只有通过技术引进来实现技术创新，因此，一开始就进行自主创新还是行不通的。在商业模式和技术创新的共同作用下，阿里巴巴实现了初步的技术追赶：技术引进在客观上使阿里巴巴的技术水平在极短的时间内具备了一定基础，而效率型商业模式设计使技术在被应用的过程中通过解构与重构实现了技术能力的提升。与此同时，技术能力的积累使得阿里巴巴能够不断进行商业模式的改进，创造出更多有利于交易效率提高的新产品。

由于阿里巴巴前一阶段B2B效率型商业模式设计的成功实施以及技术能力的积累和溢出，更多的中小企业认识到电子商务的商机和前景，一些大型网络公司开始进军电子商务行业并在市场上形成寡头竞争。多家大型互联网企业的并存使行业内技术资源变得丰富，技术梯度相较前一阶段也缩小了。这标志着中国互联网已步入正轨，电子商务行业的兴起引起了政府的关注，并给予了一系列资金和政策上的支持。由于阿里巴巴的技术能力有了一定程度的积累，其商业模式设计的能力也有质的提升，能够尝试更多不同的模式。而在新的环境因素下，技术资源的相对丰富和更多企业进军电商市场形成的寡头竞争，也促使商业模式设计空间的转变，从以效率为主导向以新颖为主导转变。具体而言，虽然淘宝网的运营模式是以效率为主导，不仅没有收取任何注册费，而且减免交易双方的全部费用。

但是，阿里巴巴对淘宝网进行不断的改进，向以新颖为主导转变：通过新的方式实现产品、服务和信息的结合，推出了第三方担保交易模式的“支付宝”和嵌入网页的即时通信工具“阿里旺旺”。与此同时，阿里巴巴的技术创新战略也由技术引进为主导向以自主创新为主导转变，这不仅是技术能力积累的结果，在引进消化吸收的基础上进行的二次创新和原始创新，而且是对环境和商业模式设计变化做出的反馈。在商业模式设计和技术创新的共同作用下，阿里巴巴实现了较好的技术追赶：技术引进向自主创新的转变使阿里巴巴独立地掌握了一些整体技术；而从效率型商业模式设计向新颖型商业模式设计的转变对技术能力提出了更多的要求。与此同时，技术能力的积累使得阿里巴巴的商业模式设计从效率型向新颖型转变。

由于阿里巴巴前一阶段商业模式设计的转变以及技术能力的突破性进步，众多的中小型企业也认识到电子商务的商机和前景，纷纷加入电子商务的浪潮中，市场上形成了垄断竞争状态。先期进入的如阿里巴巴、腾讯、网易等几家大型互联网企业仍然长盛不衰，后期崛起的如 NALA、拉手网等也呈现强劲的势头。随着电子商务进入密集创新和快速扩张阶段，相关技术的获取更加容易，成本也更低了，这标志着中国互联网已步入蓬勃发展阶段，政府给予了电子商务行业更多的支持。为了适应更复杂、更动态的环境，阿里巴巴利用上一阶段突飞猛进的技术能力，实现了商业模式设计从效率型主导向新颖型主导的转变，形成了从 B2B 到 C2C 再到 B2C 的系列模式，并推出了更多全新的能够将产品、服务和信息结合的产品和模式，如旺铺、聚划算、一淘网、余额宝、快的打车等，并涉及更多相关行业，如物流业、返还业、社交平台、金融行业等。与此同时，在新的环境、商业模式以及更强技术能力的作用下，阿里巴巴站在了网商技术的前沿，国外的技术发展不仅不适用于中国的特殊情境，而且跟不上阿里巴巴快速发展的步伐，因此，阿里巴巴大多数的技术创新是通过自主创新来实现的。此外，阿里巴巴还与中国 70 余所一流大学合作，通过阿里巴巴学院为教师和学生提供电子商务培训课程。在商业模式和技术创新的共同作用下，阿里巴巴实现了成功的技术赶超：自主创新战略的实施使更多前沿的技术被发明并使用；而新颖型商业模式设计能更充分地发挥技术能力的潜力，促进新产品的开发速度、成功率和推广。更重要的是，技术能力的进一步积累使阿里巴巴有可能进行更多的商业模式创新。

资料来源：https://baike.so.com/doc/2058116-2177526.html.

【思考与讨论】

1. 思考阿里巴巴在创业中所使用的商业模式法则。

2. 阿里巴巴的成功给了你什么启示？

6.2.1 商业模式的设计框架

长期从事商业模式研究和咨询工作的埃森哲公司认为，商业模式至少要满足两个必要条件：一是必须是一个整体，有一定结构，而不仅是一个单一的组成因素；二是组成部分之间必须有内在联系，这个内在联系把各组成部分有机地关联起来，使它们互相支持，共同作用，形成一个良性的循环。因此，商业模式实际上是一种包含一系列要素及其关系的概念性工具，用以阐明某个特定实体的商业逻辑，描述了公司所能为顾客提供的价值以及公司的内部结构、合作伙伴网络和关系资本等用以实现（创造、营销和交付）这一价值并产生可持续、可盈利性收入的要素。按照这个观点，商业模式应具备5个特征：包含诸多要素及其关系；是一个特定公司的商业逻辑；是对顾客价值的描述；是对公司的架构和它的合作伙伴网络和关系资本的描述；产生盈利性和可持续性的收入流。

商业模式是一个活动体系

商业模式是同时能为企业的利益相关者创造价值的相互依存的各种活动构成的体系。举例来说，以前，苹果公司只是设计硬件，之后把用这些硬件生产和组装完成的产品卖出，所以其价值等式就是硬件的销售。iPod的推出大大改变了苹果公司的商业模式，因为公司认识到，自己不只是通过销售设计精良的电子设备为利益相关者创造价值，而且能通过人们对这些设备的使用为利益相关者创造价值。通过与音乐产业建立关系，苹果公司iPod的推出显著改变了自己的商业模式，音乐产业是各类歌曲作品的知识产权所有者，苹果公司让这些唱片公司确信，它们可以销售歌曲，而不只是销售CD。随后，苹果公司通过一个电子商店——iTunes，让人们下载自己选中的音乐作品。人们每下载一首歌曲，苹果公司就能从中获得一些收益，因此该公司既为顾客创造了价值，也为公司的利益相关者创造了价值，同时也为公司员工创造了价值。

商业模式是企业如何开展业务的方略，它是一个各种活动的体系。当苹果公司推出iPod时，新的商业活动就此出现，通过改进的商业模式创造出的价值也得到了提升，因为在这个生境中有了新利益相关者。需要注意的是，利益相关者群体跨越了企业和产业的边界。谁会想到一家电脑公司会进入音乐产业领域呢？可突然之间，苹果公司就进入了音乐产业领域。

资料来源：沃顿知识在线对沃顿商学院管理学教授拉菲·阿密特（Raffi Amil）的访谈．最近的创新：重新设计商业模式．2014年12月2日．

若要很好地回答商业模式涉及的 3 个基本问题——价值创造、价值获取和价值传递，可以把商业模式分为 9 个关键要素：顾客细分、价值主张、渠道通路、顾客关系、收入来源、核心资源、关键业务、重要伙伴以及成本结构（如图 6－2），参照这九大要素就可以描绘分析你企业的商业模式！

下面依次对 9 个要素进行说明。

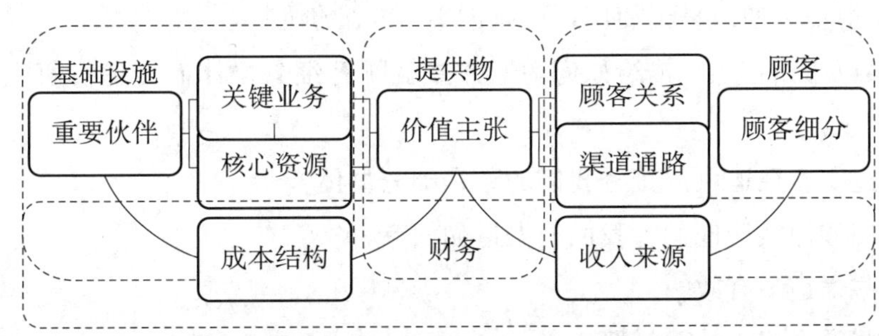

图 6－2　商业模式的设计框架

（1）顾客细分：用来描述想要接触和服务的不同人群或组织，主要回答以下问题：

1）我们正在为谁创造价值？

2）谁是我们最重要的顾客？

一般而言，可以将顾客细分为 5 种群体类型：①大众市场：价值主张、渠道通路和顾客关系全都聚集于一个大范围的顾客群组，顾客具有大致相同的需求和问题；②利基市场：价值主张、渠道通路和顾客关系都针对某一利基市场的特定需求定制，常可在供应商-采购商的关系中找到；③区隔化市场：顾客需求略有不同，细分群体之间的市场区隔有所不同，所提供的价值主张也略有不同；④多元化市场：经营业务多样化，以完全不同的价值主张迎合完全不同需求的顾客细分群体；⑤多边平台或多边市场：服务于两个或更多的相互依存的顾客细分群体。

（2）价值主张：用来描绘为特定顾客细分创造价值的系列产品和服务，主要回答以下问题：

1）我们该向顾客传递什么样的价值？

2）我们正在帮助顾客解决哪一类难题？

3）我们正在满足哪些顾客的需求？

4）我们正在提供给顾客细分群体中哪些系列的产品和服务？

价值主张的简要要素主要包括：①新颖，产品或服务满足顾客从未感受和体验过的全新需求；②性能，改善产品和服务性能是传统意义上创造价值的普遍方法；③定制化，以满足个别顾客或顾客细分群体的特定需求来创造价值；④把事情做好，可通过帮顾客把某些事情做好而简单地创造价值；⑤设计，产品因优秀的设计脱颖而出；⑥品牌/身份地位，顾客可以通过使用和显示某一特定品牌而发现价值；⑦价格，以更低的价格提供同质化的价值，满足价格敏感顾客细分群体；⑧成本削减，帮助顾客削减成本是创造价值的重要方法；⑨风险抑制，帮助顾客抑制风险也可以创造顾客价值；⑩可达性，把产品和服务提供给以前接触不到的顾客；⑪便利性/可用性，使事情更方便或易于使用，可以创造可观的价值。

（3）渠道通路：用来描绘如何沟通并接触顾客细分群体而传递价值主张，主要回答以下问题：

1）通过哪些渠道可以接触我们的顾客细分群体？

2）我们如何接触他们？我们的渠道如何整合？

3）哪些渠道最有效？

4）哪些渠道成本效益最好？

5）如何把我们的渠道与顾客的例行程序进行整合？

企业可以选择通过自有渠道、合作伙伴渠道或两者混合来接触顾客。其中，自有渠道包括自建销售队伍和在线销售，合作伙伴渠道包括合作伙伴店铺和批发商。

（4）顾客关系：用来描绘与特定顾客细分群体建立的关系类型，主要回答以下问题：

1）我们每个顾客细分群体希望我们与其建立和保持何种关系？

2）哪些关系我们已经建立了？

3）这些关系成本如何？

4）如何把它们与商业模式的其余部分进行整合？

一般而言，可以将顾客关系分为6种类型：①个人助理，基于人与人之间的互动，可以通过呼叫中心、电子邮件或其他销售方式等个人助理手段进行；②自助服务，为顾客提供自助服务所需要的全部条件；③专用个人助理，为单一顾客安排专门的顾客代表，通常是向高净值个人顾客提供服务；④自助化服务，整合了更加精细的自动化过程，可以识别不同顾客及其特点，并提供与顾客订单或交易相关的服务；⑤社区，利用用户社区与顾客或潜在顾客建立更为深入的联系，如建立在线社区；⑥共同创作，与顾客共同创造价值，鼓励顾客参与全新和创新产品的设计和创作。

（5）收入来源：用来描绘从每个顾客群体中获取的现金收入（需要从创收中扣除成本），主要回答以下问题：

1）什么样的价值能让顾客愿意付费？

2）他们现在付费买什么？

3）他们是如何支付费用的？

4）他们更愿意如何支付费用？

5）每个收入来源占总收入的比例是多少？

一般而言，收入来源可分为 7 种类型：①资产销售，销售实体产品的所有权；②使用收费，通过特定的服务收费；③订阅收费，销售重复使用的服务；④租赁收费，暂时性排他使用权的授权；⑤授权收费，知识产权授权使用；⑥经济收费，提供中介服务收取佣金；⑦广告收费，提供广告宣传服务获得收入。

（6）核心资源：用来描绘让商业模式有效运转所必需的最重要的因素，主要回答以下问题：

1）我们的价值主张需要什么样的核心资源？

2）我们的渠道通路需要什么样的核心资源？

3）我们的顾客关系需要什么样的核心资源？

4）我们的收入来源需要什么样的核心资源？

一般而言，核心资源可以分为 4 种类型：①实体资产，包括生产设施、不动产、系统、销售网点和分销网络等；②知识资产，包括品牌、专有知识、专利和版权、合作关系和顾客数据库；③人力资源，在知识密集产业和创意产业中，人力资源至关重要；④金融资产，金融资源或财务担保，如现金、信贷额度或股票期权池。

（7）关键业务：用来描绘为了确保其商业模式可行，必须做的最重要的事情，主要回答以下问题：

1）我们的价值主张需要哪些关键业务？

2）我们的渠道通路需要哪些关键业务？

3）我们的顾客关系需要哪些关键业务？

4）我们的收入来源需要哪些关键业务？

一般而言，关键业务可以分为 3 种类型：①制造产品，与设计、制造及发送产品有关，是企业商业模式的核心；②平台/网络，网络服务、交易平台、软件甚至品牌都可看成平台，与平台管理、服务提供和平台推广相关；③问题解决，为顾客提供新的解决方案，需要知识管理和持续培训等业务。

（8）重要伙伴：让商业模式有效运作所需的供应商与合作伙伴的网络，主要回答以下问题：

1）谁是我们的重要伙伴？

2）谁是我们的重要供应商？

3）我们正在从伙伴那里获取哪些核心资源？

4）合作伙伴都执行哪些关键业务？

一般而言，重要合作可以分为 4 种类型：①在非竞争者之间的战略联盟关系；

②在竞争者之间的战略合作关系；③为开发新业务而构建的合资关系；④为确保可靠供应的购买方-供应商关系。

（9）成本结构：商业模式运转所产生的所有成本，主要回答以下问题：

1）什么是我们商业模式中最重要的固有成本？

2）哪些核心资源花费最多？

3）哪些关键业务花费最多？

一般而言，成本结构可以分为两种类型：①成本驱动。创造和维持最经济的成本结构，采用低价的价值主张、最大限度自动化和广泛外包。②价值驱动。专注于创造价值，增值型的价值主张和高度个性化服务通常以价值驱动型商业模式为特征。

案例 6－7

一分钟诊所

1999 年 7 月的一个周末，美国人 Rick Krieger 的儿子说喉咙疼。Krieger 的家庭医生已经下班，所以他不得不求助于紧急护理诊所，而他们在诊所等了 2 个多小时才得到治疗。他的儿子所需要的只是简单的快速检查，只需几分钟就可以完成。Krieger 当时在想：为什么没有快速的看病方式？难道没有适合快速治疗小病的方式吗？我们不是在说糖尿病、癌症或心脏病，我们说的是感冒和咽喉痛、耳朵感染。于是，他和两个合伙人着手创立了一分钟诊所（Minute Clinic），他们的核心创意是：向大众提供快速方便的医疗保健。

一分钟诊所在便利的零售地点开设了无电梯保健店面，治疗 18 个月以上儿童和成人常见疾病。他们清楚地列出服务项目和报价，就像麦当劳的菜单，而且晚上和周末照常营业，还明确告知等待时间，所有治疗均不超过 15 分钟，价格低廉（30 美元～110 美元）。诊所只提供基本的医疗服务，为了保证治疗时间短、费用低和患者期望的现实性，治疗方案仅限于简单、易于诊断的疾病，对这些疾病，护士根据确定的指南就可以处理。这些指南由公司编制的 IT 系统提供，该系统可以实现病人快速登记及自动生成病例。

虽然最初的商业模式是用来绕开传统的机构，如医疗保险提供商，但随着公司的发展，他们认为原有的商业模式也有必要做出改变，于是就与保险网络和保险公司合作，为顾客提供的价值主张获得极大改善。对形势的准确理解而采取的清晰策略促使一分钟诊所快速发展，并向全美拓展。

资料来源：马克·约翰逊，克莱顿·克里斯坦森等．“一分钟诊所”［J］．21 世纪商业评论，2007（5）．

其实，任何一种商业模式都少不了上述 9 个要素，任何新型的商业模式都不过是这 9 个要素按不同逻辑的排列组合而已。每个人的定位、兴趣点和视角都不一样，向各个要素中添加的内容当然也就不一样，于是就有了不同的商业模式。

6.2.2　商业模式设计的一般过程

在了解了商业模式的构成要素之后，就需要设计商业模式了。下面是商业模式设计的一般过程，需要说明的是这个过程并不是线性的，可能经历各种反复。

6.2.2.1　分析并确定目标顾客

商业模式设计的第一步也是最重要的一步就是确定你的顾客是谁。不知道顾客是谁，几乎是初次创业者最常犯的错误，因为大多数人往往是从自己想提供的产品或功能出发，而不是从顾客想要什么出发。但创业归根到底经营的是市场而不是技术，出售的是价值而不是专利，所以你必须清楚地知道顾客是谁，顾客为什么要购买你提供的产品。在识别目标顾客时，可以参照以下几个步骤。

6.2.2.1.1　描述顾客的轮廓

对顾客的轮廓必须有一个大致的描述，一开始不用精准，因为进入市场后，还可以再调整，但一定要从这个步骤开始。描述的方式包括他们的年龄、性别、婚姻状态、居住地区、收入水平、兴趣、爱好、习惯，以及其他常用的服务等。

用户画像的七个条件

用户画像又被称为用户角色，作为一种勾画目标用户、联系用户诉求与设计方向的有效工具，用户画像在各领域得到了广泛的应用，尤其是创业领域。David Travis 认为，一个令人信服的用户画像要满足 7 个条件，即 PERSONA：

P 代表基本性（Primary Research）：该用户画像是否基于对真实用户的情境访谈。

E 代表移情性（Empathy）：用户画像中包含姓名、照片和产品相关的描述，该用户画像是否引发同理心。

R 代表真实性（Realistic）：对那些每天与顾客打交道的人来说，用户画像是否看起来像真实人物。

S 代表独特性（Singular）：每个用户是不是独特的，彼此很少有相似性。

O 代表目标性（Objectives）：该用户画像是否包含与产品相关的高层次目标，是否包含关键词来描述该目标。

N 代表数量（Number）：用户画像的数量是否足够少，以便能记住每个用户画像的姓名，以及其中的一个主要用户画像。

A 代表应用性（Applicable）：是否能使用用户画像作为一种实用工具进行决策。

6.2.2.1.2　详细列出顾客的问题

接着，必须一项项地列出顾客可能有的问题。这些问题可能有几十个，要把有可能成立的，通通逐一列出来。

6.2.2.1.3　确认并理清重要问题

接着，开始去跟符合顾客描述的人聊天，确认每个顾客问题的存在。在这个过程中，会删掉很多其实不存在的问题，也会增加很多他们真正有的问题。最少要跟3～5 个人聊天，最好能够跟二三十个人聊天。完成之后，你就会有一个初步的、精简版的问题清单。接着，可以做更大规模的问卷调查，再去确认这个精简后的问题清单中，哪些问题是普遍存在的，哪些问题其实也没有那么重要。另外，也要针对每个问题的愿付成本做调查。

6.2.2.1.4　调查市场

当经历了上面步骤后，理论上应该会产生一个重点问题的清单。接着，需要开始做一些自上而下的市场规模调研。去看看类似、即将被你取代的产品在市场上的表现，有哪些可能的竞争性产品、市场够不够大、上下游关系会不会难以切入等。当然对大多数的产业区块而言，这些信息的准确度往往很差，因此不少大企业很快就放弃了，否则也轮不到我们来创业。所以也别被这个步骤的结果吓到，除非产业明显的不可进入，否则调查来的资料基本上应该只是一个参考点。

完成了以上这些步骤，就对顾客的基本情况，他们有哪些问题和相应的市场规模有了初步的概念。

6.2.2.2　定义并检验价值主张

价值主张是商业模式的基础，它说明了我们向选定的目标顾客传递什么样的价值或者帮顾客完成了什么样的任务。任何类型的企业都有价值主张，因为企业都需要提供产品或服务来满足其目标顾客。创业团队可以利用头脑风暴方法思考可能的价值主张。

知识链接

头脑风暴的基本原则

(1) 暂缓评论。先不要急着对别人的观点发表是非对错的评论，这样会打击出点子人的积极性，把群体思维的联想和延展打断，同时也是对提出点子的人的尊重。

(2) 异想天开。中国人总是怕自己说错话，在别人发言时，脑子里想的是“我要怎么讲是对的”“我要怎么讲才能体现我的水平”。这是因为我们缺乏允许异想天开存在的环境。只有让异想天开大行其道，才能鼓励每个人真正去思考设计，而不是思考自己的水平和对错。

(3) 借题发挥。有时候别人会提出很疯狂的点子，你自己虽然是专家，知道行不通，但在座的很多不是专家，说不定听到这个疯狂的点子会得到启发、获得灵感，在这个疯狂点子的基础上，提出更实际的方案。

(4) 不要离题。每一次讨论，要定一个明确的题目。不然的话异想天开的结局是不能收敛的。

(5) 一次一人发挥。讲话的时候，一次一个人讲，不要七嘴八舌的。否则就没办法做记录。

(6) 图文并茂。鼓励大家在想点子的时候，把这个点子用图案的方式画出来，哪怕画得很丑也没关系，因为有时收集了很多点子贴在墙壁上，也许有几百个，你过几天再回去看，如果只有文字，有时候会想不起来这到底是什么。而画图可以帮助记忆。

(7) 多多益善。在一个小时之内，鼓励大家尽量讲，要讲究速度！IDEO 公司内部一般一个小时可以汇集 100 个点子。如果与顾客一起合作进行头脑风暴的话，因为企业文化和习惯不同，这个数字会相对少一些。

当头脑风暴出价值主张后，需进一步检验价值主张是否可行。若要检验价值主张是否符合顾客需求，可以从三点来看：

(1) 真实性。价值主张不应停留在构想阶段，须具有真实性，在某一特定期间可以让顾客看到所提供的附加价值。顾客所期望的价值可以区分为 3 个层次，一是解决目前问题，二是解决竞争者无法解决的问题，三是满足未来的需求。

(2) 可行性。具有可行性的价值主张，才是好的价值主张。可行性包括可以执行、可评估效果，最好是竞争者没有的，这样的价值才符合多数顾客的企盼。

（3）与顾客关联性。在定义价值主张之前，须用心研究顾客需求、购买行为、当前满足情形、不满意原因等，据此发展和顾客息息相关的产品和服务，缩小产品供给与顾客需求的落差。

根据检验过的价值主张，发现可以提供的产品、服务或解决方案。

6.2.2.3 设计营收模式

根据所预定的目标市场及价值主张，进一步设计可能的收费来源、收费模式及定价。

设计营收模式第一步，在于确认此商业模式所有的营收来源，以及了解此商业模式如何创造营收及营收模式为何。营收模式基本上是“价格×销售量”。价格的制定，应依照价值主张而变。对于低成本的商业模式，目标价格点，可能是整个营收模式的关键点。在溢价商业模式中，其价格可能是需要传递独特价值所需的资源成本。而销售量的部分，则依照先前所推估的市场规模而定。

成本结构大多由直接成本、人力成本组成，并考虑经济规模。成本结构主要取决于传递价值主张所需的关键活动与关键资源。

毛利源自营收模式及成本结构，许多公司会将毛利作为获利与判断创意是否适当的指标。然而，商业模式设计的目的，不只是协助维持某个毛利，而是着眼于建立可获利的成长平台。

创业最终目标当然是让收入大于成本，当一个商业模式做到了这件事情，并且有高度可规模化的潜在顾客，我们则称这是一个可升级的商业模式，也是所有初创业者追求的目标。

6.2.2.4 设计关键流程与资源

在目标顾客、价值主张及营收模式确定后，就需要考虑必须哪些要素到位才能支撑这三者。通常我们需要考虑三大块：关键活动、关键资源和关键伙伴。

关键活动也就是身为一个创业团队，你必须完成的工作项目。如果你连产品都还没有，那开发产品当然就是你的关键活动。但开发什么产品？绝不能完全从个人兴趣出发。你要开发的产品，是基于前面研究了目标顾客后得到的信息，也就是目标顾客共同面临的问题，而提出的价值主张，然后据此得出的产品。而当产品开发完成，并且发现有产品与市场之间存在适配关系后，你的关键活动也会开始变多。业务、顾客服务、商务发展、质量控管，只要能帮助整个公司进步的，都必须放入商业模式画布中加以追踪，并且想办法不断演化。

关键资源是根据前面所有的设定，思考这个商业模式需要什么资源。如果你是提供消费者在线餐厅订位的软件系统，那你的关键资源当然是“空桌”，而且不是一般的空桌，是消费者想订的空桌。因为少了这些“好空桌”，那无论你开发多完美的订位系统也没用——这也是过去十多年来无数个尝试类似商业模式的团队的共同问题，总是等到产品做好了，才发现根本没有空桌可以卖。同样的道理，如果你是做精品生意的奢侈品店，那关键资源就是那些国际名牌的包包、皮件。当然，发展到某个程度，资金也会是非常重要的关键资源，尤其当你想要加速成长的时候。

关键伙伴就是提供给你关键资源的那些伙伴。

商业模式是一个系统，拥有所有系统应有的特征。商业模式系统的要素之间是互相影响的，没有绝对从属关系。商业模式这个系统存在的目的是长期、可发展、可重复的价值产生，然而没有一个要素是因为那样的目的存在，所以要素间必须巧妙、和谐地共生，才能够达到系统的目的。也因此，只优化其中一个要素，往往无法达成系统的目的。

6.3　商业模式评估与创新

携程的阶段发展

携程旅行服务公司的成长历程如果从产生到发展至今大致经过了初期、起步期和发展期三个阶段。

第一阶段——初期

携程旅行服务公司的前身是 1994 年 1 月 19 日担任 Oracle（中国）咨询总监的梁建章以外商的名义在上海创办的谅望计算机技术上海有限公司。后来中国的互联网开始火热起来，于是，1999 年梁建章和沈南鹏、季琦三人对谅望公司进行了改造，将谅望改名为携程旅行服务公司。1999 年 5 月，携程旅行服务公司在上海正式成立。当时由于旅游业在中国的前景很好，因此，创办人选择了进军旅游业。因为在对比衡量了国内旅行服务的各大模块，如酒店预订、机票预订、旅游项目预订之后，创办人发现只有酒店预订拥有不需要配送、没有库存之忧、便于游客支付等优势。1999 年 10 月，携程旅行服务公司开始做酒店的预订业务。1999 年 11 月，携程旅行服务公司正式开展酒店预订业务，酒店在线预订系统随后投入使用。

第二阶段——起步期

2000 年，携程旅行服务公司收购了北京的一家传统旅游企业——现代运通，使其酒店订房量发生了突飞猛进的增长。2002 年 3 月，携程旅行服务公司的酒店预订量创国内酒店分销业榜首。同时，携程旅行服务公司成功地吸引了凯雷集团 1 000 万美元的融资。携程旅行服务公司在酒店预订领域取得一些成绩后，开始向机票预订领域发展。2002 年 3 月，携程旅行服务公司完成了对北京最大的呼叫中心——北京海岸机票预订中心的收购。2002 年 5 月，携程旅行服务公司启动了全国中央机票预订系统。2003 年 10 月，机票预订网络覆盖国内 35 个城市。2004 年 11 月，携程旅行服务公司建成国内首个国际机票在线预订平台。至此，携程服务公司借助收购传统行业完成了对酒店和机票的网络建设。

第三阶段——发展期

2003 年 12 月 9 日，携程旅行服务公司网在美国纳斯达克挂牌上市。2004 年 2 月，携程旅行服务公司以高级管理者入股的形式正式收编了上海翠明国际旅行社，开始准备整合业务资源和客户资源，进军旅行社业务。2004 年 10 月，携程旅行服务公司推出全新 360 度度假超市，首推休闲度假旅游概念。2004 年 11 月，携程旅行服务公司宣布分红，成为美国纳市首家分红的中国网络股。2006 年 3 月，携程旅行服务公司全力进军商旅管理市场，商旅服务成为携程旅行服务公司网的又一个业务增长点。2007 年 3 月，携程旅行服务公司在北京、上海、广州、深圳等城市又推出了代驾租车业务。从此，携程旅行服务公司进入发展时期，形成了“酒店预订、机票预订、度假产品、商旅服务、车辆租赁”五大块主营业务的架构。

资料来源：https://baike.so.com/doc/4925387-5144828.html.

【思考与讨论】

1. 认真阅读材料，总结携程旅游的三个阶段。
2. 简述携程旅游在我们生活中的应用。

6.3.1 商业模式评估的目的和原则

6.3.1.1 商业模式评估的目的

商业模式评估的目的主要是：与竞争者的商业模式比较；帮助公司改进商业模式；评判创新的商业模式的可行性和盈利水平。事实上可以归纳为两大类：第一，服务于企业的商业模式创新的评估；第二，对商业模式的适用性（或称为业界领先性）进行评估。如果适用性评估能够实现，既可以评判其自身的好坏，又可以和竞争者的商业模式进行比较。从技术经济问题分类的角度来看，商业模式问题属于四种层面当中企业层面的技术经济问题（另三种分别是国家、产业、项目层面）。商业模式评估应立足于企业本身，根据企业自身商业模式的特征，评判其适用性达到的程度，并通过评估找出其自身的薄弱环节或最需要改进之处，为下一步的创新提供方向和指导。

6.3.1.2　商业模式评估的原则

如前所述，商业模式的评估要立足于其构成要素，立足于其评价指标体系，才有可能准确反映商业模式的内在本质。要满足此项要求，必须遵循如下原则。

6.3.1.2.1　科学性原则

进行商业模式的评估，一定要考虑商业模式自身存在及其创新的客观规律，符合其内在机理。只有在确定评价内容、选择评价方法和设计评价指标体系时，根据商业模式存在及创新的自身要求和内在逻辑，符合商业模式产生和发展的客观规律，才可能做出有价值的评估。

6.3.1.2.2　全面性原则

商业模式是一个结构或者体系，包括组织内部结构和组织与外界要素的关系结构，这些结构的各组成部分存在内在联系，它们相互作用形成了模式的各种运动。也就是说，商业模式是在全面审视企业所处政治、经济、社会、市场环境的基础上，分析企业自身能力和可用资源，在企业构成和运作的内外部各要素之间构建有机联系，形成企业完整的运营机制和方法。它本身是包含各种要素的一套逻辑关系，因此，对商业模式的评估必须全面综合，否则，评估的就不是商业模式，而是企业经营的某个方面。

6.3.1.2.3　可比性原则

既然企业存在的主要目的是创造价值，那么客观上商业模式的可比性是存在的。商业模式评估的一个重要目的就是与其他企业的模式进行比较，不论指标、方法如何选取，都要满足评估的可比性，也就是不同企业间的商业模式通过评估后要能相互进行比较。

6.3.1.2.4　客观性原则

商业模式是关于企业经营内在逻辑的研究，不同于盈利等单项研究，所以在评价中不可避免地要利用专家打分评价的办法来获得数据。但是，一定要利用方法修正人为的主观影响，使评价尽量做到客观、公正，只有这样才能保证评价的科学合理。

6.3.1.2.5　指标数据的可获得性原则

商业模式评价研究所涉及的评价指标，一定是可测度的。这里主要是指一些定性指标量化的准确性问题。这取决于指标数据源头的权威性。不可随意定义评价指标，也不可糊弄获取数据，只有指标数据客观严谨，评价结果才具有可靠性和参考价值。

6.3.2　商业模式评估的方法

在评估之前，先对评估目的具体化，其中主要表现为两种形式。第一种目的的具体化：针对具体企业，对构成其商业模式要素的重要性进行排序，以便合理安排资源，找到商业模式创新的突破口。第二种目的的具体化：针对具体企业，评价其商业模式的适用性（行业领先性），并以此为依据，与采用同一种办法评价的其他企业进行比较。由此，我们就把评估问题转化为两个具体问题，即排序问题和评价问题，进而可以选择适当的评估方法。

6.3.2.1　商业模式要素排序评估——层次分析法

商业模式要素排序的评估，主要是根据其重要程度排序，可采用层次分析法。层次分析法是美国运筹学家 T. L. Saaty 等人在 20 世纪 70 年代提出的对复杂问题做出决策的一种简明有效的方法。它将决策者对复杂系统的评价决策思维过程数学化，其基本思路是：决策者将复杂问题分解为若干层次和若干要素，在各要素间进行简单的比较、判断和计算，以获得不同要素和不同待选方案的权重，从而为方案选择提供决策依据。这种思路与人对复杂问题的思维和判断过程是一致的。

层次分析法的特点是能将人们的思维过程数学化、系统化，以便于接受。应用这种方法是所需的定量信息较少，但要求应用者对决策问题的本质、包含的要素及其相互之间的逻辑关系掌握得透彻。应用层次分析法首先要根据问题的目标和决策方案分为 3 个层次：目标层 G、准则层 C 和方案层 P，然后应用两两比较的方法确定决策方案的重要性，即得到决策方案（如 P_1，P_2，…，P_n）相对于目标层 G 重要性的权重，从而获得比较满意的决策。

层次分析法可分为以下 4 个步骤：

第一步：明确问题，建立层次结构。首先要对问题有明确的认识，弄清问题范围、所包含的因素及其相互关系、解决问题的目的等，然后分析系统中各因素（方案层）之间的关系，建立系统的递阶层次结构——目标层、准则层（必要时加子准则层）、方案层。

第二步：构造判断矩阵。对同一层次的各因素关于上一层中某因素的重要性两两比较，构造判断矩阵。例如：某一层次的各因素（如 B_1，B_2，…，B_n）对上一层次中某一因素 A 的相对重要性，用两两比较法得到判断矩阵。

第三步：层次单排序及其一致性检验。

第四步：层次总排序及其组合一致性检验。

6.3.2.2　商业模式有效性评估——模糊综合批判决策

当评价问题涉及多个因素，并且多个因素又难以精确表示，具有模糊性时，需要对多种因素给出综合评判。模糊综合评判决策是对受多种因素影响的事物做出全面评价的一种十分有效的多因素决策方法，又称为模糊综合批判决策或模糊多元批判决策。

模糊综合批判决策具体步骤为：

（1）确定因素集（或指标集）：具体商业模式评价的 n 种因素（或指标）。

（2）确定评判集（或称评语集、评价集、决策集等）：诸因素（或指标）的 m 种评判所构成的评判总和。它们的元素个数和名称均可根据实际问题需要由人主观规定，由于各种因素所处的地位不同，作用也不一样，权重也不同，因而评判也就不同。由此，m 种评判构成了评判集。

（3）确定模糊评判矩阵：对 n 种因素分别进行 m 种评判，由此得到权重分配。

（4）综合评判：对个因素权重的综合分析。例如：人力资源中会将候选者的学历、工作经验、专业技能、敬业精神等看成是由多种因素组成的模糊集合（因素集），再设定这些因素所能选取的评审等级，组成评语的模糊集合（评判集），分别求出各单一因素对各个评审等级的归属程度（称为模糊矩阵），然后根据各个因素在评价目标中的权重分配，通过计算（模糊矩阵合成），求出评价的定量解值（综合批判）。

e3-value 评估法

荷兰学者 Gordijin 从价值观的角度出发，通过基于价值网络建模的可视化工具——e3-value 建模工具创建参考模型，清晰地描述企业价值创造和转移的过程并实现对商业模式的仿真运算，以数值体现企业商业模式的获利和有效性，从而帮助企业对当前商业模式进行有效评估。

e3-value 评估法是利用利润效用表进行的。首先是确认商业模式参与主体及其产生的价值行为；其次是对各价值目标进行评估，明确不同部分是如何产生价值或是消耗价值的；最后对评估结果进行汇总，分析优劣势并提出相应的愿景。

基于 e3-value 工具编制一种利润效用表，将模拟结果以一种直观形象的方式告诉企业管理者该商业模式方案运行的效果，这样借助商业模式模拟仿真工具的方法对商业模式实施评估使得整体评估结果更准确可信。

平衡记分卡

借鉴Kaplan & Norton所提出的平衡记分卡方法，Dubosson-Torbay、Osterwalder & Pigneur和李曼将其与商业模式评估结合提出了商业模式的平衡记分卡模型。他们提出可以从商业模式与战略目标吻合程度、商业模式的运营效率、产品与服务的客户价值及商业模式的财务价值创造4个方面建立商业模式的评价指标体系。

刘卫星、信伟认为传统的平衡记分卡强调企业内部与外部客户的平衡却没有包括其他主体，实际上商业模式中不仅包括企业和客户实际上的供应商、联盟伙伴、竞争者等利益相关者。基于此，他结合翁君奕所提出的介观商业模式和原磊提出的“3—4—8”商业模式分类方法提出了六维平衡记分卡模型用以评估商业模式。该评估体系包括伙伴层面、内部构造层面、客户层面、社会层面、成长与发展层面、财务层面6个层面的价值主张、价值网络、价值维护、价值实现4个价值单元。

使用平衡记分卡对商业模式进行评估，进一步实现了商业模式在各方面的“平衡”，包括短期指标和长期指标的平衡，而不至于为了眼前的利益忽略长远利益。财务指标与非财务指标的平衡是更加注重商业模式的整体能力的提升。内部指标与外部指标的平衡，滞后指标与前导指标的平衡实现了事前商业模式设计的合理性和事后商业模式的可获利性的统一。

商业模式是一个多主体参与的复杂系统，传统平衡记分卡强调企业内部与外部客户的平衡，而针对商业模式的平衡记分卡将企业的利益相关者同时列入评估范畴，针对不同层面对不同价值模块的作用设计评估指标体系，从而使得对整个商业模式的评估更全面。

雷达图示法

工程师和研发人员由于其自身的背景和关注点的缘故对商业模式并不熟悉，据此，Fumiaki Ishidal、Hiraku Sakume等在研究商业模式重构方法时制定了评估商业模式的5个维度，分别是环境、商业创意、技术、模型、收益能力。根据这5个评估要素进行细分，制定一个评估评价表并用雷达图表示评估的结果，以帮助对商业模式了解较少的工程师和研究人员对其有更好的直观认识。

他们提出了评估商业模式的五步法：(1) 商业概念：主要考察商业模式与企业使命、愿景是否匹配，是否能为企业带来与众不同的差异性与竞争优势；(2) 环境分析：分析宏观环境可以使用 PEST 分析法，中微观层面上的可以使用五力分析法；(3) 技术竞争力分析：关注企业技术创新是否具有领先性，其市场化之后为企业带来销售额的增长，以及技术研发的成本、模式化经由情境规划法评估时间和驱动力、竞争战略等对比不同态势的商业模式；(4) 盈利分析识别利润空间与收益方式，进一步分析利润来源与结构并实施财务模拟作业。

在明确 5 个步骤之后，Fumiaki Ishidal 等采用了雷达图这一可视工具对上述的评估结果进行总结，得出 5 个部分的平均得分，将其列入雷达图，以寻找最低得分，并且针对最低分所涉及的方面将其各个具体选项的得分用雷达图表示，就此发现商业模式重构的项目，最后需要将重构之后的商业模式与之前模式进行对比，以检验新的商业模式是否有效。

容器效应评估法

李东基于规则行为准则或惯例视角提出关于商业模式构成本质的新理论，将商业模式基本构件落脚为规则，使商业模式的基本内容具体化，再针对具体化的基本内容进行相应的评估，由此提出了容器效应评估法。

商业模式的容器是由收入板块、成本板块、定位板块、利益板块四大功能板块构成，这一方面决定了商业模式为企业带来的价值，另一方面决定了商业模式为顾客创造的利益。其中，收入板块和成本板块是从企业角度评估商业模式的；定位板块和利益板块则更为强调顾客的利益。可见企业自身的价值以及顾客所获得的利益共同决定了商业模式的有效性，即这两方面共同实现的空间便是商业模式评估的结果。

容器效应评估法具体的实施主要分为两个步骤：一是对规则的评价，主要评价规则所促进的新的顾客价值，以及规则所降低的不确定性；二是对商业模式与战略的匹配性进行评价，结合情景匹配状况将组合关系分为强匹配、强不匹配、弱匹配、弱不匹配四类，根据不同的评估结果组合，企业制定不同的策略用以提升企业绩效，促进企业发展。

6.3.2.3　商业模式创新

每个创业者都想为自己的企业设计一个独特、全新的商业模式来颠覆产业内现有的企业，但商业模式创新是一件非常困难的事情。实际上，很多企业都是在模仿并改进现有的商业模式的基础上获得巨大成功的，包括腾讯、百度。即便你已经设计了一个独特的商业模式，也会面临其他企业的快速模仿，并利用相似的商业模式与你开展竞争，因此在竞争中设计商业模式显得极为重要。

6.3.2.3.1 在模仿中设计商业模式

一般而言，模仿其他企业的商业模式的方法可以归纳为全盘复制和借鉴提升两类。

6.3.2.3.1.1 全盘复制

全盘复制商业模式的方法比较简单，即对优秀企业的商业模式进行直接复制，将较为优秀的商业模式全盘拿来为我所用，当然有时也需要为适合企业情况略加修正。全盘复制的方法主要适用于行业内的企业，特别是同属一个细分市场或拥有相同产品的企业，更包括直接竞争对手之间商业模式的互相复制。

电子商务领域的商业模式复制

在电子商务领域，亚马逊是最早做B2C商业模式的企业。这种模式具有独立的销售平台，具有成本低、容量大、长尾效益等优点，主要依靠销售商品及服务来盈利，解决了传统零售业面临的经营成本偏高、店面过度膨胀、零售利润下滑、经营品种受限等问题。由于亚马逊公司的主营业务在美国，对中国市场并未涉及，因此就给了中国企业复制并运用到中国市场的机会。当当网是国内最早复制模仿亚马逊商业模式的企业，目前保持国内B2C的领先地位。在当当网之后，卓越网则基本复制了亚马逊和当当网的商业模式，现在取得了中国B2C市场第二的地位。等亚马逊想进入中国市场时，发现中国B2C市场已经被当当网和卓越网垄断，以至于亚马逊为了进入中国市场只能直接并购了卓越网。在中国网络游戏市场，各主要竞争对手之间的商业模式也是互相复制的，盛大将网络游戏的商业模式改为免费玩，各主要竞争对手就跟着复制。

全盘复制优秀企业的商业模式有两个注意点：一是需要快速捕捉到商业模式的信息，谁先复制谁可能就具备先发优势；二是要进行细节调整，复制不等于生搬硬套，需要针对细分市场或企业情况进行适应性调整。

6.3.2.3.1.2 借鉴提升

(1) 引用创新点。通过学习和研究优秀商业模式，对商业模式中的核心内容或创新概念给予适当提炼和节选，通过对这些创新点的学习，比照本企业的相关内容，寻找本企业商业模式与这些创新点的不足。如果这些创新点能够比本企业现阶段商业模式中的相关内容更符合企业发展的需要，企业就应结合实际需要将这些创新概念在本企业中引用并发挥价值。引用创新点，学习优秀商业模式的方法适用范围最广，不同行业、不同竞争定位的企业都适用。

百度商业模式的变化

百度初始的商业模式是通过给门户网站提供搜索技术获取服务费用，当发现给门户网站提供技术服务难以有较大发展的时候，百度对自己的商业模式进行了修正，通过出售应用软件与服务获得经济回报，这个商业模式帮助百度度过了艰难的创业期。但是这个商业模式目标人群较小，是对自我技术的出售，不可能做大主营业务和持续发展，百度需要找到能够快速发展和做大的商业模式。2011 年百度才确定了现在的商业模式——基于竞价排名的网络推广方式，而这个创新是百度通过借鉴 Overture 公司的竞价排名得来的。百度将竞价排名作为自己的主要盈利模式，最终通过引用国外商业模式的创新点而使自己成功上市。

以拓展延伸的思维开发新市场

互联网产业开始时只有获取信息的功能，门户网站当时就满足了大众对于信息获取的需要，互联网后来又延伸出人际沟通、休闲娱乐、电子商务等几大类其他市场。如果在门户网站盛行之时，将门户网站较为成熟的商业模式复制到其他几大类市场，就有可能构筑先发优势，也可避免 2000 年门户网站的寒冬，这就是马云那时做阿里巴巴的高明之处。当然，拓展延伸的思路还可以在互联网行业几大类市场内不断细化，如电子商务在后来又细分为 B2B、B2C、C2C、行业电子商务等市场，如果我们在首先出现 B2B 的商业模式后，就通过拓展延伸的思维优先进入 B2C、C2C 等其他细分市场，同样能够取得更为明显的先发优势。当时只需将 B2B 的商业模式的主体框架略加调整，就极有可能获得成功，这就是淘宝网没有进入 B2B 市场和阿里巴巴直接进行竞争的高明之处，而是优先进入 B2C 市场，阿里巴巴想进入 B2C 市场时，也只能收购淘宝网。在传统行业，如产品日益趋同的饮料市场，各企业之间的商业模式基本一致，此时更看重商业模式在细分市场的复制。汇源首先开发了高浓度的果汁，统一则延伸开发了低浓度的果汁，农夫山泉依据品牌的高端定位开发了高端果汁，而康师傅则专注于低价全系列低浓度果汁，业绩证明果汁市场的拓展延伸思路均取得了较好的效果。

拓展延伸具体实施时有两个难点：一是对细分市场的寻找和分析，如何能够找到尚未开发的细分市场；二是原则上进入同一市场内部不同细分市场的商业模式无须做较大的调整，但是如何依据细分市场特点做针对性调整和优化则是关键。

（2）逆向思维。通过对行业领导者商业模式或行业内主流商业模式的研究学习，模仿者有意识实施反向学习，即市场领导者商业模式或行业内主流商业模式如何做，模仿者则反向设计商业模式，直接切割对市场领导者或行业内主流商业模式不满意的市场份额，并为其打造相匹配的商业模式。

以互联网行业的逆向思维打造商业模式为例。互联网行业领导者——微软公司的商业模式比较传统，主要是卖软件、产品以及许可证的传统商业模式，通过提供产品和技术赚钱。微软的主要竞争对手依据逆向思维的办法制定相反的商业模式，并借此打击微软的垄断定位，例如谷歌等有实力的企业已经开始尝试在软件业实施开源软件，即消费者不再掏钱购买软件，为消费者免费享受软件打造另一种商业模式。以谷歌为代表的企业已经开始付出行动，并且在商业软件领域已经取得进展。与此相类似的是中国360杀毒软件也采用了开源模式，消费者可以免费使用杀毒产品，而360的商业模式转向为顾客提供增值的个性化服务。

采取逆向思维的方式学习商业模式时有3个关键点：一是找到行业领导者或行业主流商业模式的核心点，并据此制定逆向商业模式；二是企业在选择逆向制定商业模式时不能简单追求反向，需确保能够为消费者提供更高的价值，并能够塑造新的商业模式；三是防范行业领导者的报复行动，评估领导者可能的反制举措，并制定相应的措施。

6.3.2.3.2 在竞争中设计商业模式

当企业采取不同的商业模式进行竞争时，结果往往很难预料。如果在孤立的情况下分析，某个商业模式或许会显得优于其他商业模式，但是当把互动和协同影响考虑在内时，它创造的价值反而又不如其他商业模式。

企业通过商业模式开展竞争的方式有3种：

6.3.2.3.2.1 强化自身的良性循环

企业可以通过调整商业模式来打造新的关键要素之间的良性循环，从而让自己更有效地与对手展开竞争。这些循环常常会强化商业模式中的其他循环。

案例 6－9

空中客车的商业模式

空中客车的商业模式起先一直处于下风，因为波音公司可以把波音 747 创造的利润进行再投资，而波音 747 在超大型商用客机领域长期占据垄断地位。2007 年，空客公司研发出空客 380，在超大型商用客机市场挑战了波音 747 的垄断地位，不仅帮助空客公司维持了在小型和中型飞机领域的良性循环，而且对波音公司的良性循环形成了有效遏制，改变了自己相对波音的长期劣势。

资料来源：http://www.docin.com/p-1563361504.html.

6.3.2.3.2.2　削弱竞争对手的良性循环

一项新技术或新产品能否颠覆行业规则不仅取决于该技术的内在优势，也取决于它与竞争对手之间的互动。例如：从理论上说，Linux 的价值创造潜力或许比 Windows 更大，但是微软利用与代工生产商的合作关系，在个人台式机和手提电脑上预装了 Windows 操作系统，从而阻止了 Linux 拓展顾客基础，成功地遏制了 Linux 的关键良性循环。

6.3.2.3.2.3　变竞争为互补

拥有不同商业模式的竞争对手也可以成为价值创造的合作伙伴。比如：英国在线博彩交易平台——必发交易所创新了博彩方式，允许彩民匿名相互下注，由此与传统博彩公司展开了较量。但由于必发公司从整体上调整了赔率，让玩家得以少输一些钱。这样，玩家会更多地下注，从而形成一个良性循环。这极大地拓展了英国的博彩市场，竞争对手也渐渐地包容它的存在了。

6.3.2.3.3　在试错中调整商业模式

商业模式设计通常意味着基于现实对各构成要素及其子要素进行分析和检验，需要对企业所依赖的关键性假设提出一些“如果……会怎么样”的问题。一旦企业开始运作，其商业模式中隐含的那些既与需求有关，又与经济效益有关的种种假设，都要在市场上不断经受检验。

商业模式的成功往往有赖于创业者是否有能力在模式实施中对其进行调整，甚或进行全面改革。如果创业者有意识地遵循能促进整个企业系统顺利运作的模式来工作，那么每一项决策、每个举措以及每一次测评都会提供有价值的反馈。利润的重要性不仅在于其本身，还在于能证明商业模式是否行得通。如果没有达到预期目标，就应该重新检验商业模式。

从某种意义上说，商业模式创造过程无非是科学方法在管理上的应用——从一个假设开始，在实施过程中检验，并在必要时加以修订。商业模式行不通，或者是因为没有通过数字检验（如损益与预期不符），或者是因为没有通过叙述检验（如故事没有意义，或者说不符合经济逻辑，业务本身不能为顾客创造价值）。因此，商业模式设计框架并不是让你写下一个无敌的商业模式，它的用途是帮助你追踪目前为止的所有“创业假设”。

永无止境的尝试

你认为18～30岁的年轻宠物主（目标顾客）应该会喜欢购买宠物衣服打扮自己的宠物（价值主张），接着你开始试着执行这样的计划，在最低成本的状态下想办法验证这些假设。如果事实证明年轻宠物主的确喜欢购买漂亮的宠物衣服精心装扮自己的宠物，你就可以接着尝试不同的销售渠道、不同的顾客关系等。如果发现他们不喜欢，那你就要改变目标顾客，或是改变价值主张——60岁以上的年龄大的宠物主呢？每尝试一次，你就得到更多关于市场的信息，然后回来调整你的商业模式，这样一直不断地循环下去，永远没有停下来的一天。

因此，重点不是在会议室里头脑风暴，“想”出最棒的商业模式，重点是在真实的世界中不断地试验，然后不断试出符合市场现实的商业模式，如此无止境地追寻下去。

其实，商业模式就是一个企业如何赚钱的故事。与所有经典故事一样，商业模式的有效设计和运行需要人物、场景、动机、地点和情节。为了使商业模式的情节令人信服，人物必须被准确安排，人物的动机必须清晰，最重要的是情节必须充分展示新产品或服务是如何为顾客带来价值和利益的，同时是如何为企业创造利润的。

需要注意的是，商业模式并不是企业的全部，商业模式描述的是企业的各个部分怎样组合在一起构成一个系统。但是，商业模式没有把影响业绩的一个重要因素——“竞争”纳入考虑。每一家企业都会遇到竞争对手，这只是早晚的问题（经常是早遇到），而应对竞争则是“战略”的任务。竞争战略说明的是，如何比竞争对手做得更好。战略的全部内容就是如何通过与众不同来做得更好。因此，创业者不能认为有了商业模式就万事大吉，它充其量只是创业成功的一部分而已。

知识链接

商业模式与管理模式

商业模式是企业的基础结构，类似于一艘战舰的构造。不同种类战舰的发动机、船舱、夹板、炮塔、导弹等的结构和配置不同，在舰队中的位置和功能也不同，而管理模式类似于驾驶战舰的舰队官兵。舰队的最高长官，既需要组织分配好官兵的工作，制定出相应的管理控制流程，并建立官兵的选拔、培养和激励制度，也需要有能够凝聚舰队战斗力的舰队文化。只有先确定好了整个舰队的配置，构造好每一艘战舰，才能确定需要招募什么样的官兵以及如何提高官兵的战斗力。从这个角度上说，商业模式设计必须先于管理模式设计，商业模式重构的重要性也必然凌驾于战略、组织结构、人力资源等的转型之上。

本章小结

本章主要讲述了创业过程中一个很重要的知识点——商业模式，分别从以下 3 个方面对商业模式进行介绍，首先是商业模式概述，其次是商业模式画布，最后讲述了商业模式的评估与创新。

商业模式概述介绍了商业模式的内涵，从其涉及的基本问题开始，对比不同的人对商业模式的定义，引出商业模式的逻辑。商业模式画布主要讲述了其设计框架、设计的一般过程。在对商业模式评估与创新方面，首先介绍了商业模式的评估的 4 种方法，让读者可以选择性地挑选适合的方法；其次介绍了商业模式创新的 3 种模式，给读者带来了参考的意义。

核心概念

商业模式、商业模式画布、关键业务、顾客关系、核心资源、渠道通路、成本结构、商业模式创新

实训操作

一、实训目的

通过对本专业企业的商业模式分析，了解商业模式的概念，锻炼学生收集资料的能力、分析能力及口头表达能力。

二、实训内容

以小组为单位，通过网络搜索本专业企业的商业模式，并对商业模式进行分析，最后得出结论。

三、实训组织与实施

（1）老师布置实训项目及任务，并提示相关注意事项及要点。

（2）按照班级人数进行合理分组，并选派一名组长。

（3）每组推荐解说员上台以 PPT 的形式讲解本组的结论。

（4）老师进行点评。

拓展游戏

坚固的报纸大圆环

1. 游戏类型

团队协作竞技类型。

2. 道具要求

报纸、胶带。

3. 场地要求

一片空旷的大场地。

4. 游戏时间

10 分钟左右。

5. 游戏规则

12～15 人一组，利用报纸和胶带制作一个可以容纳全体团队成员的封闭大圆环，将圆环立起来，全队成员站到圆环里，边走边滚动大圆环，保证圆环不损坏，并以最快的时间到达终点。

6. 游戏目的

本游戏主要培养学生团结一致、密切协作、克服困难的团队精神；培养学生的计划、组织、协调能力；培养学生服从指挥、一丝不苟的工作态度；增强队员间的相互信任和理解。

思考练习

1. 商业模式所要解决的核心问题是什么？
2. 商业模式的逻辑性是什么？
3. 商业模式的关键构成要素是什么？
4. 商业模式的要素如何配置为一个系统？
5. 如何通过模仿设计商业模式？
6. 如何通过竞争设计商业模式？
7. 如何在试错的过程中调整商业模式？
8. 如何理解商业模式与管理模式？
9. 读完本章，你认为企业有了好的商业模式就可以成功吗？

第 7 章　创业企业经营管理

【学习目标】

(1) 了解企业生命周期的含义和内容。

(2) 熟悉企业生命周期的创业期、成长期、成熟期和成熟期后期的基本特征。

(3) 了解企业运营管理的理论和目的。

(4) 掌握企业运营管理的模式。

(5) 熟悉产品与服务创新的组合模式。

7.1　企业生命周期

案例引入

企业大学

企业大学的建设与运营已经成为大型企业的普遍实践活动。企业大学的设计通常以建设规划或方案的形式出现，在更多情况下是以经验与标杆学习为引导的。

在企业大学设计中，战略定位始终具有核心地位，它是企业对于企业大学价值的体现，也是企业建设与运行企业大学目的性的体现。但是，战略定位设计在企业大学设计与建设实际中往往被忽视，主要表现在三方面。

一是过于关注具体功能与手段，到头来常常发现手段与形式越来越多，离企业战略却越来越远，企业大学或培训中心越折腾，在企业的地位越低。

二是企业大学规划或方案中仅用一段高度概括的语言表达企业大学的战略定位，既不能表达企业的真实价值诉求，也充满歧义，与企业业务功能直接关联度不强，战略定位与业务功能两张皮。

三是忽视了企业大学战略定位的复杂性和困难性。这种困难性主要来源于难以参透领导的真实意图，而且企业不同部门间、同一部门中不同层级的价值冲突十分常见。

因此，企业大学战略定位不仅需要设计，而且需要通过合理规划设计的内容与程序，使得各级、各方面利益相关者的真实意见得以充分展现，并对冲突进行协调。只有这样，战略定位才有意义，在其基础上确定的企业大学的业务功能才能得到各方面的支持，获得所需要的资源，同时必须用适当的表述方式，使企业大学的战略定位没有歧义性，并且易于理解，能够真正作为下一步企业大学业务功能设计的依据。

资料来源：https://baike.baidu.com/item/%E4%BC%81%E4%B8%9A%E5%A4%A7%E5%AD%A6/3014491?fr=aladdin.

【思考与讨论】

1. 企业大学在战略定位上为什么会有缺失？
2. 简单地为企业大学做一个战略定位的设计。

7.1.1　企业生命周期的含义

按照企业规模的大小、营业额的增长速度、企业家的管理风格以及企业规章制度的健全程度 4 个变量，将企业生命周期划分为 4 个阶段：创业期、成长期、成熟期和成熟期后期（如图 7－1），每一个阶段都有其划分依据（如表 7－1）。

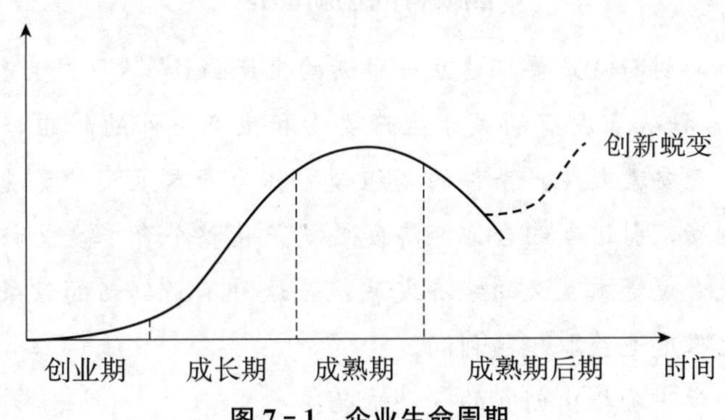

图 7－1　企业生命周期

表 7－1　企业生命周期各阶段的划分依据

阶段 衡量指标	创业期	成长期	成熟期	成熟期后期
企业规模	小	迅速增大	大	大
营业额的增长	增长缓慢，甚至亏损	大幅度增长	增长趋缓，达到一个无增长的稳定水平	迅速减少
所有者的管理风格	所有者拥有全部决策权	所有者开始授权，对企业的控制逐渐减小	企业由独立的经理人运营，所有者很少介入管理	所有者不介入管理

续表

阶段 衡量指标	创业期	成长期	成熟期	成熟期后期
制度化管理	大多凭经验和感情，缺乏制度	逐渐建立和完善规章制度	全面的制度化管理	官僚的制度化管理

但并不是每一个企业的发展轨迹都如图 7-1 所示，许多企业可能在进入稳定期后会蜕变而重新进入成长期，而有些企业可能在稳定期所停留的时间非常长，还有些企业可能在成长期出现未老先衰的现象而提前退出市场，这个四阶段的企业生命周期模型只是表明了企业发展阶段的一般情形。

企业发生蜕变不仅是成熟期之后的一个时期和阶段，还有可能存在于企业的整个生命周期之中。也就是说，企业的蜕变并不一定发生在成熟期后期，在企业的创业期、成长期、成熟期等都有可能发生蜕变。而且在特定的条件下，企业在其他的时期发生蜕变的可能性更大，对企业的成长和再生更加有利，更具有意义。

熊彼特的创新理论

熊彼特认为，创新就是要“建立一种新的生产函数”，即“生产要素的重新组合”，就是要把一种从来没有的关于生产要素和生产条件的新组合引进生产体系中，以实现对生产要素或生产条件的新组合。作为资本主义“灵魂”的企业家的职能就是实现创新，引进新组合；经济发展就是指整个资本主义社会不断地实现这种新组合，或者说资本主义的经济发展就是这种不断创新的结果；而这种新组合的目的是最大限度地获取超额利润。

熊彼特进一步明确指出创新的 5 种情况：

（1）采用一种新的产品——也就是消费者还不熟悉的产品或某种产品的一种新的品质。

（2）采用一种新的生产方法，也就是相关制造部门在实践中尚未知悉的生产方法。

（3）开辟一个新的销售市场，也就是相关国家的相关制造部门以前不曾进入的市场。

（4）获得原材料或半制成品的一种新的供应来源。

（5）实现一种新的组织，如造成一种垄断地位，或打破一种垄断地位。

熊彼特的创新理论主要有以下几个基本观点：

第一，创新是生产过程中内生的。尽管投入的资本和劳动力数量的变化能够导致经济生活的变化，但这并不是唯一的经济变化；还有另一种经济变化，它是从体系内部发生的。

第二，创新是一种"革命性"的变化。熊彼特曾做过这样一个形象的比喻：你不管把多大数量的驿路马车或邮车连续相加，也绝不能得到一条铁路。这就充分强调了创新的突发性和间断性的特点，主张对经济发展进行动态性分析研究。

第三，创新同时意味着毁灭。在竞争性的经济生活中，新组合意味着对旧组织通过竞争而加以消灭，尽管消灭的方式不同。如在完全竞争状态下的创新和毁灭往往发生在两个不同的经济实体之间；而随着经济的发展和经济实体的扩大，创新更多地转化为一种经济实体内部的自我更新。

第四，创新必须能够创造出新的价值。熊彼特认为，先有发明，后有创新；发明是新工具或新方法的发现，而创新是新工具或新方法的应用。

第五，创新是经济发展的本质规定。熊彼特认为，可以把经济区分为"增长"与"发展"两种情况。经济增长如果是由人口和资本的增长所导致的，并不能称作发展。"我们所说的发展，可以定义为执行新的组合。"这就是说，发展是经济循环流转过程的中断，也就是实现了创新，创新是发展的本质规定。

第六，创新的主体是"企业家"。熊彼特把"新组合"的实现称之为"企业"，那么以实现这种"新组合"为职业的人们便是"企业家"。

7.1.2　企业生命周期的内容

企业的生命周期经过创业期、成长期、成熟期和成熟期后期，在此基础上，企业在每一个阶段的特征以及常出现的问题如图7-2所示。

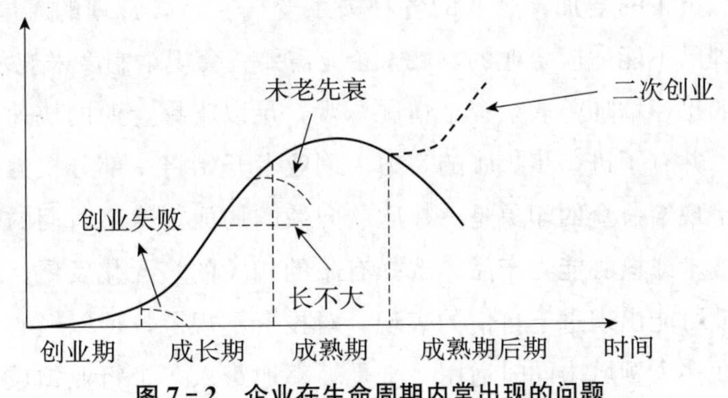

图7-2　企业在生命周期内常出现的问题

7.1.2.1 创业期

我国的企业发展初期大多是白手起家，起步水平比较低，因此创业期大都是中小型企业。企业的资源投入少、规模小、员工数量少，而且在经营、管理、技术等方面的专业知识都很缺乏，各种契约关系和资源组合也很简单。这一时期，企业员工很多与创业者有着某种社会关系，企业用人也多在创业者周围的圈子里寻找。企业的资产少，业务简单且具有很强的试探性，年营业额低，增长缓慢，甚至亏损。企业缺乏规章制度，创业者往往在经营管理上唱“独角戏”，多数是靠创业者个人的经验经营企业，几乎对所有的问题拥有决策权。

创业期的企业存在的最大问题是资金不足。因为企业的启动资金少，所以募集资金也比较困难。这时企业主会想方设法寻找资金来源，以保证及时投入企业所需要的各种资源。由于资金不足，企业也可能采取降价出售产品的方法。创业期企业的工作重点是围绕市场需求进行市场调研、目标市场选择及分析、技术平台选择、产品定位等，这些工作完成的好坏都直接关系到企业的生存，如果出现任何差错，都可能直接使企业进入衰退期。

此外，若企业在创业期的时间拖得过久，创业者开始逐渐失去对企业的控制，企业也就要夭折了。但是，如果创业期企业的产品适销对路，打开了市场，销售收入开始迅速增加，这时，企业不再为资金不足问题而烦恼，企业的经营活动达到了某种稳定程度，企业资源投入急剧增加，迅速扩大生产能力，规模不断扩大，于是企业完成了创业期的使命而进入成长期。

7.1.2.2 成长期

进入成长期，企业快速成长，营业额上升飞快，企业迅速拥有了足够的资金和周转实力，也具备了一定的融资能力，企业规模急速扩张，员工数量增加。

随着资产、员工的增加，企业的各种关系变得复杂，管理的难度也相应增加，此时家族式管理已不能适应企业的发展，企业需要一套规章制度来规范企业的管理。随着营业收入的迅速增加，剩余资金情况乐观，足以支撑企业的快速发展，外部融资也变得顺畅，并有了进一步扩张的实力。创业者开始将一部分权力授予高层管理者，整个企业呈现给公众的印象是一片欣欣向荣的局面。这个时期的企业家要立足于自己的核心技术或核心能力产品，选择有限的相关的多元化发展。但是，很多企业家在这一时期可能出现过于自信的表现，对投资不规范，掉以轻心，以为过去的成功经验可以在多个领域中同时适用，于是轻率地跨入多个行业领域，甚至是并不熟悉的非相关行业，从而掉入多元化陷阱中。

此外，成长期的企业家遇到的另一个重要问题是：怎样使用企业管理人员。企业家要主动扩大决策参与人数，敢于放权，由独断决策转向民主决策，必要时引入职业管理人员，帮助企业进行科学管理。但是，许多企业家紧抓企业不放，自己独断决策，造成了考虑问题不周到，甚至决策失误，使企业蒙受损失，同时也挫伤了员工的积极性，使得企业发展缓慢。企业家这种经营思维造成了企业“长不大”的现象。另外一种现象是，当企业顺利进入成长期后，部分企业家“小富即安”，满足于老产品、老经验、老管理，“不求有功但求无过”，排挤不满足于现状、敢于创新的人才。因此，成长期企业很容易流失开拓型人才，进而失去活力，企业出现病态现象——未老先衰。

7.1.2.3　成熟期

进入成熟期，中小企业的主要业务已经稳定下来，形成了比较成熟的管理模式，包括管理制度、管理方法。这时期的中小企业已经很大程度上摆脱了中小企业原有的特色，现代化企业管理取代了原有的家族式管理，企业产权也不再集中在家族内部，开始向家族外部分散，有的甚至成功上市。从规模上看，成熟期中小企业不管是员工数量、企业营业收入，还是企业资产，数目都比较可观，代表企业发展到了一个很高的层次。成熟期的中小企业不再抱怨资金短缺，因为良好的企业控制和预算，以及外部通畅的融资渠道基本能解决相关问题。

处于成熟期的企业，其发展速度显然不如成长期高，并且越来越慢，逐渐达到一个无增长的水平。创业期的艰苦奋斗，成长期的勇往直前，是企业家特有的品质。然而，在环境相对舒适的成熟期里，企业的各项规章制度已经很健全，各级人员只要按规定办事就行，企业家容易丧失那些特有的品质，开始变得保守起来。

成熟期企业家的工作重点是企业文化，目的是通过企业文化的塑造，提高顾客的满意度，为顾客创造区别于竞争对手的价值，进而使顾客保持忠诚，维持及提高公司产品的市场份额。在组织方面，最重要的是打破部门之间的隔墙，建立跨部门的团队，倡导以顾客为中心。成熟期是企业生命周期中的理想阶段，但成熟期往往过于短暂。企业很难应付因市场竞争的加剧、制度的过于完善而导致的官僚主义，如不能及时应变，容易导致业务萎缩，销售额下降，从而进入成熟期后期。

7.1.2.4　成熟期后期

处于成熟期后期的企业，发展缓慢，甚至会出现滑坡。进入成熟期后期，企业内部问题层出不穷，营业收入快速滑坡，员工懒散、责任心不强，企业内部只顾争权夺利，制度繁多却行之无效。企业员工在问题面前袖手旁观，问题的复杂性使得企业家失去头绪，无法着手解决。

企业一进入成熟期后期就会逐渐地衰退甚至死亡，这是因为在完全按市场规则行事的环境下，不适应市场发展要求的企业很快就会被淘汰出局。然而，国有企业的情况就有所不同，即使企业已经失去生命力，但政府部门不同意企业死亡，该企业生命周期照样会延续下去，只是这种做法的代价十分高昂。

成熟期后期企业的生命还是有延长的可能性的。只要企业进行蜕变，成功地转换产品，灵活地转换企业形态，准确地选择新的产业领域，就可能重获新生。企业的这种蜕变是必须通过创新来完成的，在成熟期发现企业开始下滑或上升缓慢时，应及时考虑创新蜕变。

案例 7-1

海康威视的成长

海康威视成立于2001年，公司以研发为核心，在经历了15年的发展后，逐步形成图像基础算法核心技术以及大数据、云存储、云计算、深度学习、双目识别等技术，提供视频采集、传输、存储控制、报警管理软件等产品，并针对社会众多细分行业提供专业的细分产品与智能可视化管理解决方案，同时开拓互联网电子、机器人、汽车电子等领域业务。

海康威视也是视频监控从数字化、网络化、高清化，再到智能化的见证者和推动者。面向全球提供视频相关产品和行业解决方案，并在此基础上基于可视化管理提供视频内容服务和视频相关的扩展业务。

截至2016年底，海康威视在中国各省市的35个城市设立分公司，全国地市共250余家售后服务站。在海外设立25家子公司，包括荷兰、美国、加拿大、南非、印度、阿联酋、巴西、俄罗斯、新加坡、意大利、澳大利亚、法国、西班牙、波兰、英国、韩国等国家和地区。海康威视的产品和解决方案已成功地应用在100多个国家和地区，在北京奥运会、上海世博会、60年国庆大阅兵以及美国费城平安社区、韩国首尔平安城市、巴西世界杯场馆等重大安保项目中发挥了极其重要的作用。

公司的主要产品已通过美国UL、美国FCC、欧盟CE、中国CCC、澳大利亚C-tick、RoHS、WEEE环保、军用安全认证，在为客户提供绿色解决方案的同时，减少全球温室气体排放，履行社会责任担当。

持续快速发展的海康威视，获得行业内外的普遍认可，连年入选“国家重点软件企业”“中国软件收入前百家企业”“中国安防十大民族品牌”等。

2016 年，海康威视超越西方老牌企业 Honeywell，以全球安防排名第一的身份入选 A&S《安全自动化》榜首；在此之前已经连续五年（2011—2015）蝉联 HIS（独立调研机构）全球视频监控第一位（根据视频监控行业全球销售排名）。

资料来源：赵晔．海康威视企业成长的案例分析［D］．浙江工业大学，2017.

7.2　运营管理

案例引入

宜家公司

宜家公司是一个颇有个性的家具零售商。凭着全球 15 个国家和地区的近 100 个巨型家具商场，它已经发展出了一套销售家具的独特方法。顾客在宜家的商场中停留的时间在半个小时到两个小时之间，远高于在竞争对手那里逗留的时间，这要归功于宜家全球统一的商场管理理念。这种商场管理理念可以追溯到 20 世纪 50 年代中期它的创始人——英格瓦尔·坎普拉德在瑞典南部开办第一家家具店的时期。那时，坎普拉德先生采用以产品目录为主的运作方式，生意非常红火，但是顾客希望能够实地看到他的部分家具。于是他在斯德哥尔摩建起了一家展示厅。他并没有选择市中心那些身价不菲的地段，而是将其设在了市郊地带。他没有购买昂贵的展台，而是按着家居布置的格局将各种家具简单地陈列出来。同样，他一改传统地将家具从仓库运到展示厅的做法，而是请顾客自己从仓库挑选喜欢的家具。正是这种与传统理念几乎背道而驰的运作方法，奠定了今天宜家公司商场经营理念的基础。

宜家公司不仅家具品种繁多，而且始终坚持做到“物超所值”。这些家具的设计方法很特殊：不仅可以以“平板箱包”的形式储存和销售，而且用户自己就可以很轻松地将它们组装起来。同样，宜家公司的家具商场也是围绕着“自助服务”的理念来设计的，从寻找商场、停车、厂内浏览到订货、挑选的整个过程都力争做到“简洁、流畅和顺利”。每家商场的入口处都设有大型的标志牌，不仅宣扬宜家的理念，还为那些从未来过宜家的顾客提供建议。在这里，你还可以获得产品目录，上面有宜家产品的品种介绍、图片展示和效果图等。为了方便那些带小孩的顾客，公司设有一个专人看管的儿童游乐区、一个小型电影院、一个母婴室和专用卫生间。这样，爸爸妈妈们就可以将自己的孩子放在游乐区，然后离开一段时间。游乐区为每个孩子配备了印有数字的帽子。如果孩子有什么问题，工作人员会通过扬声器通知他的父母。此外，父母还可以领取一个婴儿车，这样就可以一直和自己的宝宝在一起了。

为了方便顾客进行比较，宜家公司在展示厅中特意划分出一些名为“家居背景”的展区，而在其他展区中集中展示某类产品，如床。宜家的理念是不要打扰顾客，让他们自己在合适的时候拿定主意。如果顾客确实需要帮助的话，展示厅内各处咨询点身着鲜红色服装的工作人员可以担任导购，提供测量尺寸、绘制草图等方面的帮助。同时，每件家具都带有一个标签，上面注明了尺寸大小、价格、所使用的材料、原产地以及同一款式的其他颜色等产品信息。每年家具上还有一个编号，顾客可以凭号码在库房中找到并把它组装起来。大件家具上的标签还会提醒顾客到咨询台获取帮助。逛完展示厅后，顾客就进入了“免费服务区”。在这里，小件家具直接摆放在货架上。顾客可以直接从陈列架上将它们取下，放在自己的提袋或推车中。接下来顾客要经过的就是半自助式仓库。他们可以挑选那些在展示厅里看中了的产品，然后将购买的大小物件放在一个倾斜的传送带上交给收银台的工作人员办理结账手续。出口处备有咨询台和服务点，通常还有一个专门出售各种瑞典风味食品的小商店。宜家公司还设置了一个大型的装载箱，顾客可以将自己的车开到这里，把购买的家具装上去。此外，他们还可以在这里买到或租到车顶行李架。

资料来源：https://www.docin.com/p-2115573978.html.

【思考与讨论】

1. 宜家的运作系统在设计上与其他大多数的家具零售运作系统有哪些不同之处？

2. 宜家公司这样的运作系统在实际运营过程中容易出现哪些问题？

3. 在宜家公司的案例中，你认为哪些属于“运作职能”？它们与“职能”有何不同？

7.2.1 运营管理的理论

7.2.1.1 运营管理的概念

作为转化过程的运营是指将资源输入转化为产品或服务输出的过程。运营指的是活动本身而不是活动发生的部门，是人们完成的实际工作以及人们之间的联系。企业不论大小都存在许多转化过程，每个转化过程都为特定的顾客提供产品和服务。接受输出的顾客可以是内部顾客员工，也可以是外部顾客。运营发生在组织中的各个阶段，在生产一线、办公室、部门中，只要有输入、输出的转化就有运营发生。

运营管理是一门研究企业如何生产产品和提供服务的学科。它是由生产管理学发展变化而来的实践性很强的学科。

7.2.1.2　运营管理的基本内容

运营管理架构三要素是运营战略、流程和价值链、人员。运营战略是解决为什么做、为什么这样做而不那样做的问题。流程解决怎么做的问题，是从执行的角度把个人或组织确定的目标执行到位。企业价值链是一个企业流程的累积作用，流程中的每一个活动应该在前面活动的基础上增加价值。价值链强调了流程与业务绩效之间的相互关联。人员是解决由谁做的问题，并进行有效支持运营的人力资源管理。

运营管理的基本模式是“输入→转化→输出”。其中，转化的基本内容是“设计、计划和控制、改进”循环往复的过程。输入被转化的资源包括物料、顾客、信息、员工；输出的是为顾客提供的产品和服务以及代表这些产品和服务的质量、成本、时间。

运营管理设计是指运营系统投入使用之前的设计过程，其主要包括产品和服务的设计、产品和服务的流程设计等。从企业的角度讲，流程设计是对为顾客提供产品和服务的整个运营网络的设计。从具体的业务上讲，流程设计是对企业的设施、人员、技术等资源的物理形态进行安排。

计划和控制是对企业的设施、人员、技术等资源的日常使用进行管理。计划和控制的目的就是确保系统高效运转从而生产出顾客所需要的产品和服务。运营管理的计划和控制包括生产能力的计划和控制、库存的计划和控制、供应链的计划和控制、企业资源计划、精益化运营和准时制、项目的计划和控制、质量的计划和控制。

运营的改进包括企业的绩效目标评价体系、运营改进的技术与方法、运营系统的故障预防与系统恢复、管理改进。

7.2.1.3　流程的概念和内容

企业管理中必不可少地用到流程。流程就是一系列活动的转化过程，这一过程接受各种投入要素，包括信息、资金、人员、技术等，最后通过流程产生客户所期望的结果，包括产品、服务或某种决策结果。

企业的运营本身就是一个流程。流程对于企业的意义不仅在于对企业核心和辅助业务的一种描述，更在于对企业的运营有着指导意义，这种意义体现在对资源的优化、对企业组织机构的优化以及对管理制度的一系列改变。这种优化的目的实际也是企业所追求的目标，提高对市场需求变化的响应速度和质量，为顾客实现更大的价值，提高运营效率，降低运营成本，争取企业利益的最大化。

流程有六要素：资源、过程、过程中的相互作用（即结构和顺序）、结果、对象和价值。流程是从执行的角度把个人或组织确定的目标执行到位，而不考虑或者改变组织的决策，在决策确立之后，流程要解决的就是如何快速实现决策的目标，而不是改变决策的目标。提高流程的效率就是提高决策的执行力。

7.2.1.4 企业流程管理的概念和内容

企业流程管理就是从公司战略出发、从满足客户需求出发、从业务出发，进行流程规划与建设，建立流程组织机构，明确流程管理责任，监控与评审流程运行绩效，适时进行流程变革。

企业流程管理的目的在于使流程能够适应行业经营环境，能够体现先进、实用的管理思想，能够借鉴标杆企业的做法，能够有效融入公司战略要素，能够引入跨部门的协调机制，使公司降低成本、缩减时间、提高质量、方便客户，提升综合竞争力。

7.2.1.5 价值链的概念和内容

价值链的概念是由美国哈佛商学院的迈克尔·波特（Michael E. Porter）于1985年在其所著的《竞争优势》一书中首先提出的。“每一个企业都是用来进行设计、生产、营销、交货等过程及对产品起辅助作用的各种相互分离的活动的集合。”任何企业的价值链都是由一系列相互联系的创造价值的活动构成，这些活动分布于从供应商的原材料获取到最终产品消费时的服务之间的每一个环节，这些环节相互关联并相互影响。企业的价值链也是动态变化的，它反映了企业的历史、战略，以及实施战略的方式。价值链主要包括企业内部价值链、竞争对手价值链和行业价值链三部分。

7.2.2 运营管理的目的

7.2.2.1 控制成本

对于任意一款产品或者服务，客户关注的重点一般都反映在价格上，价格低的产品往往更能吸引客户注意；企业通过现代运营管理方式能提高生产率，减少不必要的开支，降低生产成本。

成本优势是企业可能拥有的两种竞争优势之一。成本优势对于差异化战略也是极其重要的，因为任何经营差异化的企业必须保持与其竞争者近似的成本。除非由此得到的溢价超过差异化的成本，否则差异化的经营者就不能取得出色的业绩——管理者们都认识到成本的重要性，许多战略计划都把“成本领先”或“成本削减”作为主要目标。而运营管理则可以通过系统设计，降低或者控制成本吸引消费者注意，增强公司基本竞争力。

7.2.2.2　提升两个要素

一是订单赢得要素，是指企业产品或服务区别于其他企业的产品或服务。顾客愿意付钱购买其提供的商品或服务，从而赢得消费者，赢得市场订单。二是订单资格要素，是指允许一家企业的产品或服务参与竞争资格筛选。可以说，订单资格要素是订单赢得要素的基础，订单赢得要素是订单资格要素的延伸，是订单资格要素需要实现的目标。运营管理通过建立企业自己的特色和文化，并将这种文化和理念灌输到产品或者服务中，让客户从购买的服务或者产品中得到满足或者获取超额利润，赢得市场订单，从而建立自己的核心竞争力。

7.2.2.3　提升产品品质

品质是企业存在和发展的命脉，通过建立全员质量管理系统对产品或者服务进行管控，可以保证一个企业产品或者服务质量的可靠度，进而延长企业的寿命。质量可靠度高的产品一般比质量可靠度低的同类产品更具有竞争优势。运营管理通过系统设计，保证产品品质，要求系统内不接收不良品、不生产不良品、不流出不良品，提高客户满意度、忠诚度和产品竞争力。一个忽视产品品质，欺瞒消费者的企业，将随时遭到消费者的唾弃，并且很难翻身。从三鹿奶粉的灭顶之灾中我们看到，企业一旦放弃品质，将品牌建在沙滩上，经不起市场的风浪，随时可能失去消费者。

7.2.2.4　提高生产力

生产力一方面能将投入与产出的一切努力都考虑进来，同时能根据与产出结果的关联性来呈现所投入的努力，而不是假定劳动力唯一的生产性投入。提高生产力意味着所有生产要素之间的平衡，能以最少的努力，获得最大的产出，通过运营管理提高生产力，意味着在运营管理中充分考虑各种影响因素，将影响因素的不良部分降到最低，降低企业运营成本，增加企业竞争力。

7.2.3　企业运营管理模式

运营管理的选择能决定企业发展速度的快慢。不适合企业发展的管理不仅会阻碍企业的正常发展，制约企业的产业升级、技术创新，严重的甚至会影响企业的生死存亡；而采用与不同生命周期阶段相匹配的动态管理方式，则可以节约管理成本，提高管理效率，扩大利润空间，从而改善制约企业发展的因素，扩大企业发展空间。

7.2.3.1　创业期的管理模式

处于创业期的企业，本身生产、经营条件简陋，规模较小，经济实力弱，企业的创立者往往具有一定的专业技能，企业文化和企业的规章制度几乎为零，在这一生命周期阶段，企业最适合的管理模式是家族式管理模式，这种管理模式具备动力机制，也是企业此阶段效率最高的管理模式。

家族式管理模式是指在企业内部，企业的经营决策权高度集中在企业主手中，或者集中于极少数的管理者，企业主对企业中的大小事务惯于亲历亲为的一种管理模式。这种管理模式多见于企业创立阶段或者成长阶段早期，企业主个性比较强势、组织规模不大。它的主要特征为：企业创立者要求员工服从管理，通过各种方式在企业内部建立自己的领袖形象，从而保障各项管理工作的顺利进行。企业主往往具有一定的创业能力，善于分析市场走向，把握机会，具备一定的管理能力、专业技能和执行能力；在管理制度上，企业没有明确的规章制度，员工之间靠简单的契约来维持，上下级之间以及员工之间的沟通以口头为主，信息传达速度快而准。企业主的经验就是企业的管理制度，一切由企业主临场决断。企业经营管理中出现各种新问题时，员工通过不断地向企业主汇报和请示来应对，企业没有标准的作业流程。在这种管理模式中，企业就好比家，企业主便是家长，所有企业成员都相当于家里的一员，要听从家长的指挥，无条件地服从家长的安排；此时的企业多数都处于刚刚创立阶段，怎样生存下去是企业的唯一目标；企业没有规范的组织结构，大多采用集权直线职能制组织形式，以企业主为中心向四周辐射。

在选择这种管理模式时需要注意以下两点。首先，由于尚处于创业阶段，缺乏经验，企业会遇到很多不确定性，诸如技术难题是否能克服、潜在市场的大小、产品结构是否优化、现有及潜在买主的性质以及怎样找到他们等，这些不确定性可能给创业者带来很大的风险。因此，企业规模不宜太大，应充分发挥“船小好掉头”的优势，同时企业家应充分发挥自己的才能，依靠细致的市场分析，获取充分的产品信息，练就较强的市场洞察力和专业度，在市场中寻求“利基点”，运用市场补缺的发展战略，将企业“做专、做精、做深”。其次，在企业的生存目标基本实现后，要从最基本的各项规章制度做起，有意识地开始着手于企业的制度建设，逐步建立文字性的制度。

企业管理模式的基本要求

不能简单地去评价管理模式的好坏，世界上根本就不存在永远有效的管理模式。只要适用于企业的发展阶段，每一种管理模式都有其存在的理由。

企业处于不同的阶段，就需要采用不同的与之相匹配的管理模式。企业的管理模式应该对应于企业的生命周期，只有这样，企业才会更有效率，不断地向前发展。

任何企业的管理模式，都必须满足以下最根本的要求：

1. 清晰的管理架构及其责权关系

人们不了解自己及同事的职责是组织内产生矛盾的一个重要原因。对于中小企业来说，更要避免这种情况的发生。中小企业各类管理制度应该能清晰地体现出管理架构及其责权关系，特别是人员要到位，职责要明确。中小企业往往不需要那么多口号性的制度，因为基层的管理人员和制度措施还没有完全到位，企业更加需要的是流畅的运作流程和明确的管理要求。对于管理人员不能及时到位的企业，可以考虑从内部选聘，例如有经验、敢做事、有一定文化背景的基层管理人员，经过培训后充实管理队伍。真正的实干家都是从企业内部选拔培养出来的，采取各种管理措施定岗定员，再加上特殊工种和主要工序的分配逐渐趋于合理，管理制度、考核制度也开始逐步到位，就可以不断提高团队作战能力和全员业务水平，并在较短时间内达到一个比较高的执行水平。

2. 清晰的管理制度和明确的要求

关于生产或服务的形成、提供，财务管理、人事行政后勤管理，都要有清晰的管理制度和要求。比较理想的状态是企业的各种管理制度能够在同一个平台上相辅相成、互相配合。例如：在环境管理体系和健康安全管理体系中，既包括企业内部的运作管理，又包括地方政府在内的其他外部机构，行政部门承担与这些机构的交往工作。因此企业的管理体系中一定要纳入行政管理的流程和作业要求，并保证它跟企业的其他业务流程有科学合理的接口。

3. 合理、稳定的运作流程

从各种制度的制定到操作、考核的过程要细化、量化，包括完整的产品加工工艺、基础规划、员工操作规程以及日常性的维护程序、质量体系等管理体系的要求等。各类管理制度要能形成互相对应、相对稳定的运作流程，各运作流程之间衔接合理，作业标准明确清晰且能被企业的大多数人员接受。要积极培养善于协作的、适应要求的、不折不扣的执行者，流程和作业标准要能够固定下来执行，杜绝估计的和模糊的概念。

4. 自我改进的机制

尤其需要特别指出的是，自我改进、持续改进是各种管理体系的最基本的要求之一。一个良好的管理体系，形成能够自我持续改进的组织和运作是非常有必要的。但是目前国内认证行业的操行值得怀疑，由于认证市场及监管的原因，很多根本上不具备体系的基本要求的企业也获得认证通过。因此，中小企业的决策层应该也必须意识到相关 ISO 管理体系认证本身的局限性，一定要强调建立机制保证持续改进的自我实现，保证体系具有自发地进行持续改进的能力。同时要根据企业自身的特点并结合企业自身的需求，在建立、推行各种管理体系的时候进行相应的体系策划。

7.2.3.2 成长期的管理模式

企业经过创业期后继续发展便会进入成长期。在成长期时，资本问题是企业发展的一大约束，要想继续发展就必须广开融资渠道，借助社会资本，因此企业继续发展的趋势便是职业化、控股化，这是资本社会化的选择。因此，标准化管理模式无疑是成长期企业最适合的管理模式。

标准化管理模式是指，企业员工在观念、思维、知识、技能、态度、心理上符合职业标准和规范，工作状态归于标准化、规范化、制度化的一种管理模式。这种管理模式的主要特征为：企业制度方面，拥有规范的各项经营管理制度和比较完善的企业制度体系，企业的工作状态和各种行为均具有规范化、标准化和制度化的特点，企业完全处于法治的状态下；企业组织结构方面，多采用分权式的结构，使组织中各级管理者拥有较多的决策权，企业内部各部门之间实现无障碍合作，建立跨部门的团队；战略管理方面，企业制定明确的中长期战略规划，具备灵活的战略管理调整能力和较强的战略执行力。

在选择标准化管理模式时需要注意以下几点：首先，要重视企业制度建设，规范各项经营管理制度，完善企业制度体系，提高企业执行力；其次，要建立科学的公司治理结构，在企业内部实行职业化管理，引进专业的中高层管理人才，使其充分发挥自己的才能；再次，企业要找准自己的市场定位，有明确的竞争战略，制定出企业明确的市场目标和正确的长远战略规划；最后，要建立完备的管理体系和高效的科学决策机制，实现企业活力、效率和稳定发展的均衡。

7.2.3.3 成熟期的管理模式

经过成长期后，企业进入了成熟期，企业的发展是伴随着企业文化存在的过程，企业要想走得更远必须重视文化建设，以企业文化建设为动力推动经济的增长，此时易采用文化导向的管理模式。

文化导向的管理模式是指把企业文化建设工作放到重要位置，树立以文化力推动经济增长的意识，用深入人心的企业文化理念，强化企业内部管理。这种管理模式的主要特征为：以各种形式的文化活动为载体推动企业文化建设，增强企业的向心力和凝聚力，企业有一个好的精神面貌，才谈得上具备了积极向上的、好的企业文化；从实际出发，广泛开展形式多样的企业文化活动，结合本企业的特点，选准载体，一方面可以满足企业员工对文化生活的需求，培养企业员工的健康情趣，另一方面可以增强企业的向心力和凝聚力，形成良好的企业文化氛围。只要企业重视企业文化建设，科学合理地实施文化导向的管理模式，促进文化力对经济增长的推动作用，企业的核心竞争力将会进一步加强。

企业在选择文化导向的管理模式时需要注意以下几点：第一，文化是由人建立起来的，所以企业文化可以有各种各样的内涵和外在表现形式，但是以人为本永远是企业文化的核心；第二，建立一个鼓励高绩效的企业文化是非常重要的，包括建立个人绩效考核机制，充分运用激励机制，调动员工积极性，使全体成员在企业里有强烈的归属感和敬业精神；第三，必须重视人才的引进和培养，依靠良好的企业文化留住人才，并且在企业内实现自身的价值。

7.2.3.4　成熟期后期的管理模式

从企业的生命周期理论中可以看出，当企业经历了创业期、成长期、成熟期，进入成熟期后期时，企业即将走完一个生命周期的循环。此时的企业要想获得重生的机会，摆脱死亡的命运，单靠企业内部各种管理要素的细枝末节的完善是无济于事的，必须进行创新。

创新为主的管理模式是指，以创新作为企业的管理核心，通过观念创新、技术创新、产品创新，引导企业发展、组织变革和文化演进，实现企业的二次创业。这一时期管理模式的主要特征为：企业规章制度方面，企业的各项规章制度虽然都已比较完善，但是观念的守旧往往使得制度变成企业发展的障碍；企业文化建设方面，要突出创新精神的重要性，建立以创新为导向的创新型文化，重视创新型人才，弘扬个人与企业共进退的文化氛围；企业战略管理方面，面临战略的重大调整，或者继续采取专业化的核心竞争战略，增加和开发原有产品的新功能继续竞争，或者退出夕阳产业，谋求新的发展领域；企业组织结构方面，需要适时变革，企业可以建立矩阵式组织结构，以此来增强组织的弹性，通过优化产品组合，加强信息的横向沟通，加强技术攻关，实现技术性突破，也可以建立更加灵活的网络型组织，实现经营规模与组织规模分离，通过网络整合外部资源，从而实现企业的再发展。

在选择这一时期的管理模式时需要注意以下两点：首先，变革和创新是该模式的主旋律，要在企业内部充分突出创新的作用，建立有利于激发员工创新力的企业制度和企业文化，充分调动企业上下人员的主观能动性，进一步发挥激励机制的引导作用；其次，企业要重新进行市场定位，对发展战略进行重大调整，必要时权衡是否采取联合或并购手段，寻找新的增长机会，并实现现有业务的持续发展。

知识链接

企业管理模式模型

企业的外部环境和内部环境决定了一种管理模式对企业的发展是否有效，而外部环境对于中小企业来说是无法左右的，只能通过不断调整和改善企业内部环境来更好地适应外部环境，从而发展自己。其管理模式模型如图 7－3 所示：

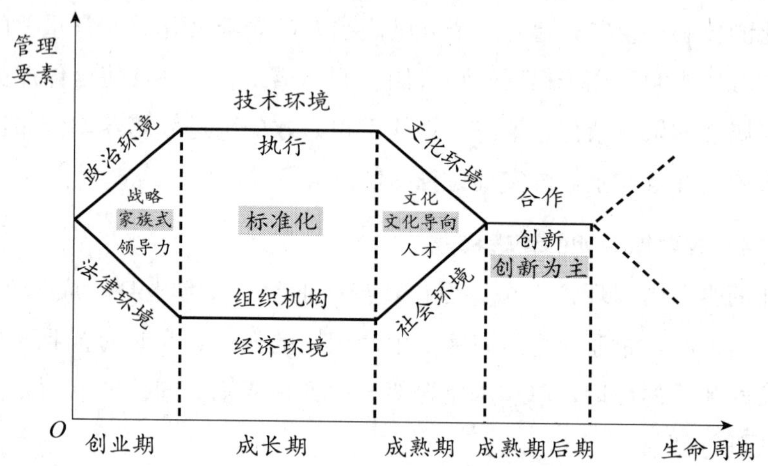

图 7－3　企业内外部环境管理模型

企业经历了从创业期、成长期、成熟期到成熟期后期这样的一个生命周期。在这个生命周期过程中，其管理模式也经历着一个从家族式管理、标准化管理到文化导向管理、创新为主管理的变化过程，逐步趋于成熟和完善。企业的初始状态是从创业期开始的，创业期的管理要素主要是战略和领导力，与之相匹配的是家族式的管理模式；在成长期，执行和组织结构这两项的管理要素比重开始加大，与之相匹配的是标准化管理模式；在成熟期，文化和人才管理要素比重逐渐加大，相对应的管理模式开始转为文化导向；在成熟期后期，管理要素以创新和兼并合作为主，管理模式也转为以创新为主。值得一提的是，中小企业的生命周期阶段是可以循环往复的，如果在成熟期后期，企业创新成功了，那么就可以进入下一个生命周期，生生不息。

案例 7－2

莱州 A 企业的管理绩效

莱州 A 企业经过十余年的打拼，已在机械行业占有一席之地。其动态的管理模式、灵活的用人机制、一流的产品质量、务实的企业文化，使企业的产品赢得了广阔的市场，与多个国际知名企业有着长期的合作关系，多年来畅销欧、美、俄和东南亚地区，并得到海内外客商的广泛好评。

2011 年，面对复杂多变的外部环境，A 企业以创新为手段，以发展为要务，以效益为中心，企业总体经营保持持续上升态势，在企业发展规模、经济效益以及管理效率等方面均取得了良好的管理效绩。

(1) 经营业绩稳步增长。2011 年，A 企业坚持以“效益优先、创新发展”为指导思想，以市场为导向，加强管理，创新经营。通过全体员工的共同努力，A 企业实现营业收入 1 735.61 万元，同比增长 17.45%，净利润 347 万元，同比增长 12.95%，净利润率 19.93%，总资产报酬率 4.68%，盈利能力保持较高水平；经营能力三大指标良好，固定资产周转率 1.19，存货周转率 0.65，总资产周转率 0.24；资本构成也比较理想，固定资产比率 21.28%，净资产比率 58.83%。

(2) 企业治理日趋完善。2011 年，A 企业全面梳理业务流程，优化流程，完善制度，查找缺陷落实整改，同时进行风险评估，确定关键控制点，风险控制和防范能力进一步加强，企业内部控制日益完善，治理水平得到有效提升。

(3) 勇于承担社会责任。2011 年，A 企业在发展壮大企业的同时，积极承担对供应商、职工、客户、社会等利益相关者的责任。关注节能环保，重点做好节能减排工作，减少对环境的影响；信守对客户的承诺，努力为客户提供优质超值的服务；关注员工成长，关心员工身心健康，充分重视和切实维护员工权益，鼓励员工发展个人潜能；积极履行企业公民应尽的义务，以诚信感恩之心回报社会。

追求成功的价值观、积极实干的组织文化以及长期的国际贸易经验使得 A 企业不断发展，优秀的员工越来越多。现已发展到成熟期后期的 A 企业，拥有专业技术人员近 40 名，其中国家级工程技术人员 7 名，拥有自己的科研机构，具有木工机械、五金工具、电动工具等产品的自主研发能力。万能工具磨、万用曲线裁板机的创新，更标志着企业走在了国内同行业的前沿，多个产品的性能和造型填补了国内同类产品的空白，居领先地位，且有多项技术获得国家专利。

资料来源：丁宁．基于企业生命周期理论的中小企业管理模式研究[D]．青岛科技大学，2012.

7.3 产品与服务创新

多余的“创意”

很多人都用QQ、微信、Google Talk（即时通信），某创业者就想：大家用这么多东西多累，若推出一个基于已有网络的社交平台，将QQ、微信等都加到同一网络里，人们只需登录一个软件就可以加载所有的关系网络，把全部好友打通，让所有人在一个网络平台上聊天，这个软件还配有3D人物，用户有3D的QQ秀等，这是多么好的创意！

人们确实有很多IM（即时通信软件），部分用户确实有将多个IM整合为一个网络社交平台的需求，创业公司也认定用户有这种需求，于是创业者就组织公司人员开发软件，但这是很难的技术开发。

开发大半年之后，公司把用户找来，“测一下这个程序，它将你的MSN、QQ、微信都连起来了”，结果用户说：“我为什么要连起来呢，我的QQ是用来跟朋友交流的，微信故意屏蔽了老板，MSN是用来跟我的工作伙伴交流的，我还有两个QQ，一个谈工作，一个谈感情，我为什么要把它们合并在一起？”这个软件推向市场之后，用户毫无反应，根本不买账。

这家创业公司后来反省：为什么要把QQ、微信都连好后，才问用户需求，能不能假装已经做好了，第一天就找个用户来问呢？也可以推一个空壳到市场上，推向市场的第一天就可能改了。这是一个很典型的“自以为有需求，就认为用户也有需求”的例子。

开发了近一年，辛辛苦苦做了很多高科技的事，产品做得高大上、很酷炫，结果没人用，不仅浪费了资源，错失了更好的创业机会，甚至断送了企业的发展。在高度不确定性的环境里，这种方法是失效的，是最大的浪费。

资料来源：改编自任鑫．闷头一年做出完美产品，用户却不需要［J］．销售与市场（渠道版），2015（7）．

【思考与讨论】

思考材料中的公司研发产品不受用的原因。

7.3.1 纯粹产品创新

7.3.1.1 组合产品创新模式（P+P模式）

产品是营销组合的一个关键因素。营销者要在3个层次上做出产品决策——单个产品决策、产品线决策和产品组合决策。

一方面，任何产品一般都要经历一个生命周期。另一方面，随着消费者偏好、技术和竞争态势的变化，现有产品往往无法满足企业生存和发展的需要。这就需要企业不断开发新产品，延伸和扩展产品线，构成组合产品创新模式。

案例 7－3

宝洁公司的创新模式

宝洁是践行“组合产品创新模式”的典型代表。其产品从洗发水、香皂、沐浴液到牙膏、牙刷，几乎涵盖所有的日常个人卫生用品。这种持续的产品创新，让宝洁在全世界获取经济利益，也为其缔造了实力强大、充满创造力的品牌形象。联合利华、玛氏、康师傅、统一、娃哈哈等企业，也在践行这种创新模式。

7.3.1.2　产品互动创新模式（P×P 模式）

在这种产品创新模式中，新产品并不独立于旧产品，而是通过信息共享产生协同效应，相互依存，互相促进，加大用户黏性，从而增强原有产品的市场吸引力，同时新产品也开拓新的利润增长点。

案例 7－4

索尼公司的创新模式

索尼公司几乎全系列的产品，如照相机、摄像机、手机、笔记本电脑、MP4、游戏设备都可以通过索尼自己生产的记忆棒进行信息的传输。这样各类产品不是孤立的存在，而是在发挥不同功能属性的同时，借助媒介达成统一效用。同时记忆棒媒介的专属性起到的排他效果，又反过来增强消费者的转移成本，让索尼的产品有机会形成自己独立而又完整的数码生活圈。

7.3.2　产品附加服务互动创新

生产出满足用户需求的产品，是众多制造企业的首要目标。但随着制造业竞争激烈程度的加剧，产品同质化现象日趋严重。随着制造业整体利润的下降，聪明的企业开始打出“服务牌”，“以产品为核心，以服务赚利润”的新模式日渐清晰。

7.3.2.1　产品附加服务创新模式（P+S 模式）

汽车厂商的“4S”店，是这种模式的代表。包括丰田、大众、通用在内的生产商，在提供优质产品之外，通过统一培训服务人员、设计统一的门店，在“4S”店中为消费者提供修理、保养维护、零部件更新等各项服务。

IBM作为计算机行业的领导者除了保持主机和高端服务器的市场份额以外，近年来对很多产品业务进行了削减和收缩，而把更多的资源分配给服务部门和研发部门，使它成为全球最大的信息技术服务和解决方案公司，让一个老牌的制造企业在市场上充满活力。

产品附加服务创新模式的典型当属家电业的巨头——海尔公司。海尔凭借与用户心贴心的服务创新所形成的差异化的“星级服务体系”，在家电市场上持续领先。

7.3.2.2 产品服务融合创新模式（P×S模式）

产品附加服务创新模式是让服务给消费者带来满足感，从而促进产品的销售，而产品服务融合创新模式是让产品和服务相互融合。优质产品能构建起良好平台，让消费者体验到独特的服务，优质服务能让产品特性发挥得更加彻底，让产品为消费者提供的价值增值。企业实施产品的服务化，使其形成一个完整的产业生态圈，增加消费者黏性，提升消费者转移成本，在不断的产品、服务升级中培育一大批忠诚的客户。

 案例7-5

苹果公司的创新模式

苹果公司是诠释这一模式的最好例证。在发展初期，苹果公司不断地进行产品更新换代，很多产品甚至超越当时消费者的认知，但终归只是让消费者认为苹果公司拥有很强的研发能力，直到随着iPod播放器而诞生的iTunes，后者提供的便捷音乐服务使得iPod产品真正实现个性化，从此让苹果走向神坛。之后推出的iPhone手机附带App store，更是让苹果重新定义手机，随意下载的应用程序服务完美地激发了手机的功能，并且大量产生的优质App让用户对iPhone产生强烈的依赖，让竞争对手难以超越。

7.3.3 服务附加产品互动创新

7.3.3.1 服务附加产品创新模式（S+P模式）

该模式是指企业本身是靠提供服务盈利，但在建立起顾客忠诚后也利用服务平台进行产品的生产和销售。流通企业往往采用这一模式，如家乐福、沃尔玛等卖场。这些企业的核心业务是服务，是为其他企业的产品提供销售平台，同时提供顾客所需的咨询、设计、送货、安装、售后等服务。这些企业在建立信誉后，也会开发属于自己品牌的产品。沃尔玛就有大量的自有品牌产品，中国的苏宁电器也在开发自己的手机品牌。

7.3.3.2　服务产品化创新模式（S×P 模式）

随着服务的进一步深化，服务产品化逐步成为一种新的趋势。

IT 业的服务产品化现象比较典型。例如：谷歌开发的安卓操作系统，因为开放性吸引了全球众多开发者在这个平台上开发应用程序，创造了一个能满足各类消费群体的服务体系。谷歌还把这个生态系统向设备制造商们开放。在很短的时间内，除了苹果、诺基亚等少数几家厂商依旧使用自主系统之外，搭载安卓系统的终端以几何级数增长。

亚马逊在提供电子书售卖服务之后，顺势向市场提供一款名叫 Kindle 的高品质电子书阅读器，在阅读器上用户可以随意下载各类不同来源的电子书。亚马逊凭借其在电子书领域的长期布局，抢占了电子书的市场制高点。它以低价吸引了大量消费者购买 Kindle 阅读器，而 Kindle 带来的良好阅读体验又促进了电子书销售的快速增长。

服务的产品化和产品的服务化一样构造起一个看似开放的闭环生态圈，让在其中起到支配作用的企业能享受到包括消费者、竞争者、供应商等在内的各种利益相关者共同创造的市场盛宴。

7.3.4　纯粹服务创新

7.3.4.1　组合服务创新模式（S+S 模式）

“组合服务创新模式”作为一种最基本的服务延伸和拓展模式，包含根本性的服务创新，即引入新的服务种类，也包括渐进性的服务创新，即服务方式、内容和风格上的创新。

组合服务创新模式

美国西南航空公司是一个非常有代表性的例子。航空公司提供的基本服务，就是把旅客安全准时地从出发地送往目的地。西南航空在飞行途中为旅客所提供的一些体验式的服务让旅客感到旅途不再是枯燥的过程，而是一种愉悦的享受，从而增强旅客的感知价值，提高顾客的推荐率，为西南航空带来持续的业务成长，其竞争力远超一些老牌的航空公司。

实体书店转型也很好地诠释了该模式。书店曾经是消费者获取知识的一条非常重要的途径，那时提供的也多是纯粹的售书服务。今天传统书店的生存空间越来越窄，活下来的很多书店，开始通过新增服务进行转型。南京的先锋书店，在售书业务之外，提供装饰品、卡片等艺术类商品的售卖服务，还有咖啡、茶点服务，让书店成为一个立体的精神家园。在商业模式上也通过书之外的业务补贴图书的低利润率，让书店在坚守浪漫情怀的同时还有更多经济上的收获。

7.3.4.2 服务融合创新模式（S×S模式）

“服务融合创新模式”，是让新增服务与原有服务进行结合，产生协同效应。新服务的产生使得原有服务在功能上、性质上发生重大变化，不仅拓展了用户数量，也让企业有了更大的战略发展空间。

案例 7-7

服务融合创新模式

最近国内热议的大众点评网采取的“服务融合创新模式”值得一提。2013年开始，大众点评网致力于城市生活消费指南服务，通过“用户生成内容”（UGC）产生大量的第三方独立点库信息，构建一个拥有完整的商户信息、消费优惠以及发布消费评价的互动平台。随着智能手机的兴起，网站提供移动客户端，引入移动位置服务（LBS）技术，使原有服务信息呈现得更完善。同时通过“签到”功能，让用户有了更强的使用欲望。团购服务的推出，让它更上一个平台，不仅为中小商户提供一站式精准营销解决方案，也让团购这种模式与用户点评模式相结合，产生相得益彰的结果。

互联网巨头们更是将这种模式应用得如鱼得水。谷歌公司原本提供的是信息搜索服务，现在其服务内容已经延伸至基于信息搜索在内的日历管理、地图、新闻、讨论交流、邮箱等多项服务。关键是这些服务是基于互联网进行交互共享的，用户通过电脑、智能手机或互联网终端，可以非常方便地应用这些功能，以解决日常工作和生活中遇到的诸多问题，有效地提升生活质量。

“服务融合创新模式”不仅是新服务，开拓了市场，也让原有服务得以进行更深一步的市场渗透，是值得诸多服务企业借鉴思考的一条创新路径。

本章小结

本章首先介绍了企业生命周期的含义，了解企业成长经历的 4 个阶段，以及把握这 4 个阶段所表现的不同特征，有助于创业者更好地管理企业；然后，介绍了运营管理的知识，通过对运营管理的理论内容分析，引出运营管理的研究方法和目的，以及企业运营管理的模式；最后介绍了产品与服务创新的知识，主要讲解了产品与服务创新的模式，包括纯粹产品创新、产品附加服务互动创新、服务附加产品互动创新及纯粹服务创新等 4 个方面。

核心概念

企业生命周期、运营管理、产品、服务、流程、设计

实训操作

一、实训目的

通过比赛的方式锻炼学生的勇气、写作能力与口头表达能力。

二、实训内容

以个人为单位，通过自己的分析，写一篇关于企业经营的演讲稿，在班级内部进行一个演讲比赛。

三、实训组织与实施

（1）老师布置实训项目及任务，并提示相关注意事项及要点。

（2）邀请其他老师作为评委在演讲当天对学生进行帮助，另外选出计时员与记分员。

（3）准备演讲的学生把时间控制在 10 分钟左右。

（4）对演讲的成绩进行统计、排名、颁奖。

拓展游戏

盲人方阵

1. 游戏类型

团队协作型。

2. 道具要求

长绳一根。

3. 场地要求

空旷的大场地。

4. 游戏规则

让所有队员蒙上眼睛，在40分钟内将一根绳子拉成一个最大的长方形，并且所有队员都要均分在四条边上。

这个游戏教会学生如何在信息不充分的条件下寻找出路。在领导人选出、方案确定前往往是耗用时间最长、过程最混乱、所有人最焦虑的时候，当领导人产生、有序组织大家进行运转的时候，大家虽然没有完全的胜算，但心里已经坦然了许多。当行动方案得到大家的认同并推进后，同学们在同心协力中会初尝胜利的喜悦。

5. 游戏目的

本游戏主要锻炼大家的团队协作能力，体现的是团队成员之间的陪伴和信任，一个有领导、有配合、有能动性的队伍才能称之为团队。

思考练习

1. 简述企业的生命周期及其特征。
2. 简述运营管理的内容。
3. 创业期的管理模式基本要求是什么？
4. 假如你是一个超市的负责人，试着总结该企业的运营管理方法。
5. 影响运营管理效率的因素有哪些？其中人力资源起到了什么作用？
6. 产品与服务创新的方式方法主要包括哪些？
7. 分别说明纯粹产品创新、产品附加服务互动创新、服务附加产品互动创新及纯粹服务创新的集体表现形式。
8. 举例说明什么是产品附加服务互动创新，什么是服务附加产品互动创新。

第 8 章　资金与风险管理

【学习目标】

(1) 了解融资难的原因。

(2) 掌握创业融资的主要渠道。

(3) 了解不同融资方式的差异。

(4) 了解融资的一般过程。

(5) 熟悉企业资金管理。

(6) 了解创业存在的风险。

(7) 掌握规避风险的方法。

8.1　创业融资

郑海涛的三次创业融资故事

北京数码视讯科技有限公司总裁郑海涛，是一家成立于 2000 年的高新企业总裁，他通过两次重要的融资使该公司在 3 年的时间里取得迅猛的发展，2002 年的销售收入甚至是 2001 年的 2 000%。该公司的第三次融资也正在谈判之中。同样是创业者，同样是高新企业，郑海涛成功融资的秘诀是什么呢?

郑海涛认为，创业分为 3 种。第一种是为了生存的创业；第二种是因为有好机会而促成的创业；第三种是创业者为追求更高人生事业的创业，叫事业型创业。他的创业属于第三种。

一、来之不易的第一次融资

公司成立之初，郑海涛将全部资金投入研发。不料，2001 年互联网泡沫破灭，投资形势急转直下，100 万元资金很快用光，后续资金还没着落，他只得亲自捧着周密的商业计划书，四处寻找投资商，一连找了 20 家，都吃了闭门羹。在最困难的时候，郑海涛也曾动摇过，但他从未放弃。

2001 年 4 月，公司研制的新产品终于问世，第一笔风险投资也因此有了着落。清华创业园、上海运时投资和一些个人投资者共投资 260 万元。

二、水到渠成的第二次融资

2001 年 7 月，国家新闻出版广电总局为北京数码视讯科技有限公司颁发了入网证，允许其生产数字电视设备的编码、解码器。郑海涛介绍，在当时参加测试的所有公司中，数码视讯的测试结果是最好的，所以随后的投资者蜂拥而至。一个月内，清华科技园、中国信托投资公司、宁夏金蚨创业投资公司又对数码视讯投了 450 万元。

拿到第二笔投资之后，公司走上了快速发展之路。2001 年 10 月，公司参与了江西省电视台的竞标。虽然招标方开始并没有将数码视讯列在竞标单位之内，但在郑海涛的再三游说下，还是决定给他一个机会。结果数码视讯又在测试中拿到了第一。很顺利地，公司拿到第一笔大订单，价值 450 万元。此后，公司产品进入 29 个省市市场，2002 年盈利 730 万元，2003 年盈利 1 200 万元。

三、扩大发展的第三次融资

在公司取得快速发展之后，郑海涛又开始筹划第三次融资，按计划，融资金额将达 2 000 万元。据预测，中国的数字电视设备市场将达 1 000 亿元人民币，而世界数字电视设备市场在 2005 年将达 1 000 亿美元。面对这样巨大的市场，郑海涛绝不甘心公司目前的规模。

郑海涛认为，一个企业要想得到快速发展，产品和资金同样重要，产品市场和资本市场都不能放弃，必须两条腿走路，而且产品与资本是相互促进、相互影响的。郑海涛下一步的计划是通过第三次融资，对公司进行股份制改造，使公司走向更加规范的管理与运作。

资料来源：改编自张松．我的三次融资：访北京数码视讯科技有限公司总裁郑海涛［N］．经济参考报，2003－11－21.

【思考与讨论】

1. 北京数码视讯科技有限公司获得资金的渠道有哪些？
2. 郑海涛为什么能够融资成功？
3. 你从上述故事中，可以学到哪些经验？

8.1.1 创业融资的困境与优势

创业者，尤其是那些所处行业并不吸引人或刚刚起步的创业者，寻找外部资金支持的确困难。银行不愿意贷款给初创企业，创业投资家又总在寻求大笔交易，私人投资者越来越小心谨慎，而公开上市只青睐一小部分有良好成长业绩的“明星”

企业。虽然创业活动并不都需要大量资金，但缺乏必要的启动资金还是成为创业路上的障碍。因此，创业融资成为创业过程中最大的难题之一。

8.1.1.1　创业融资的困境

显然，创业融资的困境是相对于既有企业的融资而言的。一项对六家城市商业银行及其分支机构的抽样调查显示，企业规模越大，贷款申请越容易；同样，企业经营时间越长，贷款申请越容易。可见，企业规模越小、成立时间越短，越难以获得银行资金的支持，对创业企业而言，其融资困境更为显著。

与既有企业相比，创业企业在融资条件上具有明显的劣势：

首先，创业企业缺少可以抵押的资产。谁会把钱借给一个身无分文的人呢？根据美国人口调查局1987年的调查，在所有公司中，有30%的创业资本不足5 000美元，只有三分之一企业的创业资本超过50 000美元。在我国的调查也发现同样的情况：创业者在创业前年收入在3万元以下的占27%，3万～5万元占15.4%。这使得创业启动资金极为有限。既有企业在获得银行贷款资金时，可以用企业的资产作为抵押，而创业企业几乎没有可以提供抵押的资产。为创业企业提供资金，比为其他企业提供资金面临更大的风险。

其次，创业企业没有可参考的经营记录。即便身无分文，但如果有过辉煌的过去，也很容易筹集到资金。就像可口可乐的前总裁说过的，可口可乐公司即使在一夜之间遭遇火灾，也有可能在一夜之间重建，银行会争着向可口可乐公司贷款。资金提供者要在将来的某个时点收回资金并获得回报，企业未来的经营情况关系到投资人资金的安全。对既有企业来说，可以通过分析其已有的盈利能力来预测未来的经营情况，银行或其他投资人在向企业提供资金时也都会对企业的财务报表进行分析。而不幸的是，创业企业既缺少资产，也没有以往的经营业绩，所能提供的资料不过是一份商业计划书，未来的经营情况具有更大的不确定性。

最后，创业企业的融资规模相对较小。如果你是一位银行的信贷经理，你是愿意一次把100万元贷款给一家大公司，还是愿意给10家小企业各贷10万元呢？当创业企业向银行申请借款时，其金额往往比既有企业小，而银行办理一次业务的成本相差不大，使得创业企业的单位融资成本远远高于既有企业。

8.1.1.2　创业融资难的理论解释

创业融资难源于创业活动的高风险性。这种风险包含两部分，一部分来自创业活动本身固有的风险，即创业企业的不确定性；另一部分来自外部投资人对创业活动风险的感觉，即信息不对称性。

8.1.1.2.1　不确定性

创业活动本身面临非常大的不确定性。虽然既有企业也面临环境的不确定性，但创业企业的不确定性比既有企业的不确定性要高得多。创业企业缺少既有企业所具备的应付环境不确定性的经验，尚未发展出以组织形式显现的组织竞争能力。

据清华大学中国创业中心 GEM（全球创业观察）项目的研究结果显示，市场变化大是中国创业环境方面的重要特征。市场变化大意味着更多的创业机会，但创业活动也可能面临更大的风险和不确定性。从统计数据上看，我国创业者的创业能力低于全球创业观察项目的均值水平，创业者普遍缺乏创办新企业的经验，缺乏进行创业管理的知识和经验，在商机把握和资源组织方面能力不强等。这些导致创业者把握不好创业机会，不能及时对市场变化做出反应，创业容易失败，进而加剧了创业企业的不确定性。

8.1.1.2.2　信息不对称性

信息不对称是经济生活中普遍存在的现象，产品的销售方比购买方具有更多关于产品质量的信息，工人比雇主更了解自己的技术和能力，公司经理比公司所有人更了解公司的成本、竞争地位和商业机会。在创业融资中同样存在信息不对称问题。一般来讲，创业者比投资者对自身能力、企业产品、创新能力、市场前景更加了解，处于信息优势的地位，而投资者则处于相对信息劣势的地位。投资前的信息不对称可能导致逆向选择——由于投资者只能根据感知到的信息进行判断，那些素质不高、技术上有缺陷、经营管理不善的创业企业可能因将各项数据和材料包装得漂亮而获得投资；而真正优秀、未来收益高，但没能做好这方面工作的企业可能失去投资。投资后的不对称则与道德风险有关，被投资公司的创业者往往既是大股东又是经营管理者，可能侵害投资者的利益，例如：改变资金用途、关联交易、股权稀释、给自己订立过高的报酬等，投资者对创业者的行为很难监控。

信息不对称

在市场经济活动中，各类人员对有关信息的掌握和了解存在差异。掌握信息比较充分的人员，往往处于比较有利的地位，而信息贫乏的人员，则处于比较不利的地位。

8.1.1.3　创业融资的有利因素

融资难是普遍存在的问题，但创业者在融资方面也存在有利因素甚至优势。如比起有少量营业额的既有企业，在零收入、零顾客数、零进展的状况下，创业企业更容易筹到资金或寻求其他资源。因为“零”让人有遐想空间，而低收入则令人质疑，不知道高收入能否实现。创业者融资的有利因素，首先是他们拥有创新性强的创意，以及他们识别甚至创造出来的创业机会，这本身就是在创造价值。

创业融资难是因为未来的不确定性，但不确定性本身就是机会。从统计数据看，在成长性强的企业群体中，新创企业所占的比例更大，这并不仅因为新创企业的基数小，更多是因为新创企业通过产品、服务以及商业模式的创新，创造了价值，开拓了新市场甚至新产业。投资者投资的目的是通过提供资金获得收益，如果资金使用者（投资对象）不能利用资金创造价值，投资者也就不可能获得收益。为了确保能收回投资并获得收益，在没有更好的办法的前提下，只好要求投资对象提供抵押或担保。资金拥有者不敢向创业者和新创企业投资的根本原因在于难以判断新创企业的潜在成长性。

潜在成长性是创业者融资的最大优势。随着创业者素质和创业质量的提升，有利于创业的因素增多，银行竞争日趋激烈，对创业者和新创企业的投资成为金融机构和资金拥有者关注的热点，进而带动创业融资的不断创新。近年来，大型银行纷纷成立中小企业部拓展中小企业融资业务，就是很好的例证。

8.1.2　创业者自筹资金

对创业者而言，所有可以获得资金的途径都可以成为创业资金的来源，创业者需要开动脑筋，广泛搜集信息，挖掘一切可能的融资渠道。

创业融资的渠道按融资对象可分为私人资本融资、机构融资和政府背景融资。私人资本融资指创业者向个人融资，包括创业者自筹资金、向亲朋好友融资、个人投资资金即天使投资。机构融资指创业企业向相关机构融资，包括商业贷款、中小企业间的互助机构贷款、创业投资基金、创业板上市融资。政府背景融资指政府推出的针对创业企业的各种扶持资金及政策，主要包括科技创新基金、地方性优惠政策。近年来，随着互联网与金融业的结合，互联网金融业开始成为一种新的融资渠道，如 P2P 融资、众筹。

8.1.2.1　私人资本融资

创业企业具有的融资劣势，使它们难以通过传统的融资方式（如银行借款、发行债券等）获得资金，所以私人资本成为创业融资的主要组成部分。图 8－1 是美国《公司》杂志调查的 500 强企业创业资金的主要来源。

我国的情况也一样，根据世界银行所属的国际金融公司（FC）对北京、成都、顺德、温州 4 个地区的民营企业调查，我国民营中小企业在初始创业阶段几乎完全依靠自筹资金，90％以上的初始资金都是由主要的业主、创业团队成员及家庭提供

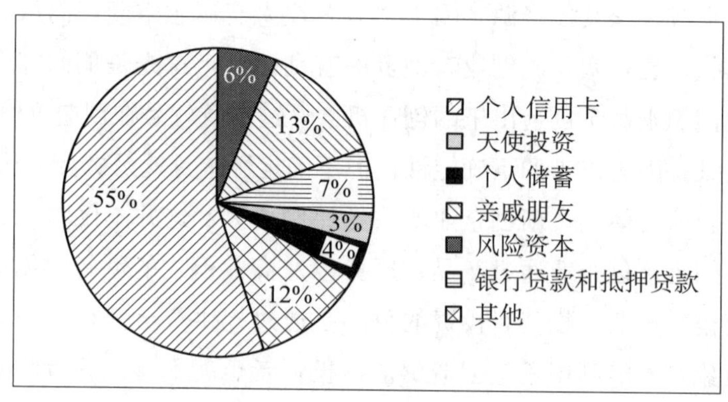

图 8－1　创业资金的主要来源

的，而银行、其他金融机构贷款所占的比重很小。

8.1.2.1.1　创业者自筹资金

每个创业者都应该明白，创业有风险。当准备创业时，必须放弃原有的待遇，将自己的所有精力和智慧投入到新创企业中。那么，以往的积蓄是不是投入到新企业中来？答案是肯定的，创业者应将自有资金的大部分投入新创企业中。一方面，创办新企业是捕捉到的商业机会实现价值的过程，将尽可能多的自有资金投入其中，可以在新创企业中持有较多的股份。创业成功后，将获得较大的创业回报。另一方面，自我融资是一种有效的承诺。前面已经分析了创业的不确定性和信息不对称性造成了创业融资的诸多困难。如果在投身创业的过程中投入自己的资金，这本身就是一种信号，它告诉其他投资者，创业者对自己认定的商业机会有十足把握，对自己的新创企业充满信心，是全心全意、踏踏实实地干事业。创业者会谨慎地使用新企业的每一分钱，因为那是自己的血汗钱。这种信号会给其他资金所有者投资新企业一种积极的暗示，适度缓解信息不对称的负面作用，增加其对新创企业投资的可能性。当然，在难以获得外部资金的情况下，自我融资也是不得已的选择。

8.1.2.1.2　向亲朋好友融资

亲朋好友是创业融资的重要来源。家庭是市场经济的三大主体之一，在创业中起到重要支持作用。特别是在我国，以家庭为中心，形成了亲缘、地缘、文缘、商缘、神缘为经纬的社会网络关系，对包括创业融资在内的许多创业活动产生重要影响。家庭成员和亲朋好友由于与创业者的个人关系而愿意给予投资，这有助于克服非个人投资者面临的一种不确定性——缺乏对创业者的了解。在创业初期，创业者往往缺乏正规融资的抵押资产，缺乏社会筹资的信誉和业绩。因此非正规的金融借贷——从创业者的家人、亲戚、朋友处获得创业所需的资金是非常有效、十分常见的融资方法。

虽然从家庭成员和亲朋好友处获得资金要相对容易一些，但与所有融资渠道一样，向家庭成员和亲朋好友融资也有不利的方面。创业者必须明确所获得资金的性质是债权性资金还是股权性资金。在借助“五缘”等基于传统的社会网络关系时，必须用现代市场经济的游戏规则、契约原则和法律形式来规范借贷或融资行为，保障各方利益，减少不必要的纠纷。为了避免日后出现问题，创业者必须将有利方面和不利方面都告诉家庭成员和朋友，还要告诉他们存在的风险，以便在日后出现问题时将对家庭成员和朋友关系的不利影响降到最低。

除此之外，创业者还需要在接受投资之前仔细考虑投资对家庭成员或朋友的影响。特别需要考虑的是业务失败后的艰难困苦。家庭成员和朋友对新企业的投资应该建立在他们对投资成功的信心之上，而不是因为他们认为有这个义务。

南存辉的创业故事

南存辉从 13 岁开始，早出晚归，修了 3 年皮鞋。生活的苦难塑造了他坚强不屈的性格，更坚定了他的生活信心。20 世纪 80 年代初，温州掀起一阵低压电器创业潮。1984 年，南存辉找了几个朋友，四处借钱，建起了作坊式的“求精”开关厂。4 个人没日没夜地干了 1 个月，做的是最简单的低压电器开关，只赚了 35 元。3 个合作伙伴都沮丧极了，而南存辉却兴奋异常，因为他觉得自己终于找到了一条通往财富的路子。1984 年 7 月，他与朋友一起投资 5 万元，在温州柳市镇上因陋就简办起了乐清县求精开关厂，开始了他在电气事业里的艰难跋涉。

与温州老板们普遍的家族经营相比，南存辉最与众不同的地方在于：自正泰成立之日起，他就矢志不渝地推行股份制，以稀释股份融资和吸引人才，改善家族企业的治理结构。当他的股权从 100%退到目前的不到 20%时，正泰却在他的“减法”中发展得越来越大。

1990 年创办温州正泰电器有限公司时，由于银行贷款难度大、利息重，他选择了在亲戚好友中寻找合作人、吸收新股本的方法融资。他的弟弟南存飞以及亲朋朱信敏、吴炳池及林黎明相继加盟，成为股东，南存辉个人占股 60%以上。这种融资，不仅使创业企业渡过了难关，也让投资者分享到企业成功的巨大价值，是共赢的选择。

到 1993 年，正泰的年销售收入达到 5 000 多万元。南存辉意识到，正泰要想继续做大，必须进行一次脱胎换骨的变革。于是，他充分利用正泰这张牌，走联合的资本扩张之路。南存辉先后将当地 38 家企业纳入正泰麾下，于 1994 年 2 月组建了低压电器行业第一家企业集团。正泰股东一下子增加到数十个，而南存辉个人股权则被稀释至40%左右。

他在摸索中渐渐发现，家族企业的一个致命弱点就是无法更多更好地吸纳和利用优秀外来人才，而人才又是企业发展的第一资源。到1998年，南存辉突破阻力，毅然决定弱化南氏家族的股权绝对数，把家族核心利益让出来，并在集团内推行股权配送制度，将最优良的资本配送给企业中最优秀的人才。就这样，正泰的股东由原来的10个增加到现在的100多个，南存辉的股份下降至20%多。正泰目前已成为拥有资产30亿元、年销售额超过100亿元、年上缴税金逾5亿元的大型企业集团。对此，南存辉坦陈："分享不是慷慨，对创业者来说，分享是一种明智。"

资料来源：改编自中部经理人网《南存辉的创业故事》。

8.1.2.1.3　天使投资

天使投资（Angel Investment）是自由投资者或非正式机构对有创意的创业项目或小型初创企业进行的一次性的前期投资，是一种非组织化的创业投资形式。与其他投资相比，天使投资是最早介入的外部资金，即便企业还处于创业构思阶段，只要有发展潜力，就能获得资金，而其他投资者很少对这些尚未诞生或嗷嗷待哺的"婴儿"感兴趣。

天使投资人

天使投资人是指用自有资金以债权或股权的形式向非朋友和家人的创业者或新创企业提供资本的个体。

天使投资起源于纽约百老汇的演出，原指富有的个人出资，以帮助一些有社会意义的文艺演出，后来被运用到经济领域。20世纪80年代，新罕布什尔大学的风险投资中心首先用"天使"来形容这类投资者。天使投资有3个方面的特征：一是直接向企业进行权益投资。二是不仅提供现金，还提供专业知识和社会资源方面的支持。惠普公司创业时，斯坦福大学教授弗雷德里克·特曼不仅提供了538美元的天使投资帮助惠普公司生产振荡器，还帮助惠普公司从帕洛阿尔托银行贷款1 000美元，并在业务技术等方面给予创业者很大的支持。三是投资程序简单，短时期内资金就可到位。

天使投资人在投资决策方面不只看重产品和市场，更看重创业者个人，一般包括创业者的热情、可信度、专业知识、受欢迎程度以及过往创业记录等。天使投资更多是对创业者进行投资，在创业者和机会匹配的过程中，创业者的作用更大，更具有能动性。

天使投资人一般有两类：一是创业成功者，二是企业的高管或高校科研机构的专业人员。他们有富余的资金，也具有专业的知识或丰富的管理经验。他们对天使投资感兴趣的原因不仅是能在自己熟悉或感兴趣的行业进行投资，获取资金的回报，还希望以自己的资金和经验帮助那些有创业精神和创业能力的志同道合者创业，以延续或完成他们的创业梦想。

诚信投资

据威廉·韦策尔（William Wetzel）介绍，美国有 25 万个或以上这样的天使投资者，其中有 10 万人在积极投资。他们每年在总共 2 万～3 万家公司投资 50 亿～100 亿美元，每次投资 2 万～5 万美元。其中 36%不到 1 万美元，24%超过 5 万美元。这些投资者主要是美国自主创业造就的富翁，有扎实的商务和财务经验，大约在 40～50 岁，受过良好的教育，95%的人持有学士学位，51%的人有硕士学位；获得硕士学位的人，44%现从事技术工作，35%在商业或经济领域工作。

近年来，我国的天使投资已有了较快发展，社会对天使投资也越来越关注。由《创业家》杂志发起并主办的“最受尊敬的创业天使”评选活动，从 2007 年起开始举办，活动主要是针对创业支持机构及天使投资领域的个人进行量化评价。在 2010 年评出的两位最佳天使投资人是在业界声望卓著的创业家柳传志和雷军，这充分说明天使投资人已经成为国内创业生态中的重要一环。在温州地区，实际上早已活跃着类似的天使投资人，整个地区或温州人就像一个“资本网络”，对于想创业的温州人来讲，起步的钱是不用愁的。一个人只要有诚信，值得投入，在温州肯定能找到资金。

相信随着市场机制的完善，信用制度的建立以及个人财富的积累和增加，天使投资一定会在促进我国的创业活动中发挥更大的作用。这对许多有志于创业的大学生来说，将是值得期待的融资渠道。

天使投资基金

2014 年，中国（不含港澳台）天使投资机构共募集完成 39 支天使投资基金，同比增长 25.81%；募集总金额 10.68 亿美元，同比增长超过 179.85%。平均每支新募天使投资基金金额为2 738.46万美元，同比增长114.23%。从基金币种来看，在2014年募集的55支天使基金中，5支为美元基金，其余全部为人民币基金。继2013年受VC/PE市场降温的影响，2014年越来越多的传统VC机构也参与到天使投资基金设立中。

8.1.2.2 机构融资

8.1.2.2.1 商业银行贷款

向银行贷款是企业最常见的一种融资方式，创业者也可以通过银行贷款补充创业资金的不足。目前，我国商业银行推出了越来越多的个人经营类贷款，包括个人生产经营贷款、个人创业贷款、个人助业贷款、个人小型设备贷款、个人周转性流动资金贷款、下岗失业人员小额担保贷款和个人临时贷款等类型。但由于创业企业的经营风险较高，价值评估困难，银行一般不愿意冒太大的风险向创业企业提供贷款。这类贷款发放时往往要求创业者提供担保，包括抵押、质押、第三人保证等。

金融创新产品助力中小企业发展

近年来，为了缓解中小企业融资困难，我国的金融机构推出了许多新的金融产品。中国人民银行营业管理部在2009年9月推出的《北京中小企业银行融资创新产品汇编》中罗列了北京24家金融机构面对中小企业推出的120种金融创新产品（表8-1节选了部分有代表性的产品），这些产品均有自己的业务范围和适用群体。创业者应密切关注银行贷款产品和政策的变化，以选择最适合自身情况的银行贷款。

表8-1　中小企业银行融资创新产品　（单位：元）

创新产品	贷款方式	银行
知识产权质押贷款	银行要求中小企业以合法有效的知识产权作质押向银行申请贷款	北京银行
“创意贷”文化创意企业贷款	银行支持文化创意企业及文化创意集聚区建设量身定制的特色金融组合产品	北京银行
存货质押贷款	银行要求中小企业以自有或第三人合法拥有的动产为质押的授信业务	深圳发展银行北京分行

续表

创新产品	贷款方式	银行
银保物流通	银行与担保公司、物流公司合作为中小流通企业提供贷款，担保公司为借款人提供担保，物流公司起到第三方监管作用	北京农村商业银行
应收账款质押贷款	银行要求中小企业以借款人经营中形成的应收账款为质押向借款人发放贷款	北京农村商业银行
荣信达	出口企业凭借各项出口单据，投保信用保险的有关凭证，赔款转让协议等从中国银行得到资金融通的业务	中国银行北京市分行
集群联保授信业务	由 4 个（含）以上互相熟悉、产业联保，具有产业集群特性的企业，自愿组成联保体，共同为联保体成员提供连带责任保证的授信业务	民生银行总行

在我国，由于金融体制和所有制歧视等制度原因，中小企业向银行融资的渠道不够畅通，融资难是阻碍我国新企业和中小企业发展的瓶颈。从改善体制的角度考虑对新企业和中小企业发展的支持，对于促进创业活动具有全局性的战略意义。

8.1.2.2.2　中小企业间的互助机构贷款

中小企业间的互助机构是指中小企业在向银行融通资金过程中，根据合同约定，由依法设立的担保机构以保证的方式为债务人提供担保，在债务人不能依约履行债务时，由担保机构承担合同约定的偿还责任，从而保障银行债权实现的一种金融支持制度。从国外实践和我国实际情况看，信用担保可以为中小企业创业和经营融资提供便利，分散金融机构信贷风险，推进银企合作，是解决中小企业融资难的突破口之一。

企业融资担保机构平稳发展

从 20 世纪 20 年代起，许多国家为了支持本国中小企业的发展，先后成立了为中小企业提供融资担保的信用机构。目前，全世界已有 48%的国家和地区建立了中小企业信用担保体系。中小企业信用担保体系成为各国或地方政府重塑银企关系、强化信用观念、化解金融风险和改善中小企业融资环境的重要手段。

美国专门成立了中小企业管理局（SBA），通过协调贷款、担保贷款的形式，帮助解决中小企业发展资金不足的问题。20世纪90年代以来，美国每年向中小企业提供的担保贷款额在130亿～150亿美元。日本在第二次世界大战后相继成立了中小企业金融公库、国民金融公库和工商组合中央公库，专门向中小企业提供低息融资。据统计，这三家金融机构平均每年给中小企业的专款约为6万亿日元，已有53%的日本中小企业接受了信用担保体系的帮助。我国的台湾地区，在1974年就设立了中小企业信用保证基金。目前中国台湾每1 000家企业中，就有280家是由担保基金扶持发展起来的。

近年来，解决中小企业融资难的问题是我国政府的主要着力点。从1999年试点到现在，我国已经形成以中小企业信用担保为主体的担保业和多层次中小企业信用担保体系，经过近几年的探索和规范，特别是在国家税收优惠等政策推动下，各类担保机构资本金稳步增加。到2008年年底，全国中小企业信用担保机构已经发展到4 247家，累计为70多万户中小企业提供了1.75万亿元贷款的担保。2008年提供的近40万笔业务中，800万元以下担保额有38.4万笔，占96%；100万元以下有23万笔，占57.6%，这表明担保机构主要为小企业或小额贷款项目提供担保服务。2015年3月，工业和信息化部发布了《关于进一步促进中小企业信用担保机构健康发展的意见》，提出要充分发挥中小企业信用担保机构在缓解小微企业融资困难，促进其在“大众创业，万众创新”中的重要作用，进一步促进担保机构健康发展。

案例8-2

破解中小企业融资难题

在成都出现了一个纯民间的行业担保公司——成都合力创业担保公司，该公司在卓有成效地为会员企业解决融资难的同时，还实现了自身的快速发展。合力创业担保公司创造了一个怎样的成功模式？这引起了很多人的兴趣。

一个能够控制风险的团队最为重要。董祖刚，成都合力创业担保公司总经理，过去曾是中国银行成都某支行的行长。在接受记者采访时，他不无自豪地说：“目前成都市担保公司不下30家，但像我们这种运作模式的，只此一家。甚至可以说，我们这种模式在全国都是首创。”

合力创业担保公司是成都市机电商会会员出资兴办的一家股份制担保公司，初衷是专门为自己的会员服务，帮助他们解决融资难的问题。2003年12月29日，这家担保公司宣告成立，注册资金仅 200 万元。对担保这样的准金融行业来说，这样小的规模可谓“袖珍”。

然而，合力创业担保公司自 2004 年 3 月正式营业以来，到现在短短半年已开始盈利。以这么少的资金和这么短的时间就实现了盈利，这在成都众多的担保公司中是非常罕见的。据说，成都有家担保公司，注册资金有 500 万元，却连给 4 个员工发工资都感到困难。相比之下，合力创业担保公司目前已有 10 多个员工，业务开展得红红火火，员工待遇也不错，连一些银行的职员也想来这儿工作。更难能可贵的是，合力创业担保公司半年来累计已经为会员企业做了 1 亿多元的融资业务，正在进行的融资业务还有 1 亿多元。

董祖刚认为，在当今社会生活中，信誉缺失成为一种日益严重的痼疾，使得企业与银行之间、企业与企业之间的经济交往活动出现了很多障碍。从某种角度看，企业最缺的不是钱，而是信誉。

在这种情况下，作为中介组织的担保公司，如果能为企业搭建一个优质的信用平台，不仅很有意义，而且也能为自身拓展广阔的业务空间。

有这样一件事：成都有一家公司，承揽了重庆某大学的塑胶跑道工程。按合同约定，重庆某大学要预付一笔工程款给成都的公司。但重庆某大学不放心把钱交给成都的公司，要求成都这家公司提供担保。很希望做成这单生意的成都公司想找银行担保，但银行不可能提供这样的履约担保。于是这家公司就想借一笔钱存到银行，再请银行提供担保，但这样做比较困难，而且成本比较高。后来这家公司找到合力创业担保公司，经过认真考察后，合力创业担保公司给其提供了担保，使成都这家公司很容易地做成了这桩生意。

董祖刚对合力创业担保公司的前途充满信心。他告诉记者，当初他打破银行的“金饭碗”来接手合力创业担保公司总经理的时候，很多朋友都为他捏了一把汗。他也知道开始会很难，因为资金少，一不小心就会失败。但他也看到了这个小小的担保公司所独具的优势：第一，业务控制在一个相对封闭的环境中运行，风险相对较小。由于担保公司隶属于一个行业商会，股东是自己的会员，服务对象也是自己的会员，因此企业的偿债意愿将大大强于银行的那些贷款对象。因为会员企业如果借钱不还，他就会在行业中无地自容，难以生存和发展。而且，作为股东的会员，也会对自己的资金安全格外关心，一旦借钱的企业有什么情况，他们就会来报告。第二，资金来自会员，不需要支付利息，这一点比银行优越。第三，信誉创造出来以后，可以在注册资金的基础上放大 5 倍来开展担保业务。

现在，合力创业担保公司的模式被很多人认可，成都市龙泉驿区的开发区孵化园已经正式引进合力创业担保公司的模式和管理，以优化其投资环境；还有一些地方也在与合力创业担保公司接触，准备与之合作。成都市工商联已决定，将合力创业担保公司的业务扩大到全市工商联的 1.8 万个会员企业。

资料来源：谭丽莎．破解中小企业融资难题，行业担保公司的成功案例［N］．中华工商时报，2004－10－11.

8.1.2.2.3　创业投资资金

创业投资指由专业机构提供的投资于极具增长潜力的创业企业并参与其管理的权益资本。经济合作与发展组织（OECD）将“创业投资”界定为“凡是以高技术与知识为基础，生产与经营技术密集的高技术或服务的投资，均可视为创业投资”。创业投资的本质内涵体现在 3 个方面：①以股权方式投资于具有高增长潜力的未上市的创业企业，从而建立起适应创业内在需要的“共担风险、共享收益”机制。因此风险投资并不过分强调投资对象当前的盈亏状况，更看重投资对象的发展前景和投资增值状况，以便在未来通过上市或出售取得高额回报。②由于风险投资属于权益性投资，持有企业的股份，往往拥有企业的部分控制权，因此为了降低投资风险，风险投资一般会积极参与所投资企业的创业过程，一方面弥补所投资企业在创业管理经验上的不足，另一方面主动控制创业投资的高风险。③风险投资并不经营具体的产品，而是以整个创业企业作为经营对象，即通过支持“创建企业”，并在适当时机转让所持股权，来获得资本增值收益。与高度投资风险相伴随的是超额的回报，例如：软银亚洲投资盛大网络 4 000 万美元，最后获得了近 6 亿美元的收益。创业投资的投资对象大多为新企业或中等规模的企业，对目标企业有严格的考察，创业投资所接触的企业，大约只有 2%～4%能最终获得融资。

创业投资

专业机构投资于极具增长潜力的创业企业，并参与其管理的权益资本，创业企业一旦得到发展，创业投资可以通过股权退出获得资本增值收益，是高风险、高回报的投资方式。

前面提到的天使投资也是广义的创业投资的一种，但狭义的创业投资主要是指机构投资者。天使投资与创业投资都是对新兴的具有巨大增长潜力的企业进行权益资本投资。其不同点在于：天使投资的资金是投资人自己的，并且自己进行管理；而创业投资机构的资金则来自外部投资者，他们把资金交给创业投资机构，由专业经理人管理。天使投资一般投资于企业的早期或种子期，投资规模相对较小，决策快；创业投资的投资时间相对要晚，投资规模较大。

8.1.2.2.4　创业板上市融资

创业板市场着眼于创业，是指主板市场之外为满足中小企业和新兴行业创业企业融资需求和创业投资退出需求的证券交易市场，如美国的纳斯达克市场、英国的 AIM（Alternative Investment Market）市场等。创业板在服务对象、上市标准、交易制度等方面与主板市场存在较大差异，主板市场只接纳成熟的、已形成足够规模的企业上市，而创业板以成长型尤其是具有自主创新能力的创业企业为服务对象，具有上市门槛相对较低、信息披露及监管严格等特点。创业板上市企业的成长性和市场风险均高于主板，是对主板市场有效的补充。

创业板

从世界范围看，创业板已成为各国高科技企业的主要融资场所。据统计，美国软件行业上市公司中的 93.6%、半导体行业上市公司中的 84.8%、计算机及外围设备行业上市公司中的 84.5%、通信服务业上市公司中的 82.6%、通信设备行业上市公司中的 81.7%都在纳斯达克上市。我国创业板市场于 2009 年 10 月 23 日正式开板，首批 28 家公司在创业板市场挂牌上市，截至 2010 年 8 月 6 日，已经在创业板市场上交易的上市公司达到 100 家，总市值达到 4 150 亿元，已经成为中小企业良好的融资平台。

创业板上市不仅可以帮助创业者实现收益以及风险投资退出等需求，还有利于创业企业提高知名度。通过上市公开发行股票，企业可以在全国性的市场中树立品牌，使社会公众了解企业，树立企业形象，提高知名度，对人才、技术合作者等产生较强的吸引力，有利于企业的长远发展和市场开拓。另外，为确保上市公司的质量，创业板对公司治理结构的要求较高，要求构建产权明晰、权责明确、管理科学的现代企业制度，规范企业运作，制定严密的业务发展计划和完整清晰的业务发展战略，提炼核心业务范围，保持管理技术队伍的稳定，选择好的投资项目与前景好的产品市场，不断提升业务增长潜力。而对创业企业来说，上市融资有助于建立现代企业制度，规范法人治理结构，提高企业管理水平，增强企业创业和创新的动力。

但是创业者对于上市可能带来的约束和风险也应有一定的心理准备。由于创业板市场的高风险性，为了保护投资者的利益，监管部门对创业板市场制定了更为严格的业务要求、信息披露要求、限售规则及退市制度，企业一旦成为上市公司，在信息公开、财务规范、治理结构方面必须遵循市场要求，股价直接反映了企业的形象，这对较多依赖创业者个人、决策随意的创业企业来说，意味着管理模式的全面转型。另外，由于股本规模小及股份全流通，创业板上市企业很有可能成为其他企业的收购对象，对于看好企业发展的创业者或创业团队将形成收购风险，减弱甚至丧失在企业中的话语权。

8.1.2.2.5 科创板上市融资

科创板，英文是 Sci-Tech Innovation Board（STAR Market），是由国家主席习近平于 2018 年 11 月 5 日在首届中国国际进口博览会开幕式上宣布设立，2019 年 6 月 13 日正式开板，是独立于现有主板市场的新设板块，并在该板块内进行注册制试点。由于科技创新具有投入大、周期长、风险高等特点，科技型企业需要长期资本的引领和催化，而间接融资和短期融资又往往无法满足科技创新对资本的需求，因此科创板将实现资本市场和科技创新更加深度的融合。科创板上市秉承“包容性原则”，制定差异化上市标准，允许亏损优质企业、同股不同权企业、红筹企业上市，可以充分激发创新企业活力，畅通市场入口。

科创板——发行条件

发行人申请股票首次发行上市的，应当符合《科创板首次公开发行股票注册管理办法（试行）》规定的发行条件：

1. 组织机构健全：发行人依法设立并持续经营 3 年以上的股份有限公司，具备健全且运行良好的组织机构。

2. 会计基础和内控制度：发行人会计基础工作规范，由注册会计师出具无保留意见的审计报告。发行人内部控制制度健全且被有效执行，由注册会计师出具无保留结论的内部控制鉴证报告。

3. 独立持续经营：发行人业务完整，具有直接面向市场独立持续经营的能力：

1）五独立，不存在对发行人构成重大不利影响的同业竞争，以及严重影响独立性或者显失公平的关联交易。

2）最近 2 年内主营业务和董事、高级管理人员及核心技术人员均没有发生重大不利变化。最近 2 年实际控制人没有发生变更。

3）不存在重大权属纠纷，重大偿债风险，重大或有事项，经营环境已经或者将要发生的重大变化等对持续经营有重大不利影响的事项。

4. 合法经营：发行人生产经营符合法律、行政法规的规定，符合国家产业政策。

1）发行人及其控股股东、实际控制人最近 3 年内不存在五类刑事犯罪，不存在欺诈发行、重大信息披露违法或其他涉及国家安全、公共安全、生态安全、生产安全、公众健康安全等领域的重大违法行为。

2）董事、监事和高级管理人员不存在最近 3 年内受到中国证监会行政处罚，被司法机关立案侦查或被中国证监会立案调查，尚未有明确结论意见等情形。

科创板——上市条件

发行人申请股票首次发行上市的，应当符合《上海证券交易所科创板股票上市规则》规定的上市条件：

1. 符合中国证监会规定的发行条件。

2. 发行后股本总额不低于人民币 3 000 万元。

3. 首次公开发行的股份达到公司股份总数的 25%以上，公司股本总额超过人民币 4 亿元的，首次公开发行股份的比例为 10%以上。

4. 市值及财务指标满足本规则规定的标准。

科创板与主板、中小板、创业板的主要区别：第一，针对主体类型，科创板主要是成长型科创企业；第二，上市制度方面，主板、中小板、创业板均为核准制，科创板是首次施行注册制的场内市场；第三，财务要求方面，科创板要求较主板、创业板更加灵活包容，结合“市值、收入、净利润、现金流、核心技术”等多重指标实现差异化评定，企业经营的确定性越高，经营成果越好，对市值的要求越低。（详见表 8-2）

表 8-2　科创板与创业板、新三板的上市条件比较

比较项目	创业板	新三板	科创板
市场类型	场内市场	场外市场	场内市场
公司类型	高成长型企业、创新型企业、中小企业	非上市企业	成长型科创企业
上市制度	核准制	注册制	注册制，上交所负责审核，证监会 20 天决定是否注册
存续期	3 年	2 年	3 年

续表

<table>
<tr><th></th><th>创业板</th><th>新三板</th><th>科创板</th></tr>
<tr><td>盈利要求</td><td>最近 2 年连续盈利，累计净利润≥1 000 万元；或者最近 1 年盈利，最近 1 年营业收入≥5 000 万元</td><td>最近两个完整会计年度的营业收入累计不低于 1 000 万元；因研发周期较长导致营业收入少于 1 000 万元，但最近一期末净资产不少于 3 000 万元的除外</td><td rowspan="3">允许符合科创板定位的、尚未盈利或存在累计为弥补亏损的企业上市，按照市值制定 5 套标准：
（一）预计市值≥10 亿元，最近两年净利润均为正且累计净利润不低于人民币 5 000 万元或最近一年净利润为正且营业收入不低于人民币 1 亿元；
（二）预计市值≥15 亿元，最近一年营业收入不低于人民币 2 亿元，且最近三年研发投入合计占最近三年营业收入的比例不低于 15%；
（三）预计市值≥20 亿元，最近一年营业收入不低于人民币 3 亿元，且最近三年经营活动产生的现金流量净额累计不低于人民币 1 亿元；
（四）预计市值≥30 亿元，最近一年营业收入不低于人民币 3 亿元；
（五）预计市值≥40 亿元，主要业务或产品需经国家有关部门批准，市场空间大，目前已取得阶段性成果，并获得知名投资机构一定金额的投资。医药行业企业需取得至少一项一类新药二期临床试验批件，其他符合科创板定位的企业需具备明显的技术优势并满足相应条件。</td></tr>
<tr><td>现金流要求</td><td>无</td><td>每一个会计期间内形成与同期业务相关持续营运记录，不能仅存在偶发性交易或事项</td></tr>
<tr><td>净资产要求</td><td>最近一期末净资产≥5 000 万元，且不存在未弥补亏损</td><td>报告期末每股净资产不低于 1 元/股</td></tr>
</table>

8.1.2.3 政府背景融资

近年来，各级政府充分意识到创业活动对经济发展的推动作用，尤其是科技含量高的产业或当地优势产业对增强地区竞争力、解决就业问题的重要意义。为此，政府越来越关注新创企业的发展，同时这些处于创业初期的企业在融资方面所面临的迫切要求和融资困难的矛盾，也成为政府致力解决的重要问题。由于经济实力、产业基础、区域文化等有很大差异，各地政府推出的创业支持政策也不尽相同。一般而言，常见的政府背景融资主要有科技部科技创新基金、地方性优惠政策。

8.1.2.3.1　科技创新基金

科技型中小企业技术创新基金是经国务院批准设立，用于支持科技型中小企业技术创新的政府专项基金。通过贷款贴息、无偿资助和资本金投入等方式，扶持和引导科技型中小企业的技术创新活动。根据中小企业项目的不同特点，创新基金支持方式主要有：

（1）贷款贴息，对已具有一定水平、规模和效益的创新项目，原则上采取贴息方式支持其使用银行贷款，以扩大生产规模。一般按贷款额年利息的 50%～100%

给予补贴，贴息总金额一般不超过 100 万元，个别重大项目不超过 200 万元。

（2）无偿资助，主要用于中小企业技术创新中产品的研究、开发及中试阶段的必要补助、科研人员携带科技成果创办企业进行成果转化的补助，资助额一般不超过 100 万元；资本金投入，对少数起点高，具有较广创新内涵，较高创新水平并有后续创新潜力，预计投产后有较大市场，有望形成新兴产业的项目，可采取成本投入方式。

8.1.2.3.2　地方性优惠政策

各地政府在支持创业企业发展方面，纷纷推出诸如税收优惠、小额贷款、中小企业信用担保、创业基地建设等扶持政策。

上海的小额贷款担保政策

上海针对注册开业三年以内的创业企业推出小额贷款担保政策，担保金额高达 100 万元，其中，10 万元以下的贷款项目可免于个人担保。同时，根据创业组织在贷款期间吸纳当地失业、协保人员和农村富余劳动力的情况，给予一定的贷款利息的补贴。对前期投资资金较大、吸纳就业效果明显的创业项目，经论证也可给予创业前的小额贷款担保支持。在全国许多地区都有类似的创业优惠和扶持政策，创业者进入不同地区创业时，应关注并熟悉这些渠道。

创业者本身就是创新者，他们发现了别人没有发现的机会，采用了与众不同的经营方式。同样，在融资方面，他们也不可能发现不了创新性的融资渠道。除了前面介绍的融资方式外，还有典当融资、设备融资租赁、孵化器融资、集群融资、供应链融资等。

8.1.2.4　互联网金融

近年来，随着互联网的普及，互联网金融得到迅猛发展，新型融资渠道如 P2P 融资、众筹融资正在为创业企业提供全新的融资渠道。

8.1.2.4.1　P2P 融资

P2P 是 Peer-to-Peer 的缩写，Peer 有（地位、能力等）同等者、同事和伙伴等意。P2P 直接将人们联系起来，让人们通过互联网直接交互，使得网络上的沟通变得容易，更利于共享和交互，真正地消除中间商，为企业与个人提供更大的方便。

P2P 指个人与个人之间的借贷，而 P2P 理财是指以公司为中介机构，把借贷双方对接起来满足各自的借贷需求。借款方可以是无抵押贷款或是有抵押贷款，而中介一般是以收取双方或单方的手续费为盈利目的或者是以赚取一定息差为盈利目的的新型理财模式。P2C 模式是传统 P2P 的延伸和升级，可帮助小微企业快速安全融资，为大众提供了一个投资理财平台。

网络借贷

2015年年底，银监会会同工业和信息化部、公安部、国家互联网信息办公室研究起草的《网络借贷信息中介机构业务活动管理暂行办法（征求意见稿）》指出，网络借贷是指个体和个体之间通过互联网平台实现的直接借贷。个体包含自然人、法人及其他组织。网络借贷信息中介机构是指依法设立，专门从事网络借贷信息中介业务活动的金融信息中介企业。该类机构以互联网为主要渠道，为借款人与出借人（即贷款人）实现直接借贷提供信息搜集、信息公布、资信评估、信息交互、借贷撮合等服务。这里的网络借贷即P2P。

根据盈灿咨询联合网贷之家于2016年1月8日在北京发布的《网贷行业2015年度报告》，2015年年底网贷运营平台已达2 595家，相比2014年年底增长了1 020家，同比增长65%，绝对增量超过上年，再创历史新高；全年网贷成交量达到9 823.04亿元，比2014年增长288.57%。2015年10月，网贷历史累计成交量首次突破万亿元大关，截至2015年12月底历史累计成交量已经达到13 652亿元。

随着网贷成交量稳步上升，P2P网贷行业贷款余额也随之同步走高。截至2015年12月底，网贷行业总体贷款余额已经达到4 394.61亿元，相较2014年年底总体贷款余额1 036亿元，增长幅度为324%。

但在P2P融资快速发展的同时，如何规避风险，也成为一个重要问题。2015年全年问题平台数量达到所有P2P平台的8%，是2014年的3.26倍。2018年P2P平台因逾期兑付问题或经营不善而停业，其中部分被曝爆雷的机构已因涉嫌非法吸收公众存款被公安机关立案侦查。同年8月，P2P网络供货风险专项整治工作领导小组办公室正式下发《P2P合规检查问题清单》，为网贷行业合规发展划定了统一标准。

因此，既要利用好这一新兴的融资方式，又要降低风险，保证投资人的合法权益，这是理论界和实践界共同面对的问题。

8.1.2.4.2　众筹融资

众筹的兴起源于美国网站kick starter，该网站通过搭建网络平台面对公众筹资，让有创造力的人可能获得他们所需要的资金，以便使他们的梦想有可能实现。这种模式的兴起打破了传统的融资模式，每一位普通人都可以通过众筹模式获得从事某项创作或活动的资金，使得融资的来源不再局限于风投等机构，而可以来源于大众。

众筹译自Crowd Funding一词，即大众筹资或群众筹资，是指个人或者企业就其项目通过互联网众筹平台向大众筹资的融资模式，投资者可以获得产品、债权或者股权回报。相对于传统的融资方式，众筹更为开放，能否获得资金也不再是评价项目的商业价值的唯一标准。只要是网友喜欢的项目，都可以通过众筹方式获得项目启动的第一笔资金，为更多小本经营或创作的人提供了无限的可能。

众筹需要遵循的规则包括：

(1) 筹资项目必须在发起人预设的时间内达到或超过目标金额才算成功。

(2) 在设定天数内，达到或者超过目标金额，项目即成功，发起人可获得资金；筹资项目完成后，支持者将得到发起人预先承诺的回报，回报方式可以是实物，也可以是服务，如果项目筹资失败，那么已获资金全部退还支持者。

(3) 众筹不是捐款，支持者的所有支持一定要有相应的回报。

众筹具有以下几方面特征：

(1) 门槛低。无论什么身份、地位、职业、年龄、性别，只要有想法、有创造能力都可以发起项目。

(2) 形式多样。众筹的方向具有多样性，在国内的众筹网站上的项目类别包括设计、科技、音乐、影视、食品、漫画、出版、游戏、摄影等。

(3) 汇聚大众力量。支持者通常是普通的草根民众，而非公司、企业或是风险投资人。

(4) 注重创意创新。发起人必须先将自己的创意（设计图、成品、策划等）制作完整，达到可展示的程度，才能通过平台的审核，而不单单是一个概念或者一个点子，要有可操作性。

目前，众筹这一融资新形式已经得到快速发展，相关的法律法规还在进一步制定之中。

案例 8-3

美微创投——凭证式众筹

朱江决定创业，但是拿不到风投。2012 年 10 月 5 日，淘宝出现了一家店铺，名为“美微会员卡在线直营店”。淘宝店店主是美微传媒的创始人朱江，原来在多家互联网公司担任高管。

消费者可通过在淘宝店拍下相应金额的会员卡，但这不是简单的会员卡，购买者除了能够享有“订阅电子杂志”的权益，还可以拥有美微传媒的原始股份 100 股。朱江 2012 年 10 月 5 日开始在淘宝店里上架公司股权，4 天之后，网友凑了 80 万元。

但是很快证监会就约谈了朱江，最后宣布该融资行为不合规，美微传媒不得不向所有购买股份的投资者全额退款。按照《中华人民共和国证券法》，向不特定对象发行证券，或者向特定对象发行证券累计超过 200 人的，都属于公开发行，都需要经过证券监管部门的核准才可以。

后来，美微传媒创始人朱江复述了这一情节，透露了比“叫停”两个字丰富得多的故事：

“我的微博上有许多粉丝一直在关注这事，当我说拿不到投资，创业启动不了的时候，很多粉丝说，要不我们凑个钱给你吧，让你来做。我想，行啊，这也是个路子，我当时已经没有钱了。”

于是，朱江在2013年2月开始在淘宝店上众筹。

“大概一周时间，我们吸引了多个股东，其实真正的数字是3 000多个，3 000多个投资者打来387万元，后来我们退掉了2 000多个，目前公司一共有1 194个投资者。”

“钱拿到之后，我们在上海开了一个年度规划会。我的助手接到一个电话：‘你好，我是证监会的，我想找你们的朱江。’”

“证监会干的让我觉得最了不起的一件事情，是给1 194个投资人都打过电话。一半的投资人接到电话就直接挂了，都以为是骗子，在群里说，今天遇到骗子打电话来说是证监会的，要来了解美微传媒，我告诉他们的确是证监会在调查。”

据朱江描述，证监会重点问了所有投资人两个问题：第一，朱江有没有承诺你保本？第二，朱江有没有承诺每年的固定收益率？

资料来源：http://chuangye.yjbys.com/zhidao/chuangyerongzi/553434.html.

8.1.3 债权融资与股权融资

由于融资的困难，创业者通常要利用各种可能的融资渠道来筹集资金。根据资金来源的性质不同，可以分为债权性资金和股权性资金两种。

8.1.3.1 债权融资与股权融资的比较

债权性资金是借款性质的资金，资金所有人提供资金给资金使用人，然后在约定的时间收回资金（本金）并获得预先约定的固定的报酬（利息）。资金所有人不过问企业的经营情况，不承担企业的经营风险，他所获得的利息也不因为企业经营情况的好坏而变化，如上文提到的银行贷款、亲朋好友借贷。股权性资金是投资性质的资金，资金提供者占有企业的股份，按照提供资金的比例享有企业的控制权，参与企业的重大决策，承担企业的经营风险，一般不能从企业抽回资金，其获得的报酬根据企业经营情况而变化，典型的如天使投资基金、风险投资基金、创业板融资。

债务融资和股权融资各有优缺点，债务融资的优点主要体现在：债务融资需要支付本金和利息，但创业者可以保持对企业的有效控制权，并且独享未来可能的高额回报率。只要按期偿还贷款，债权方就无权过问公司的未来及其发展方向；债权方只要求固定的本息，既不承担企业成长性的风险，也不享受企业成长性的收益。

而缺点是这种融资方式要求企业按时清偿贷款，如果不能保证经营收益高于资金成本，企业就会面临收不抵支甚至亏损的局面。而且债务融资提高了企业的负债率，如果负债率过高，企业再筹资和经营能力都面临风险。

股权融资的优点主要体现在：投资者不要求债务融资中常见的担保、抵押等方式，而是要求按一定比例持有企业产权，并分享利润和资产处置收益，能够承担企业经营的风险。创业者通过股权融资不仅得到资金，很多时候还能利用投资者拥有创业企业所需要的各种资源，如关系网络、人力资源、管理经验等。股权融资的缺点主要体现在控制权方面，由于股份稀释，创业者可能失去企业的控制权，在一些重大战略决策方面，创业者可能不得不考虑投资方的意见，如果双方意见存在分歧，就会降低企业决策效率。企业如果能够成功上市，在融资的同时，也要承担信息披露的责任，部分创业者可能对此会有顾虑。表 8－3 是对这两种资金性质的比较。

表 8－3　债权性资金与股权性资金的比较

比较项目	债权性资金	股权性资金
本金	到期从企业收回	不能从企业抽回，可以向第三方转让
报酬	事先约定固定金额的利息	根据企业经营情况而变化
风险承担	低风险	高风险
对企业的控制权	无	按比例享有

乔布斯与苹果公司

1976 年，21 岁的史蒂夫·乔布斯与搭档沃兹尼亚克在乔布斯家的车库里成立了苹果电脑公司。1980 年 11 月，苹果股票上市至每股 22 美元，乔布斯和沃兹尼亚克一夜之间成为百万富翁。1983 年，苹果公司的业务越做越大，乔布斯便开始寻找一名出色的首席执行官管理公司，他相中了百事可乐总裁斯卡利过人的管理才能。软磨硬泡了 4 个月，斯卡利仍犹豫不决，最后，乔布斯凭一句“你是想卖一辈子糖水呢，还是改变整个世界?”打动了斯库利，随后斯库利欣然出任苹果公司 CEO。

1985 年，电脑业界普遍萧条，苹果电脑最主要的现金牛 Apple Ⅱ在持续畅销 8 年后开始呈现下滑趋势，而诞生了 18 个月的 Macintosh 销售不容乐观。斯卡利和乔布斯的矛盾始于对公司发展方向的不同看法。来自传统行业的斯卡利把控制成本视为第一要务。而新兴 IT 行业需要高额的研发费用：Apple Ⅱ的开发费用是

50 万美元，到了 Macintosh 已经高达 8 000 万美元。一方面是高额的开发费用，一方面是低迷的销售态势，公司的赤字在惊人地增长，斯卡利决定改革苹果现有的组织结构。年轻气盛的乔布斯坚持己见，不接受斯卡利的主张，两人的关系急转直下，1985 年 5 月，他们已经到了势不两立的境地。斯卡利向董事会施压：如果乔布斯留在苹果，他就挂冠而去。最终，针对乔布斯的投票开始了。由于乔布斯并不掌握足够多的股权来反抗斯卡利，所以在投票中失败了。随后，斯卡利解除了乔布斯的一切权力，仅保留了他的苹果公司主席职务，但乔布斯已经不能对任何决策产生影响。同年夏天，乔布斯离开了自己创办的苹果公司。

资料来源：https://my.oschina.net/yonge/blog/83.

8.1.3.2　选择融资方式的影响因素

创业融资不仅是筹集创业的启动资金，而是包括整个创业过程的所有融资活动。由不同渠道取得的资金之间的有机构成及其比重关系就是融资结构，即创业者的资金有多少来源于债务融资，有多少来源于股权融资。因为不同性质的资金对企业的经营有不同的影响，所以创业者应该合理均衡债务融资与股权融资之间的比例。通常，创业者融资决策会受到以下几个因素的影响：创业所处阶段、新创企业特征、融资成本、创业者对控制权的态度。

8.1.3.2.1　创业所处阶段

创业融资需求具有阶段性特征，不同阶段的资金需求量和风险程度存在差异，不同的融资渠道所能提供的资金数量和要求的风险程度也不相同，创业者在融资时必须将不同阶段的融资需求与融资渠道进行匹配，才能高效地开展融资工作，获得创业活动所需的资金，化解融资难题。

在种子期和启动期，企业处在高度的不确定中，只能依靠自我融资或亲戚朋友的支持，以及从外部投资者处获取天使资金。创业投资很少在此时介入，而从商业银行获得贷款支持的难度更大。建立在血缘和信任关系基础上的个人资金是该阶段融资的主要渠道。

企业进入成长期后，已经有了前期的经营基础，发展潜力逐渐显现，资金需求量也比以前增大。成长期前期，在企业获得正的现金流之前，创业者获得债务融资的难度较大，即使获得，也很难支付预定的利息，这时创业者往往倾向于通过股权融资这种不要求他们做出固定偿付的方式来筹集资金。成长期后期，企业表现出较好的成长性，且具有一定的资产规模，可以寻求银行贷款、商业信用等债务融资方式。

企业进入成熟期后，债券、股票等资本市场可以为企业提供丰富的资金来源。如果创业者选择不再继续经营企业，则可以选择公开上市、管理层收购或其他股权转让方式退出企业，收获自己的成果。

8.1.3.2.2　新创企业特征

创业活动千差万别，所涉足的行业、初始资源禀赋、面临的风险、预期收益都有较大的差异，不同行业面临不同的竞争环境、行业集中度及经营战略。创业企业的资本结构是不同的，不同的资本结构产生了不同的融资要求。对于从事高科技产业或有独特商业创意的企业，经营风险较大，预期收益也较高，创业者有良好的相关背景，可考虑股权融资的方式；对于从事传统产业类的企业，经营风险较小，预期收益较易预测，可主要考虑债权融资的方式。

实践中，大部分新创企业不具备银行或投资者所要求的特征，在风险和预期收益方面均处于不利情况，这时只能依赖个人资金、向亲朋好友融资等自力更生的方式，直到能够证明自己的产品或创意可以在市场上立足，才能获得债务融资或股权融资（如表 8－4）。

表 8－4　　新创企业特征与融资类型的匹配

新创企业类型	新创企业特征	适当的融资类型
高风险、预期收益不稳定	弱小的现金流；高负债；低、中等成长；未经证明的管理层	个人资金、向亲朋好友融资
低风险、预期收益易预测	一般传统产业；强大的现金流；低负债率；优秀的管理层；良好的资产负债表	债务融资
高风险、预期收益较高	独特的商业创意；高成长；利基市场；得到证明的管理层	权益融资

8.1.3.2.3　融资成本

不同的融资渠道，融资成本不一样。债务融资成本是使用债务资金所需要支付的利息，一般而言，支付周期较短，支付金额固定；在债权融资中应实现各种融资渠道之间的取长补短，将各种具体的债权资金搭配使用、相互配合，最大限度地降低资金成本。

而在股权融资中，投资者获得企业部分股权，其未来潜在的收益是不受限制的。虽然不需要像利息那样无条件定期支付，但会影响创业者对企业的控制权，许多创业投资公司会要求一系列保护投资方利益的否决权，并且介入企业的经营管理中。即使创业者及其团队在初期拥有相对多数的股权比例，但往往在两到三轮融资之后，创业者的股权被大大稀释，决策效率及控制权都会受到影响。因此在大多数情况下，权益融资的成本要比债务融资的成本高。

过高的融资成本对创业企业来说是一个沉重的负担，而且会抵消创业企业的成长效应。因此，即使初期的资金很难获得，创业企业仍要寻求一个较低的综合资金成本的融资组合，在投资收益率和资金成本权衡中做出选择。

8.1.3.2.4　创业者对控制权的态度

创业者对控制权的态度会影响融资渠道的选择。一些创业者不愿意将自己费尽心血所创立的企业的部分所有权与投资者共同拥有，希望保持对企业的控制权，因此更多地选择债务融资。而另一些投资者则更看重企业是否可以迅速扩大，取得跳跃式发展，获得渴望的财富。为此他们愿意引入外来投资，甚至让位于他人管理企业。

要钱还是要权

每个踌躇满志的创业者都希望自己成为比尔·盖茨、菲尔·奈特（耐克公司创始人）或者安妮塔·罗迪克（Body Shop 化妆品公司创始人）那样的人，能够成功创建一家大型企业，并连续多年掌权。不过，创始人能做好 CEO 角色的还是凤毛麟角。在作者研究的 212 家美国初创企业中，大多数创始人早早地交出了管理大权，到企业四周年时，只有 40%的创业者还在 CEO 的位置上，最后能够领导公司上市的创始人不足 25%。大多数创始人并不想主动让权。根据作者的研究，五分之四的创始人是被迫走下 CEO 宝座的。事实上，当投资者坚持要创始人交权时，这些创始人大多感到非常震惊，最后他们往往被投资者以不愉快的方式赶下台。

假如创始人从一开始就能诚实面对自己的创业动机，这个权力交接过程就会相对顺利。或许你会说，他们的目的无非是想多赚钱。是的，他们确实想赚钱。但研究发现，除了致富，还有另外一个因素在推动创始人创业：那就是创建和领导一家企业的强烈欲望。不幸的是，财富和权力对于大多数创业者来说难以两全。

一、成长的烦恼

创始人一手创办了企业，他们对企业有着深厚的感情，相信只有自己才能带领初创企业走向成功，而对企业未来可能面临的问题非常天真。这些情感因素日后会给企业造成问题。在获得早期成功之后，创始人面临一连串不同以往的业务挑战。创始人必须建立大批量产品的营销能力和销售能力，以及为顾客提供售后服务的能力。公司的财务状况变得更加复杂，公司的组织架构需要完善，CEO 必须创立正式的流程，设计专业化的岗位，并搭建管理层级。这个阶段的 CEO 急需大幅扩展自己的技能，很多创业者在这样的压力下开始力不从心。

初创公司发展到需要外部资金和新管理技能这个节点的速度越快，创始人失去管理大权的速度也就越快。许多投资人不得不给创业 CEO 这样的暗示："恭喜你取得成功，但对不起，你被解雇了。"

二、做出抉择

随着企业不断成长，创始人开始进退维谷。一方面，他们必须募集资源来抓住眼前的市场机遇；但另一方面，为了吸引投资者和高级管理人才加盟，创业者不得不放弃大部分决策控制权。作者的研究表明，如果创始人愿意出让更多股权吸引其他创始人、非创始人高管与投资者，他就比一个吝于割舍股权的创始人给企业带来的价值更高，最后他本人分得的价值也更多。

钱与权的抉择，能够让创业者认真思考成功对于他们的意义。对于想要做企业"国王"的人而言，假如丧失了控制权，即使再富裕，他也不会有成功的感觉。相反，如果创业者认识到自己创业的目的是积累财富，那么就算"下台"，他也不会觉得自己很失败。

资料来源：[美] 诺姆·沃瑟曼．创始人：要钱还是要权？[J]．哈佛商业评论，2009 (1).

8.2　资金管理

虎嗅：科技新媒体的财务前景

2015 年 12 月挂牌新三板的虎嗅，被称作科技媒体第一股。虎嗅网是由《中国企业家》前执行总编李岷于 2012 年 5 月创立的个性化商业资讯网站，属于商业科技垂直媒体。虎嗅的口号是"聚合优质的创新信息与人群"，它的业务核心是内容和人群两个方面，通过提供丰富的优质内容，吸引与粘住对创新敏感的人群。

虎嗅的收入模式与传统媒体没有本质上的区别——主要是来自为企业提供营销推广服务（包括广告和整合营销）及线下活动。2016 年，虎嗅增加了基于会员订阅的内容付费业务。会员服务包括向会员提供研究报告、有料内容抢先看、线下活动的专属折扣及其他增值服务。目前，先嗅会员定价为 1 288 元/年（1 888 元/2 年）。李岷说，大部分内容还是会免费，以便获得足够多的阅读量；极少内容会尝试收费，本质上不仅是内容付费，更多是为社群付费。

虎嗅历年服务营业收入见表 8－5，2015 年和 2016 年财报摘要见表 8－6。

表 8－5　虎嗅历年服务营业收入（金额单位：万元）

服务类别	2016 年	比例	2015 年	比例	2014 年	比例	2013 年	比例
广告发布	386	19.4%	353.2	21.4%	149.7	16%	31.4	9%
整合营销	889.7	44.8%	840.1	50.8%	567.8	61%	160.2	45.8%
线下活动	711.4	35.8%	459.6	27.8%	208.2	23%	158.2	45.2%

表 8－6　2015 年和 2016 年财报摘要：主营业务分析（金额单位：万元）

项目	2016 年	增幅	2015 年	增幅
资产负债				
货币资金	2 083	－21%	2 639	134%
应收账款	822	124%	368	238%
固定资产	23	－1%	23.3	0.7%
资产总计	3 041	－4.5%	3 185	8.3%
流动负债	466	68%	277	
负债总计	466	68%	277	
所有者权益	2 574	－12%	2 909	
利润构成				
营业收入	1 987	20%	1 653	79%
营业成本	865	9%	794	99%
毛利率	56%		52%	
管理费用	1 176	69%	695	84%
销售费用	256	163%	97	49%
净利润	－334	－507%	82	25%
偿债能力				
资产负债率	15%		8.7%	
流动比率	6.5		11	

从年报数据来看，营业收入增长 20%，但同期出现 334 万元亏损，公司的解释是研发和销售方面开支增长快于营业收入，导致利润减少。例如：研发费用为 636 万元，较上年增长 518 万元，占营业收入的 32%。研发的增长同时导致人员薪酬的增加。销售费用大幅增加了 163%，主要用于支付人员和营销费用，此外，

由于大部分业务通过代理公司进行，导致应收账款大幅度增加 124%，账期延长。

虎嗅曾经自嘲“商业模式单一、理财能力欠缺、亏损同比放大”，作为科技类媒体，虎嗅通过企业影响力变现和让群收费来实现盈利，目前看来还非常困难。

在风险方面，虎嗅更关注网络广告的投放专业性，避免网络入口多元化和内容形态多元化导致的分流。为了坚持独立立场，虎嗅和不少公司的公关产生过冲突，这也是品牌潜在的风险之一。

资料来源：https://www.shobserver.com/news/detail?id=49117.

【思考与讨论】

1. 从虎嗅 2016 年年报中，你可以发现哪些亮点？
2. 针对财务报表，你对于虎嗅管理层可能提出哪些疑问？
3. 与同类企业相比，从财务角度看虎嗅有哪些优点和隐患？

8.2.1　财务管理的基本工具

对于创业者，一份精心设计、现实可行的财务计划的重要性显而易见。投资人和贷款人在决定向新企业提供资金之前，都需要审核财务报告。财务计划有助于创业者更有效地管理企业，避开可能遭遇的陷阱。在创业初期，忽视财务计划的创业者更有可能遭受失败的结果。在现实中，许多创业者专注于产品和经营的细节而对财务计划缺乏准备。造成这种现象的原因之一是创业者往往缺少必要的财务训练、知识和技能。在创业者中间，有很大一部分人不能准确地回答会计术语的含义。

8.2.1.1　会计的定义

会计是指系统性地收集、分析和报告财务信息的过程。会计活动是企业经营的基本需要，没有会计活动，企业将无法了解自己的盈利水平、应当缴纳的税款和现金状况；会计活动不仅可以帮助企业了解过去的经营状况，还可以帮助企业做出未来的决策，是企业内部最重要的职能之一。作为现代企业经营者，必须掌握阅读、理解和分析会计报告和财务报告的技能。

会计活动是一个系统性的过程。在这个过程中，会计人员首先要记录财务活动，包括销售、购买等各种发生资金变动的活动。其次，会计人员将这些活动进行归类，例如：将购买归入一类，而将销售归入另一类。最后，经过分析和整理的会计信息以财务报表的形式呈现给管理者、金融机构、投资者和政府用于决策。图 8-2 对会计系统进行了描述。

会计信息的结果通常体现为 3 张报表：资产负债表、利润表和现金流量表，它们简要地汇总了企业在一定期间的活动。

输入：会计录入	处理	输出：财务报表
销售账户	会计分录：日记账	资产负债表
购买账户	记录分类账	利润表
运输费用账户	账目汇总	现金流量表
人工费用账户		
银行账户		
差旅费用账户		
娱乐费用账户		

图 8－2　会计系统

8.2.1.2　资产负债表

为会计核算而将连续的企业经营活动人为地划分为相等的区间，称为会计期间，通常与公历年一致，财务报表反映会计期间期初与期末数据的变化。资产负债表是以金额表示的某一会计期末企业的资产、负债和所有者权益数据的汇总。表 8－7 给出了一家假定的名为新奇特的服装公司在两个会计年度期末的资产负债表。根据会计恒等式，资产＝负债＋所有者权益，资产负债表中所报告的资产必须等于负债加所有者权益。

表 8－7　　新奇特公司资产负债表（单位：元）

	第一年 12 月 31 日	第二年 12 月 31 日
资产		
流动资产		
货币资金	50 000	50 000
应收款项	82 000	144 000
存货	185 000	230 000
预付款项	5 000	5 000
流动资产合计	322 000	429 000
非流动资产		
长期股权投资		
固定资产投资	120 000	96 000
无形资产		
非流动资产合计	120 000	96 000
资产合计	442 000	525 000
负债和所有者权益		
流动负债		
应付票据	60 000	42 400

续表

	第一年 12 月 31 日	第二年 12 月 31 日
应付款项	102 000	146 000
预提费用	7 900	13 500
应交税金	2 400	4 200
应付股利	0	0
一年内到期的长期负债	30 000	30 000
流动负债合计	202 300	236 100
长期负债	120 000	100 000
负债合计	322 300	336 100
所有者权益		
实收资本	100 000	100 000
未分配利润	19 700	88 900
所有者权益合计	119 700	188 900
负债和所有者权益总计	442 000	525000

对比不同期间的资产负债表，可以获得关于企业资产、负债和所有者权益变化的信息。资产负债表的第一部分提供了企业资产价值的信息（按购买成本而不是当前的市场价格）。资产按流动性高低顺序排列，分为流动资产和非流动资产。流动资产是指可以在一年以内变现或使用期在一年以内的资产，包括货币资金，可交易的金融资产（股票、债券等）、应收票据和应收款项、存货、预付款项等。非流动资产是流动资产之外的资产，主要包括长期应收款、长期投资、固定资产、无形资产等。

资产负债表的第二部分是负债，即企业对外部所欠的钱。流动负债是指一年内或企业运营周期内必须偿付的债务，而非流动负债是指偿付期在一年以上的债务，在这一部分还包括所有者权益，这是指投资人在企业中所拥有的价值。所有者权益是资产负债表中的平衡项目，反映企业所有者对公司投入的资本加上尚未分配给投资人的累积利润。

8.2.1.3　利润表

利润表用于比较企业在一定期间的收入和费用，用来判断企业是赚钱还是亏损。表 8－8 给出了新奇特公司过去两年的利润表。利润表首先记录企业全年通过销售产品和服务所获得的营业收入。营业成本是在此期间企业为已销售的产品和服务所支付的总成本。营业成本是相对于营业收入的概念，没有营业收入也就无所谓营业成本。营业收入减去营业成本得到毛利。如果一家企业的毛利为负值，表明它的销售收入无法支持销售成本，很可能出现亏损。毛利除以销售收入的结果称为毛利率，通常以百分比表示，这是一个非常重要的财务指标。

表 8-8　新奇特公司利润表（单位：元）

	第一年	第二年
营业收入	1 000 000	1 500 000
减：营业成本	−750 000	−1 050 000
毛利	250 000	450 000
减：销售费用	−50 000	−75 000
管理费用	−130 000	−180 000
财务费用	−20 000	−20 000
营业利润	50 000	175 000
加：营业外收入	3 000	5 000
税前净利润	53 000	180 000
减：所得税费用	−12 900	−45 000
净利润	40 100	135 000

一些亏损企业的领导人错误地以为企业亏损的原因是销售不足，他们的反应是不惜代价地增加销售。但是，许多时候企业亏损的原因是毛利率太低，在这种情况下销售越多可能亏损越大，企业将逐渐耗尽现金，无法支付应付款项，甚至破产。解决方法包括提高价格、降低生产或采购成本、拒绝低毛利率的订单或增加高毛利率的产品。投资人经常会比较同一行业中不同企业的毛利率，作为考察企业经营水平的指标。

营业费用是营业成本之外的所有经营成本，包括销售费用、管理费用和财务费用。折旧是固定资产使用期间所分摊的成本，可以理解为企业为储蓄而支出的费用，属于管理费用。与营业成本不同，即使企业没有任何营业收入，仍然会有营业费用发生。核算下来的营业费用将直接转化为利润，哪怕只是一小部分的费用压缩也会带来很大的利润增加。其他收入和支出包括公司出租、出售资产、投资和借贷等所产生的收入和取得这些收入所支出的成本。净利润位于利润表的最后一行，因此经常被称为底线。

成本削减是企业经营中经常听到的用途，它可以增加利润。但企业领导者在做出削减成本决策时还应当仔细权衡，寻求战略性的解决方案，而不是一味按比例压缩。如开发费用和营销费用的压缩可能导致企业未来竞争力的减弱。此外，削减一些金额微不足道的福利对于成本节省可能没有多大意义，但会影响员工的士气。

8.2.1.4　现金流量表

现金流量表报告企业在会计期间的经营、投资和筹资活动如何影响它的现金余额。一些小型企业使用现金预算来代替现金流量表，投资人、贷款人或债权人有时也会要求查看现金流量表。表 8-9 是新奇特公司两年来的现金流量表。

表 8-9　　新奇特公司的现金流量表（单位：元）

	第一年	第二年
经营活动现金流量：		
销售商品、提供劳务收到的现金	918 000	1 438 000
利息收入	300	5 000
付给供应商的现金	(853 000)	(1 091 000)
付给员工的现金	(100 000)	(150 000)
其他营业开支现金	(49 300)	(84 400)
支付利息	(17 800)	(15 000)
支付税金	(12 900)	(45 000)
经营活动现金流量净额	(114 700)	57 600
投资活动现金流量：		
房产、工厂和设备投资	(150 000)	0
其他资产增加或减少	(10 000)	(1 000)
其他投资活动	0	0
投资活动现金流量净额	(160 000)	(1 000)
筹资活动现金流量：		
销售普通股	75 000	0
短期借款增加或减少	90 000	(17 600)
长期借款增加或减少	120 000	(30 000)
分配股利支付的现金	0	0
筹资活动现金流量净额	285 000	(47 600)
现金净增加额	10 000	9 000

现金流量表反映了公司付出或收入现金的信息，它主要围绕三项活动进行计算：经营、投资和筹资经营活动良好的企业现金流量应当为正，企业使用经营活动中产生的现金可以支持其日常经营。如果为负数，则企业将需要外部资金来维持经营，投资活动通常消耗现金，如采购新设备，投资活动所需要的现金来自经营活动、以往的现金储备或筹资活动。筹资活动描述企业如何获得外部资金用于补充经营活动和投资活动，导致的负现金流量现金流量表的底部"现金净增加额"是整个企业经营、投资和筹资活动的净结果。

发达国家的统计数据显示，70%以上的企业在倒闭时是有盈利的。与此相似的说法是，每 5 家破产倒闭企业，有 4 家是盈利的，只有 1 家是亏损的。可见，企业主要是因为缺乏现金而倒闭，而不是因为盈利不足。现金流分析对于企业，尤其是小企业，具有特别重要的作用。即使一家企业销售和利润状况都很好，它仍然可能发生现金不足的问题，例如：为了满足客户的要求，企业购入或生产出越来越多的产品品种，这意味着企业为此消耗大量的现金，在实现销售或收回款项之前企业即可能因为现金不足而无法运营。

8.2.2 财务预测与预计财务报表

财务预测过程帮助创业者将商业目标转化为现实指标。财务预测包括企业未来期望的利润水平，为了实现预期利润需要做到多少销售额，此时企业的固定成本和可变成本分别是多少，这些都是创业企业制定财务计划所不可缺少的信息。财务预测的主要方法是预计财务报表。预计财务报表是对企业近期的盈利能力和整体财务状况的估算，它是商业计划的一部分，用来说服投资人、贷款人提供启动企业所需要的资金。对于创业者，预计财务报表有助于企业提升财务优势，实现健康成长。

8.2.2.1 预计财务报表

创业企业预计财务报表主要包括预计利润表和预计资产负债表。对于创业企业，困难在于缺乏企业经营的历史数据。创业者通常依靠公开出版物获得相同行业中类似企业的经营数据。考虑产业变化迅速，通常预计财务报表的预测期间不超过 2 年。对于投资者，重要的是创业者能够提供的收入与预算的现实数据，以及企业将在什么时候开始获利。

创业者需要考虑的一个最关键的财务问题是，企业究竟需要多少资金才能顺利启动并维持经营，直到经营活动能够产生正的现金流。新企业需要足够数量的资金支付设备租赁、员工工资、广告和营销、保险、差旅等。创业者常犯的错误是在制定财务计划时过于乐观，未能意识到创业期间费用支出很可能远远高于收入的增长，而亏损和现金枯竭的时间往往比预期更长。

8.2.2.1.1 预计利润表

利润表预计的第一步是销售预测。可以直接从销售预测开始，也可以从预期利润开始推算。许多创业者会选择后者，先确定一个利润目标，然后估算为此需要实现的销售量。当然，由此得出的销售额还必须与营销计划中的数据保持一致，财务预计必须是现实的。第二步是计算为实现上述销售额所要支付的费用。即使是小企业也必须获得足够的利润，以满足投资人对资金回报的要求。创业者的收入包括合理的工资和投资回报，也要纳入预计利润表。第三步是将预测期间的利润与销售目标结合起来，创业者可以参考公开出版物上相似企业的数据。例如：假定快餐店预期利润为 30 万元，而同行数据显示平均利润率为 6%，则为获得预期利润需要实现

500 万元的销售额，这并不代表企业将能够实现预期的销售额，创业者还需要确认销售额是否合理。

在销售额估算完成后，接下来就是费用的估算。相对于销售额，费用的估算可以更加现实并且也应当做到现实。创业者可能通过网络查询、电话查询和实地访问等各种方式获得准确的租赁、工资、水电等数据。表 8－10 提供了创业企业常见的管理费用项目准备的示例。

表 8－10　　企业常见管理费用项目准备示例

月度开支项目	基于年度销售额×××的月度开支（元）	在创业前应当准备的现金数额（元）	说明
管理者工资			2 个月
员工工资和福利			3 个月
租金			3 个月
广告			3 个月
交通快递			3 个月
消耗材料			3 个月
电话和网络			3 个月
水电物业			3 个月
保险			由保险公司决定
税金			4 个月
利息			3 个月
日常开支			3 个月
法律与专业服务			3 个月
小额开支			3 个月
开业一次性费用			
设备与家具			应当单列表格统计后得出
装修与安装			与供应商协商
初始库存			与供应商协商
预付费用			与供应商协商
注册执照与许可费与服务			政府收费与专业服务价格
开业广告与促销			创业者评估
应收款项			准备授予顾客的信用额度
现金			用于支付未预期到的开支
其他			应当单列表格统计后得出
开业前需要准备的现金总额			

8.2.2.1.2　预计资产负债表

绝大多数创业者的焦点放在企业的盈利能力上，但是，用来获得利润的资产也是非常重要的；创业企业需要特别警惕资本不足的问题，创业者应当在预计资产负债表时列出未来可能需要的每一项资产以及可能承担的各项负债。

(1) 资产。企业最重要的资产项目是现金，现金资产流动性最高，可以快速地转换为其他有形资产。创业企业应当在手上保留多少现金？这个问题没有一定的答案。一种经验方法是，企业持有的现金应当在一个存货周期中能够支付所有的费用（不包括折旧，它是非现金费用）。例如：假定企业营业收入为 1 000 万元，经营费用 20 万元，其中折旧为 2 万元（营业收入的 2%），存货一年周转 4 次，则企业所需要的现金为：

现金＝现金费用/存货年周转率＝（200 000－20 000）/4＝45 000（元）

从上面的算式中可以看出现金需要与库存周转之间反向的关系，企业库存周转速度越快，对现金的需要越少。

创业企业面临的另一个重要决策是应当保持多少存货。假定企业营业成本为 75 万元，存货年周转率为 4 次，则企业存货水平为：

存货水平＝营业成本/存货年周转率＝75/4＝18.75（万元）

通常，在资产部分还要考虑留出一部分小额流动资产。固定资产主要是家具和办公设备等。

(2) 负债。创业企业的负债主要包括供应商提供的信用和长期借款，如部分存货可能是赊账的，有些服务费用也可能延期支付。资产和负债之间的差额则是企业所有者的权益。表 8－11 是新企业预计资产负债表的基本项目。

表 8－11　新企业预计资产负债表基本项目

资产	负债
流动资产	流动负债
货币资金	应付款项
存货	应付票据
小额资产	流动负债合计
流动资产合计	长期负债
非流动资产	负债合计
固定资产	所有者权益
非流动资产合计	所有者权益合计
资产总计	负债和所有者权益总计

8.2.2.2　数据与经营的逻辑

创业者都知道，企业必须赚钱才能生存，但是，许多创业者未能花时间来研究，在自己的商业模式中究竟是哪些要素在影响企业的利润。一般而言，以下四项要素决定着企业能否实现有吸引力的利润：收入驱动因子、毛利、销售额和营运杠杆，如图 8－3 所示。

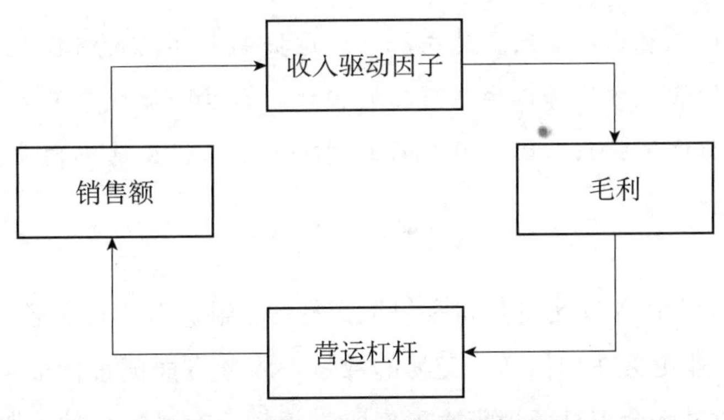

图 8－3 影响企业利润的四个因子

（1）收入驱动因子是指企业获得收入的所有方法。例如：一家书店的收入驱动因子包括图书销售、非图书产品销售（文具、纪念品等）、咖啡店销售、会员服务收入、团购服务收入。企业需要了解每个驱动因子对销售收入的总体贡献以及因子之间的相互影响。

知识链接

合理评估驱动因子

近年来，实体书店销售受到网上书店的影响，许多书店意识到，消费者店内图书购买量下降是难以扭转的趋势。它们开始重视店内非图书销售产品和服务的收入，这部分收入对书店的贡献增加到 50%以上。腾讯和 Facebook 都是网络社交服务商，但腾讯的收入主要来自个人用户的增值服务业务（如游戏），而 Facebook 的收入主要来自广告。网络广告市场的改变（用户对计费方式的要求和预算变化）对于 Facebook 的影响可能远远大于对腾讯的影响。对于互联网企业，当主要收入从网页端转向移动端时，来自移动端收入的增长速度就决定着企业的未来，一些创业企业甚至因此拒绝提供网页端的服务。创业者应当不断评估每个驱动因子对总收入的影响以及各驱动因子相互间的影响。

（2）毛利反映收入驱动因子对企业营利能力的贡献，它等于顾客支付的价格减去企业向顾客提供产品和服务的成本。显然，企业提高毛利的方法要么是提高价格，要么是降低成本。

毛利的提升

华为向市场上推出高端配置的手机，通过提高产品的价格提升了毛利。永辉超市通过独特的管理方法降低生鲜商品的损耗，通过降低成本的方法提高了这一品类的毛利。与增值服务相比，电商的毛利较低，腾讯出售电商业务有助于提高整个企业的毛利。

（3）销售额取决于交易的数量和每笔交易的金额。对于快餐店，每笔交易的金额大致固定，企业更关注如何增加交易的数量，服务方面侧重标准化；而对于高档服装店，交易数量不会很高，销售额更多取决于每笔交易的金额，服务方面侧重个性化。

（4）营运杠杆是指企业销售额的变化对利润的影响：营运杠杆越高，销售变化对利润的影响越大。有些企业生产产品和服务的成本很低，例如微软的操作系统复制成本很低，当销售额超过成本后，增加销售几乎直接转化为利润。用管理术语讲，这类企业通常固定成本很高。

成本的高与低

开发软件需要很大的投资，但可变成本很低。当销售额达不到成本时，销售的微小减少就会导致企业陷入亏损。除了软件企业，饮料、家电、IT设备、钢铁、汽车和矿业等固定成本很高的企业通常营运杠杆较大，在销售额下降时，这类企业无法削减成本，它们的经营风险相对较高。服务型企业营运杠杆可能相对较低，例如：当旅行社顾客数量减少时，通过裁减导游人数，可以减少亏损。

通过对以上四项关键因素的分析，创业者可以制定相应的竞争战略，如果企业收入驱动因子单一、毛利低、销售额低、营运杠杆高，表明企业的经营状况不佳，应当设法改进，例如：

（1）有没有可能增加新的收入驱动因子，例如通过国际化扩大市场？

（2）有没有可能增加交易数量或交易金额？

（3）如何降低固定成本？可以增加连锁店吗？

（4）如何提高产品和服务的价格，例如提供增值服务？

（5）如何提高企业的效率？

（6）如何提高毛利，例如增加高毛利的交易数量和减少低毛利的客户？

8.2.3　财务比率分析

预计财务报表可以用来判断企业的经营潜力、盈利能力、投资价值、偿付债务的能力。为了提高分析的效率，通常会将本企业的数据与其他企业进行对比分析，在对比分析中使用的主要工具是比率分析。财务比率是指财务报表中两项要素之间的比率关系。财务比率分析有助于创业者发现问题，控制财务风险。接下来我们还将具体介绍常用的 10 项财务比率指标，如图 8－4 所示。

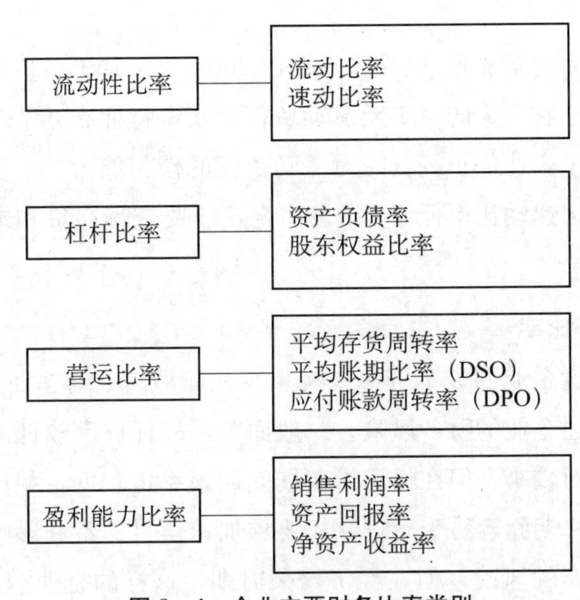

图 8－4　企业主要财务比率类别

8.2.3.1　流动性比率

流动性比率显示企业对到期负债的偿付能力。流动性比率高的企业不仅能够支付到期的债务，还能够用自有的资金来迅速捕捉商业机会。流动性比率的主要指标是流动比率与速动比率。

（1）流动比率等于流动资产除以流动负债。流动资产是能够快速转化为现金的资产，包括货币资金、应收款项、存货等。流动负债是一年内到期的负债，包括短期应付票据、应付款项、应交税金和应付股利。例如：新奇特公司的流动比率为：

流动比率＝流动资产/流动负债＝322 000/182 300＝1.77

这就是说，对于它所欠的每 1 元流动负债，新奇特公司拥有 1.77 元流动资产可以用来偿付。流动比率也称营运资本比率，是最常用的衡量企业短期现金状况的指标，财务专家通常建议企业将流动比率保持在 2，以获得较安全的营运资本数量。流动比率不一定越高越好，例如：企业持有过多的现金或存货数量过多也会导致流动比率上升，但这意味着资源没有得到充分利用。

流动比率的一个缺点是只能显现流动资产的数量而不能揭示流动资产的质量。例如：企业持有大量过期的应收款项或销售不动的存货，此时尽管流动比率较高，但企业仍然可能陷入困境。

（2）速动比率，也称酸性测试比率，是指企业持有的现金、交易性金融资产和应收款项之和（速动资产）除以流动负债。速动比率只计算流动资产中能够“快速”转化为现金的部分，是一种更为保守的测算企业流动性水平的指标。例如：新奇特公司的速动比率为：

速动比率＝速动资产/流动资产＝13 200/18 500＝0.725

这就是说，对于它所欠的每 1 元流动负债，新奇特拥有 0.725 元速动资产来偿付。速动资产反映出企业停止经营时对流动负债的偿付能力。一般认为，速动比率为 1 比较合适，如果速动比率低于 1，表明企业需要依赖存货和未来销售才能偿付流动负债。

8.2.3.2 杠杆比率

杠杆比率是衡量企业的资本资源中有多少依赖股东、有多少依赖债务的比率，从一定程度可以描述企业的财务风险。一般而言，杠杆比率较低的创业企业在经济危机期间受影响相对较小，但在经济繁荣期间回报率也较低。相反，杠杆比率高的创业企业在经济危机期间容易受到贷款人要求加速偿付的不利影响，存在由于现金无法偿付债务而破产的风险，但在经济繁荣时期，这样的企业盈利潜力相对较高。杠杆比率的主要指标包括资产负债率和股东权益比率。

（1）资产负债率衡量企业的运营在多大程度上依靠负债，计算方式是以企业的总负债除以总资产。例如：新奇特公司的资产负债率为：

资产负债率＝总负债/总资产＝322 300/442 000＝73％

这一数字说明在新奇特公司的资产中有 73％是属于债权人的，一般而言，这个数字越高，表明企业更多地依靠债权人的资本来经营，因此债权人的风险越大。改善这一比率的方法是减少负债或增加股东的投资。股东往往希望提高这一比率，这样可以避免股东增加资本支出或不得不引进更多股东。在相同的利润水平下，资产负债率越高，股东的回报率越高。

（2）股东权益比率是反映资产中所有者投入份额的指标，计算方法是所有者权益除以总资产，资产负债率和股东权益比率从不同角度反映同一项指标。例如：新奇特公司的股东权益比率为：

股东权益比率＝所有者权益/总资产＝1－资产负债率＝27%

8.2.3.3　营运比率

营运比率主要反映企业是否有效地利用了资源，能够反映企业在行业中的竞争力。企业运营效率越高，需要的资本数量越少。营运比率的主要指标包括平均存货周转率、平均账期比率和应付账款周转率。

（1）平均存货周转率反映企业在一年内平均存货全部销售的次数。这一指标告诉创业者他们的存货管理是否有效率。创业者通过监控这一指标判断存货水平是否适当，存货的出货速度是否正常，平均存货是指期初存货和期末存货的平均值。例如：新奇特公司第二年的平均存货周转率为：

平均存货周转率＝营业成本/平均存货

＝1 050 000/[(185 000＋230 000)/2] ＝5.06

新奇特公司的平均存货周转率为 5.06 次，或者每 72 天周转一次。平均存货周转率反映企业的销售速度，帮助企业平衡好适当的存货水平，既不能太多（降低效率），也不能太少（影响销售）。企业平均存货周转率高于同行业其他企业，通常意味着企业效率高，只要保持较少的存货就可以，从而占用较少的资本。这一指标低于同行业通常意味着企业产品不受欢迎或过时、存货太多或销售流程不合理。不同行业之间平均存货周转率相差很大，最合理的是同本行业中规模相似的企业进行对比。

（2）平均账期比率，也称应收账款周转天数（一年的平均账期比例为 DSO)，表示企业需要多长时间才能收回应收账款，它的计算方式是以营业收入（或信用销售收入）除以应收款项。例如：新奇特公司的平均账期比率为：

平均账期比率＝营业收入/应收款项＝1 000 000÷82 000＝12.2（次/年）

也就是在 1 年内应收款项可以周转 12.2 次。DSO 的计算则是用一年的天数除以这个比率。例如，新奇特公司第一年的 DSO 为：

DSO＝365/12.2＝30（天）

也就是说，新奇特公司在销售后 30 天就可以将款项收回。DSO 越低，表明从销售到收回款项的期限越短，相对而言坏账的风险越低。创业者需要注意将 DSO 数据与行业中其他企业进行对比，还要考虑公司本身的信用政策经验规则是企业的 DSO 应当不超过信用条件的 1/3。超过则表明企业在销售记录或催账方面有缺陷。有时企业为了追求销售增长可能放宽收款期限，但这会导致销售越多，企业现金消耗越大，相当于企业为客户提供融资。DSO 升高可能导致企业因为现金流困难而陷入危机。

（3）应付账款周转率，也称应付账款周转天数（DPO），用来描述一家企业支付其应付账款所需要的天数。与应收账款周转天数一样，DPO用天数来表示，它的计算公式是：

应付账款周转率＝总采购额/应付款项

假定新奇特公司第一年总采购额为90万元，则应付账款周转率为：

900 000/102 000＝8.82，DPO的计算公式为：

DPO＝365/应付账款周转率＝41（天）

这就是说，新奇特公司会在采购完成后41天向供应商支付款项。理想的情况是DPO的天数与企业将存货转化为销售或现金的天数相匹配或长于后者，让企业能够使用供应商的资金。一般而言，企业希望尽可能延长这个期限，这样就可以通过占用供应商的款项来作为企业的营运资金。这样可以保证在扩大销售额时，不需要持续流入现金。但是，如果这个期限太长，超过供应商提供的正常信用期限，可能表明企业在经营中过分依赖供应商，会降低企业的信用，进而影响企业的经营。

8.2.3.4 盈利能力比率

盈利能力比率描述企业的获利能力，表明企业管理的效率，也即运用资源获得利润的能力。

（1）销售利润率衡量公司从每1元销售中所获得的利润，这里的利润是指净利润，即营业收入减去营业成本、各项费用和所得税。对于新奇特公司，第一年的销售利润率为：

销售利润率＝净利润/营业收入＝39 100/1 000 000＝0.0391＝3.91%

不同行业销售利润率差别很大，投资人和贷款人也会关注企业销售利润率水平与同行业其他企业相比的结果。如果企业的销售利润率显著低于行业平均水平，其原因可能是销售价格过低或成本过高，无论哪一种原因，创业者都必须仔细分析并做出改进的决策。

（2）资产回报率（ROA）衡量企业从每1元资产中所能够获得的利润。这一指标描述企业使用资产获取利润的效率。它的计算公式为：

资产回报率＝净利润/总资产＝39 100/442 000＝0.088 5＝8.85%

新奇特公司能够从它的资产中获得8.85%的ROA。这个数据能够反映不同行业的资本密集程度。ROA小于5%通常属于资金密集型产业，如需要投入巨额资本的制造业。ROA大于20%则属于低资本密度产业，如商业和服务业。

（3）净资产收益率（ROE，也称权益报酬率）衡量股东投资的获利能力，是反映企业盈利和管理水平的最重要的指标之一。净资产收益率的计算公式为：

净资产收益率＝净利率/权益资产（所有者权益净值）

＝39 100/119 700＝0.327＝32.7%

新奇特公司第一年的 ROE 为 32.7%。ROE 反映股东投资企业所能够获得的利润，股东会将这一数值与投资其他资产进行对比。对于企业，ROE 一般应当高于资本的成本，否则股东就会损失合理的收益。

8.2.3.5　关键经营数据

财务比率分析有助于创业者了解企业的绩效，在潜在问题演化为危机之前采取措施。然而，不同行业间甚至同一行业不同领域间的财务比率差别很大。创业者还必须了解，在本企业经营活动中，哪些是衡量经营成功的关键经营数据，不限于财务数据。以下是一些企业关键经营数据的例子：

（1）对于客运公司，面向商务乘客的豪华大巴的上座率；

（2）餐厅原材料成本占销售额的比例，许多餐厅将这一比例控制在 30%以内；

（3）服务企业收费服务订户续订比例；

（4）酒店的客房入住率；

（5）App 的安装量和保有数量；

（6）零售店的客单数和客单价。

在与同行业中其他企业的数据进行对比时，创业者不仅要关注是否存在差异，更要研究这些差异对于企业的意义以及企业应当如何行动来利用或改变这些差异。需要注意的是，即使在同一个行业中，两家不同企业所关注的关键数据也可能是不同的。创业者还必须将自己对企业关键数据的要求和理解传达给员工，通过不断反馈保持企业的正确方向。

8.2.4　创业企业的现金管理

8.2.4.1　现金管理

现金管理是指预测、催收、分配、投资和计划企业经营所需要的现金。现金管理的重点在于时间点的把握，监控企业收取现金和支付现金的时间点，因为贷款人、员工、供应商都要求企业按时支付现金。通常新企业都是“现金海绵”，仅有的现金总是不够用。这是因为新企业的“现金引擎”往往还没有充分发动起来，现金流入赶不上快速增长的费用。在企业快速成长时，尤其需要监控现金。销售增长意味着必须增加人手、库存、设备、研发，所有这些都会增加企业的现金需求，而此时增加的销售未必能够带来相应的现金。从企业开始运营，创业者就必须严格管理现金，图 8-5 描述了创业者应当注意的 5 项现金管理要求。

图 8－5　创业者应当注意的现金管理要求

有效管理现金的第一步是分析企业的现金循环周期，从支付供应商现金到收回顾客现金所需要的时间，如图 8－6 所示。现金循环周期越长，企业越有可能遭遇现金危机。通过分析现金循环周期中的各项要素，设法缩短现金循环天数，有助于创业者避免现金危机。

订货	收货	付款给供应商	销售	送货	开发票	顾客付款
第1天	15	40	218	221	230	280

现金循环周期=280−40=240（元）

图 8－6　现金循环周期

8.2.4.2　现金预算

在企业经营过程中，由于现金流入与流出的时间和额度不匹配，企业经常处于现金不足或过剩的状态。创业者如何判断企业需要多少现金？不同的企业可能有完全不同的要求，取决于企业的规模、销售、收款、费用和其他因素。现金预算是指逐周或逐月计算本企业未来收入的现金和支出的现金。通常情况下，创业企业应当逐月制定第一年的预算，同时准备未来 1～2 年中每个季度的现金预算。现金预算必须考虑季节性因素对现金的影响，企业销售波动越大，则现金预算的周期越短。假如企业的销售在短期内会发生剧烈的波动，那么创业者应当考虑制定逐周而不是逐月的现金预算。管理现金流的关键不仅是掌握现金流入和流出的数量，更重要的是现金流入和流出的时间点。

现金预算基于现金会计，所有的业务，只有当涉及现金收付时才予以记录。信用销售的销售发生时不会记入现金预算，只有在收款时才记录，同样，信用购买也是在付款时才记录。由于折旧、坏账准备和其他非现金项目不涉及现金收付，它们将不会出现在现金预算中。现金预算需要不断评估，发现预算与实际间的差额及其原因，以获得不断改进。表 8－12 描述了一家企业 4 个月的现金预算。

表 8－12　　一家企业 4 个月的现金预算

项目	10 月	11 月	12 月	1 月	2 月	3 月	4 月
总销售	400 000	440 000	500 000	400 000	200 000	300 000	400 000
信用销售	300 000	330 000	375 000	300 000	150 000	225 000	300 000
收到现金							
60%第 1 月				225 000	180 000	90 000	135 000
30%第 2 月				99 000	112 500	90 000	45 000
5%第 3 月				15 000	16 500	18 750	15 000
现金销售				100 000	50 000	75 000	100 000
增加资本				0	0	0	80 000
现金收入总计				439 000	359 000	273 750	375 000
支出现金							
采购				180 000	240 000	300 000	300 000
租金				30 000	30 000	30 000	30 000
水电				850	850	850	850
利息				50 000	0	0	0
税费				50 000	0	0	50 000
小额费用				100	100	100	100
工资				50 000	40 000	40 000	40 000
现金支付总计				360 950	310 950	370 950	420 950
期末现金				78 050	48 050	(97 200)	(45 950)
借入现金				0	0	20 000	0
现金余额			10 000	88 050	136 100	58 900	12950

表注：本企业现金预算基本假定为每月现金余额不低于 5 万元；销售中信用销售比例为 75%，现金比例为 25%，信用销售收款比例为第 1 月 60%、第 2 月 30%、第 3 月 5%，3 个月以上为无法回收。

8.2.4.3　现金预算的步骤

现金预算主要包括 5 个步骤，最低现金余额估算、销售预测、现金收入预测、现金支付预测和月末现金余额预测，如图 8－7 所示：

（1）最低现金余额估算。即使是同一行业中的企业，最低现金余额的要求也可能是不一样的。有财务顾问主张最低现金余额不低于流动负债的 1/4，但这一比例并不适用于所有的企业。最可靠的估算还是来自以往的经验，主要是保证在预计到的现金支付之外的意外支付。例如：根据经验，也许企业应当至少保留相当于5天销售额的现金。此外，还要考虑季节性因素，企业在旺季通常需要准备更多的现金。

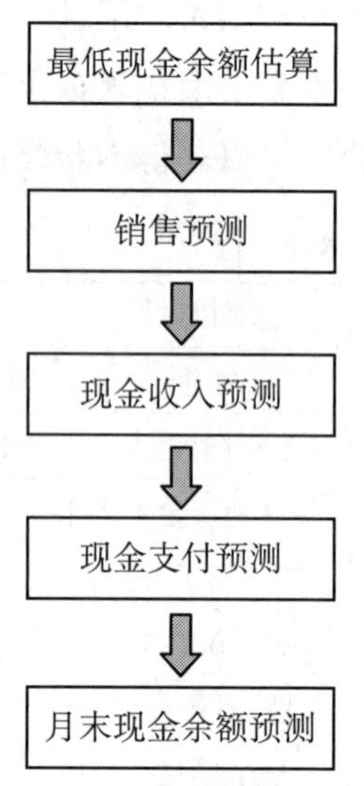

图8－7　现金预算的5个步骤

（2）销售预测。现金预算的核心是销售预测。对于绝大多数企业来说，现金主要来自销售，销售收入在未来转化为现金收入用于现金支付。销售预测往往以过去的经验数据为依据，特别要注意销售收入的季节性波动。由于缺乏历史数据，创业企业第一年的销售预测比较困难。可以采用的方法包括收集同类企业的销售数据，例如：通过行业调查报告、行业报道等获得分析线索，聘请专业人士如管理顾问也可以获得专门的市场调查报告。考虑企业经营中的不确定性，专家们建议企业在进行销售预测时准备3种情景：乐观情景、正常情景和悲观情景（运用Excel数据表，准备3种情景的工作量并不大）。

（3）现金收入预测。大多数企业在销售中使用信用销售，这意味着从销售到企业实际收回现金有一个时间上的延后。在现金预算中，决定现金收入的要素是销售和账期。现金收入预测的重点是通过对应收款项（已经形成销售但尚未收回现金）的分析判断有多少销售将在当期转化为现金收入。创业者往往乐于看到销售实现，而对应收款项积累过程中消耗的现金不够重视。然而，过期应收款项收回现金的可能性会随着时间推移而急剧下降，如图8－8所示。企业应当基于现实可能计算应收款项收回现金的可能性。

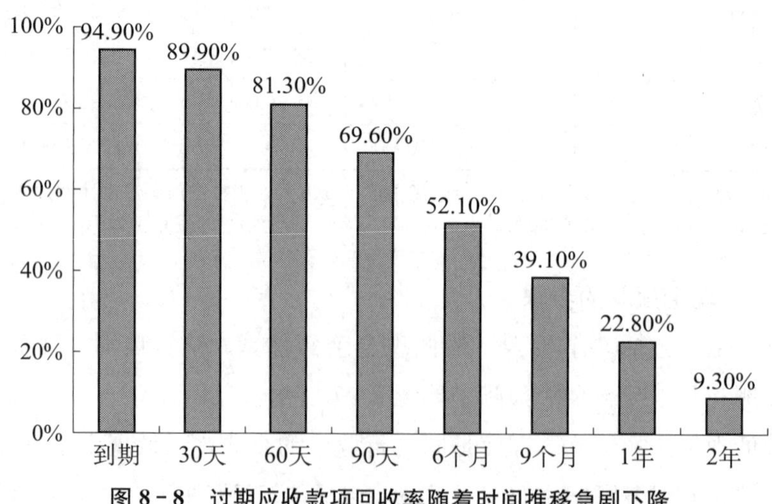

图8－8　过期应收款项回收率随着时间推移急剧下降

(4) 现金支付预测。多数企业对于现金支付的预测较为准确，像租金、工资、贷款等项目往往是固定期限和固定金额的。在现金支付预测中，重要的是将金额记录到支付发生的那个月份，而不是交易发生的月份。不同企业现金支付的额度、频率等也可能有很大差别，但通常会包括原材料采购、工资福利、租金、税金、贷款偿付、利息、营销、通信、物流等。低估现金支付是创业者最常犯的错误之一。有些财务专家建议，企业在计算现金支付的基础上增加 25%～50%作为紧急支付准备，就是考虑在实际运营中，现金支付通常高于预测水平。

(5) 月末现金余额预测。包括三大要素：月初现金余额、本月现金收入和本月现金支付，其中月初现金余额是指现金预算开始时企业所持有的现金。

月末现金余额＝月初现金余额＋本月现金收入－本月现金支付

月末现金余额同时是下一个月现金预算的月初现金余额。月末现金余额为正值表示本月现金有剩余，负值表示本月现金不足，此时企业必须设法筹集现金，例如催收、增加资本或借贷。正常情况下，企业月末现金余额总是不断变动的，反映经营活动中的季节性因素影响。创业者应当关注相对长期的变化趋势，不断增加的现金余额意味着企业可以利用它们扩大经营或用于其他投资。相反，不断减少或负值的现金余额提醒创业者可能发生了现金危机。

8.2.4.4　现金管理的三大要素

创业者不可能监督经营中每一笔现金流动对企业的影响。在现金管理中，通过重点监控三大要素，就可以有效地降低发生现金危机的可能。这三大要素是应收款项、应付款项和存货，如图 8-9 所示。对于创业者，现金管理的目标应当是加速收回应收款项、延长应付款项支付和控制好存货。

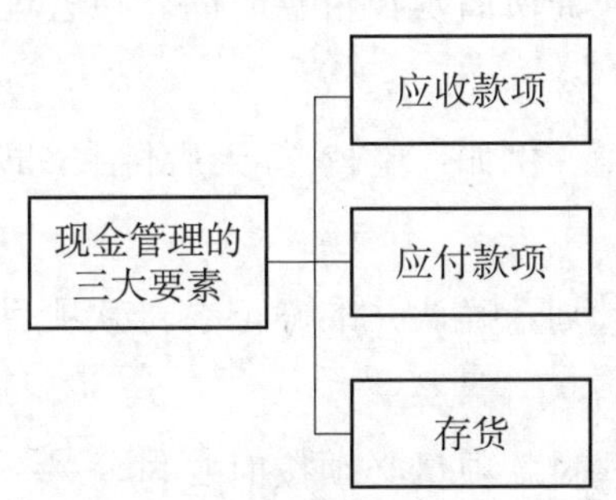

图 8-9　现金管理的三大要素

8.2.4.4.1　应收款项

为了扩大销售，绝大多数企业使用信用销售。在许多行业中，如果拒绝信用销售，顾客就会转向竞争对手。创业者应当了解信用销售给企业带来的成本。信用销售意味着需要更多的沟通核对、更多的人员投入和现金投入。信用销售相当于借钱给购买者，企业还需要承担违约的风险。只要采用信用销售，总会遇到最后不付钱的顾客。既然信用销售是不可避免的，企业有必要设计出可靠的信用管理系统来支持现金管理，有效的信用管理应当能够平衡吸引顾客和保障现金流的目标，包括以下几个步骤：

（1）信用申请。在授予信用之前应当审核每位顾客的信用水平，包括顾客的基本信息和以往的信用记录。特别注意前 20 位销售额最高的顾客的信用信息，他们往往贡献了 80%的企业销售收入。

（2）向顾客提供书面的信用政策，特别是信用额度和预付比例（根据不同顾客的信用水平，信用额度和预付比例是不一样的），还应当说明顾客违约的后果。企业应当尽可能在事先做出具体的规定，避免在问题发生后找不到约定的处理条款。例如：信用期限如何计算（发票日还是收货日），加速付款享有怎样的折扣，超期付款费用如何计算。一般而言，如果坏账比例超过 5%，则表明信用政策太宽，需要调整。

（3）尽量缩短对账周期。通常，顾客在对账后才能进入付款流程，企业应当在合同允许的范围内尽可能缩短对账周期。一旦发生拖欠，企业应当即刻采取行动。可以采用书面通知加电话沟通的组合方式，争取对方承诺至少分期解决并且确定偿付期限。

8.2.4.4.2 应付款项

企业在应付款项管理上的目标是尽可能延长支付的时间，以不损害信用为原则。在理想情况下，企业通过信用进行购买，在销售并回收现金之后再向供应商支付。这相当于企业获得无息贷款。新企业必须精心设计自己的支付计划。在遇到现金支付困难时，企业需要同供应商协商延长付款时间。在管理应付款项时可以考虑以下几点：

（1）建立付款时间原则。例如：坚持 45 天后付款，即使不能完全做到，但往往能够有效地延长付款时间。

（2）制定精密的付款计划，确认并准确记录付款项目，避免随意提前或在催促下提前支付。

（3）设定优先项。有些付款项目必须按时支付，另一些则有拖延的可能，明确优先项在现金紧张时（如需要大批量集中支付）为企业提供了有效的指导。

（4）表现一致性。企业应当避免大幅度的摇摆，例如：无计划的提前支付或延后支付。供应商愿意与表现一致的顾客合作，哪怕有所拖延，只要保证每次能够支付，供应商往往可以接受。

（5）注意警示信号。当发现在现有系统下支付吃力或不得不反复使用延后支付手段时，创业者应当意识到是企业经营中发生了问题。

8.2.4.4.3　存货

存货占用大量的现金。许多企业在存货上的问题不是存货过多或过少，而是存货结构不合理。有些存货数量不足，而有些存货则处于积压状态。此外，存货是有成本的，有些企业的存货成本（利息、仓储费用、运输费用和员工成本）达到存货价值的 25%～30%。有经验的创业者善于管理存货结构，根据补货的速度保持不同项目的存货水平。对于周转速度较慢的存货，则应当加速处理，以免长期占用现金并损害盈利。

 案例 8－7

獐子岛的持续亏损

国内最大综合性海洋产品企业——獐子岛股份有限公司，2014 年 10 月 30 日晚间，发出公告称因北黄海遭到几十年一遇的异常冷水团，公司即将进入收获期的“虾夷扇贝”绝收。在这批“虾夷扇贝”播种的 2011 年到 2012 年间，獐子岛公司的负债率已明显上升，之后负债率更是不断上升。这次被称为“黑天鹅事件”的异常冷水团导致公司第三季度业绩大幅度降低，由预计盈利转变为亏损约 8 亿元。全年预计大幅亏损。

资料来源：郭娟娟．营运资金管理案例分析——以獐子岛为例［J］．农村经济与科技，2017，28（20）．

8.3　创业风险与防范

“巨人”的不归路

1989 年，史玉柱以 4 000 元借债起家，推出桌面中文电脑软件 M-6401，4 个月后营业收入即超过 100 万元。随后推出 M-6402 汉卡。

1991 年，巨人公司成立，推出 M-6403，实现利润 3 500 万元。

1992 年，史玉柱落户珠海，资产规模很快接近 2 亿～3 亿元。史玉柱开始不满足于只做巨人汉卡，开始做巨人电脑。巨人电脑挣钱，但管理不行，坏账达一两千万元。巨人电脑还没做扎实，史玉柱又看上了财务软件、酒店管理系统、生物工程项目、服装和化妆品。

1994 年，巨人大厦开工典礼上，史玉柱要盖 72 层的巨人大厦，这需要 12 亿元，此时他只有 1 亿元现金，仅打桩就花了 1 亿多元。

1995 年，巨人推出 12 种保健品，脑黄金取代巨人汉卡成为巨人新的摇钱树，于是史玉柱往巨人大厦上又砸了 1 亿多元。

1996 年，巨人大厦资金告急，史玉柱贷不到款，决定将保健品方面的全部资金调往巨人大厦。没想到，保健品业务因资金“抽血”过量，加上管理不善，脑黄金也卖不动了。此时的巨人，因史玉柱盲目地追求多元化发展，危机四伏，从此走向一条不归路。

2014 年，巨人成立一家手游发行公司出击手游业务。

2015 年，巨人创始人史玉柱帮助公司做了架构调整，私有化后公司战略重心全面转向手游业务。

2016 年，巨人回归 A 股获证监会批准，公司重组完成。

2017 年，巨人网络壳公司世纪游轮发布业绩快报，2016 年公司净利超 10 亿元，同此增长 338%。

2018 年，巨人以 305 亿收购 Playtika 项目。

资料来源：http://www.doc88.com/p-3817519998700.html.

【思考与讨论】

巨人大厦失败的原因是什么？

8.3.1 创业风险概述

这是一个充满机会的时代，也是一个充满风险与挑战的时代。在企业创业与经营管理过程中，高风险与高收益是同时存在的，创业者在把握机会的同时，也需要迎难而上，不断地化解风险。

8.3.1.1 创业风险的含义

首先，创业是一种开创性活动，是一系列决策和行动的综合。具体来说，创业是个人或团体为了创造一定的价值，实现最大可能的利益，通过寻求机会、整合手中的资源、克服风险和不确定性等行为，创造新事业的活动过程。创业的本质是识别并利用机会，同时创造价值。

其次，风险主要是指不确定性，这里的不确定性主要包括两个方面：一方面是指某一不确定性事件发生的可能性；另一方面则是指这一不确定性事件发生以后可能带来的后果。简单来说，风险就是某一不确定性事件发生的可能性和后果的组合可能产生的影响。

综合上述创业与风险的含义，我们可以把创业风险的概念界定为：创业者在企业创建和经营管理的过程中，由于创业环境的不确定性、创业过程的复杂性、创业资金来源的有限性以及创业团队的能力限制等因素，引起创业结果偏离预期目标的不确定性。

8.3.1.2　创业风险的基本特征

创业风险贯穿于整个创业过程，其种类也多种多样，但是从整体上来说，这些不同的创业风险蕴含着相同的基本特征。

第一，客观存在性。创业风险无处不在，存在于创业过程的各个环节。客观存在性是它的首要特征。创业风险是由客观存在的自然环境和社会现象引起的，不以人的意志为转移。一方面，自然灾害如洪涝灾害、地震等都会对一部分特定的企业产生一定的影响；另一方面，社会现象如车祸、疾病也是普遍存在、不可避免的。这些客观存在于生活中的风险都会对创业产生一定的影响，创业风险又是由这些客观存在所引起的，因而创业风险也具有一定的客观存在性。

第二，不确定性和易变性。创业风险的不确定性主要是指它的发生是不确定的。创业风险虽然存在于创业过程的方方面面，但是具体会发生在创业的哪个阶段、会带来怎样的后果、产生的影响有多大等，这些都具有不确定性，这也导致了创业风险的不确定性。

第三，可识别性、可测性和可控性。创业风险的可识别性是指创业者能够利用自己的知识和相关资料，经过理性的思考，在创业过程中发现、识别风险并划分风险的类别。可测量性和可控性是指在识别风险的基础之上对风险可能产生的后果或带来的影响进行大致的估算，进而采取一定的措施将现存的风险控制在一定范围内，从而尽量规避风险或是减少风险可能对公司产生的影响。

第四，双重性。创业风险与股票一样，带来的影响往往是双重的。风险的背后蕴含着利润与机会。对创业者来说，为了获得利润，风险往往是不可避免的，如果创业者能够理智对待并化解风险，那么创业所带来的收益就会有所增加，甚至可能还会带来潜在商机；反之，企业就会面临风险所带来的损失。另外，从经济学的角度来说，创业风险往往与利润成正比，风险越大，克服风险后带来的收益就会越多；如果风险较小，那么带来的利润也是有限的。

第五，相对性。创业风险是相对于创业环境和创业主体而言的。由于创业环境处于不断的动态变化之中，创业风险也会随着创业环境的变化而不断改变；另外，在不同的环境中创业效果也会完全不同。此外，由于创业者的知识、经历、性格等因素的不同，创业风险对不同的创业主体来说也会有较大差异。

8.3.1.3　创业风险的构成与来源

8.3.1.3.1　创业风险的构成

创业风险主要由风险因素、风险事件和风险影响三个部分组成。风险因素主要是指增加风险事故发生的概率及严重程度的诸多因素，包括有形风险因素（如洪灾、火灾等）和无形风险因素（如文化差异、风俗习惯等），并且风险因素越多，引发风险的可能性也就越大，造成的损失也可能越大。风险事件是指一系列风险因素综合作用所引发的事件，是致使风险变成现实的一个重要原因。风险影响主要是指某一风险事件发生以后所产生的影响，这个影响可能是正面的，如克服风险为企业带来更多利润、在解决问题过程中使得创业者及其团队得到更好的锻炼、增强企业抗风险能力等；但是也可能是负面的，如企业未能抵抗住风险，从而导致企业形象受损，经济上也面临巨大损失，更有甚者会走向没落，最终面临破产。

8.3.1.3.2　创业风险的来源

创业风险贯穿于创业的整个过程之中，能否做出理智、及时的应对方案，以解决创业风险，对一个企业的发展至关重要。对于创业者而言，要解决创业风险，维持企业的生存与发展，最先应该弄清的是风险的来源。创业风险的来源是多方面的，包括技术、资金、信息、管理、政策、人力资源等方面。

8.3.1.3.2.1　技术风险

对于高新技术产业来说，技术资源在企业发展过程中是非常重要的，有时甚至会影响企业的生存与走向；对于非高新技术产业来说，技术虽不至于起到举足轻重的作用，但是对于一个企业的兴衰也非常重要。在知识经济高度发展的今天，技术对一个企业的发展显得更为重要。因而，如何提高企业生产、研发等各个方面的技术，将技术风险控制在一定范围内，对创业者及其团队来说显得尤为迫切。

8.3.1.3.2.2　资金风险

资金风险主要指的是融资风险，这是企业面临的首要风险。对于一个企业来说，如果无法做到有效融资，那么企业的生存与发展就无从谈起。有很多创业者往往有很好的想法和创意，但是由于资金不足，创业者自身又没有渠道获得资金来源，造成创业者往往还没有去进行创业实践，创业的想法就已经被扼杀在摇篮里了。

 案例8－8

流动资金解决贷款难题

某农机有限责任公司成立于2016年，注册资本200万元，是一家代理销售农业机械设备及配件、农用车及配件的商贸类小型企业。该企业为该市专业农用机械的总代理，凭着品牌优势结合企业主的良好经营手法，近年来发展得较为稳定。

每年的开春以及年底为企业的销售旺季，为配合广大农村消费市场而开展促销活动，需大量购入存货，这段时期，该企业在业务运营过程中流动资金较为紧张。该企业眼看着大笔订单接进来，却因为流动资金不足而无法及时备货。如果交货时间多次拖延，将大大影响企业信誉，这对稳定及发展自己的客户群极为不利。

此时，该企业想到了通过自有房产抵押，向银行进行流动资金融资。该企业先后与几家国有银行洽谈过贷款业务，但都没有成功。主要是由于洽谈过程中遇到了以下两个问题。

(1) 抵押额度未能达到企业的融资需求。由于一般情况下房产抵押贷款额度为评估价值的七折，这样企业实际能够得到的融资额度与其融资需求有一定差距，不能完全满足企业的资金缺口。

(2) 企业需要的是短期的流动资金贷款，经营收入回笼较快，贷款的需求期较短，所以更适合短期内可以灵活周转的额度产品。如果贷款期限太长，一方面没有必要，另一方面利息费用也是一笔不小的开支，这对于一家并不是“财大气粗”的小企业来说也是一种负担。

在与多家银行洽谈未果后，企业主通过朋友介绍，得知某村镇银行有专门针对小企业的一些融资产品，于是就找了该村镇银行业务人员洽谈贷款业务。之前与其他银行洽谈过程中存在的两个问题，通过该村镇银行的小微企业流动资金循环贷款产品就解决了。

资料来源：https://www.renrendoc.com/p-6363540.html.

8.3.1.3.2.3　信息风险

信息风险主要包括两个方面的内容：信息泄露和信息不对称。一方面，在网络高度普及的今天，企业的信息往往会通过互联网进行存储，企业与企业、企业内部之间通常也是通过互联网来进行联络的，这无疑为企业的管理提供了非常便捷的途径，但是由于网络安全存在隐患，企业的关键信息有泄露的风险；另一方面，信息不对称也会对企业的发展起到一定的制约作用。企业为了更好地生存与发展，需要对一切外部信息，尤其是供求方面的信息有更加敏锐的洞察力。如果一个企业获得外部信息的能力比较弱，那么它在市场竞争中势必处于劣势地位。

8.3.1.3.2.4　管理风险

管理者在企业运行过程中扮演领头人的角色，其能力水平至关重要。

8.3.1.3.2.5　政策风险

国家的政策处于不断变化之中，对企业的发展影响巨大。当政策鼓励一个产业发展时，企业可以把握时机并迅速发展；相反，当政策抑制一个产业的发展时，这些企业也会相继走向没落。

8.3.1.3.2.6　人力资源风险

人力资源风险主要包括岗位不匹配和人力资源流失两方面风险。人力资源丰富与否会直接影响创业的成败，尤其是人员与岗位匹配与否，既不能高能低配，也不能低能高配，企业要尽量把合适的人放在合适的岗位，在最大限度上发挥每个员工的作用。此外，优质人力资源流失率高也是创业过程中常见的风险，优质人力资源的高流失率必将导致企业创业成本的提高与创业失败风险的增大。

与国际金融衍生品的牵连

中信泰富签订外汇合约，主要是因为其在澳大利亚建立的一个铁矿石项目中，需要用欧元和澳元支付所需要的欧洲和澳大利亚的原材料和设备。因此，为了规避汇率波动而签订了外汇合约。为了应对不断上升的国际原油价格，国航、上航、东航参与金融衍生品业务，试图通过对不断上涨的国际原油价格的预期来锁定国际原油价格。同样，深南电原油期权合约、中国铁建和中国中铁外汇结构性存款、中远集团远期费用协议合约都为此而涉足国际金融衍生品，最终都是巨亏。

资料来源：李莉．论企业内部控制的风险管理机制［J］．企业经济，2012（3）.

8.3.2 创业风险的类型

创业风险种类繁多，根据不同划分标准可以分成不同类型：按照风险的来源划分，可以分为系统性风险和非系统性风险；按照风险的内容来划分，可以分为技术风险、市场风险、财务风险和其他风险；按照风险是否可以通过保险转嫁，可以分为可保风险和不可保风险；按照风险对创业资金的影响程度，可以分为安全性风险、收益性风险和流动性风险；按照创业活动的过程，可以分为机会识别与评估阶段的风险、进行创业计划的风险、获取创业资源的风险以及新创建的企业的管理风险；按照创业与市场和技术的关系，可以分为改良型风险、杠杆型风险、跨越型风险和激进型风险。

中信泰富的潜在风险

在 2008 年 10 月 20 日的中信泰富财务报告中显示，因澳元贬值并跌破其锁定的汇价，导致中信泰富澳元累计认购的股权合约公允价值损失了 147 亿元人民币，甚至导致其股价暴跌了 55%，造成中信泰富在随后的两个交易日中股市价值蒸发了 1/3。而据该公司在 2007 年的财务报告中所宣称的，公司致力于卓越的公司治理结构建设，公司董事会主要由 7 名非执行董事和 12 名执行董事所组成，其中在 7 名非执行董事中有 4 名是独立董事，公司法人治理机构方面完善，达到了香港联合交易所的规定和要求。但是，在此次事件中，使企业发生巨额亏损的正是公司财务总监周志贤和公司财务董事张立宪。据公司发布公告，中信泰富外汇累计期权合约是两人私自和多家香港银行签订的，董事局主席荣智健完全不知情。但是，如此重大的事件发生在一家股市绩优的蓝筹股身上，真的很让人意想不到。在公司的年度报告中很清楚地写道，公司董事会有责任建立一个完善的内部监控体系，公司董事会要对企业重要合约签订和战略制定负有责任。企业财务总监和财务董事如何绕过董事会而私自签订如此重要的金融衍生品合约以及事后监事会为何未能通过内部监控体系去发现这个问题，其主要原因在于企业公司法人治理机构存在重大缺陷和漏洞，其所制定的公司法人治理方面的规定没有得到有效落实，使公司内控体系难以运行。

资料来源：李莉．论企业内部控制的风险管理机制［J］．企业经济，2012（3）.

8.3.2.1 按照风险的来源划分

按照创业风险的来源，我们可以将其划分为系统性风险和非系统性风险。系统性风险也可以称为客观风险或外部风险，顾名思义，就是由于一些外部的客观因素，或者说是由于外部环境的不确定性所引发的风险。系统性风险是不可避免的，创业者及其管理团队只能在事后采取措施来尽量减小系统风险所带来的损失。非系统性风险又称主观风险或企业内部风险，主要是指由于创业者及其团队、创业企业自身的不确定因素所引发的风险。对于非系统性风险，创业者及其团队往往能够通过主观努力和科学的方法，采取一定的事先预防措施，以尽量避免这种风险的发生，从而最大限度地减少甚至消除损失。系统性风险和非系统性风险的构成及具体内容如表 8－13 所示。

表 8－13　系统性风险和非系统性风险的构成及具体内容

风险类别	风险构成	具体内容
系统性风险	政策法规风险	创业政策的支持程度、相关法规的安全程度
	宏观经济风险	宏观经济状况、经济景气指数变动、通货膨胀
	金融与资本市场风险	利率变动情况、创业信贷、资本市场规模与健全程度
	社会风险	社会认可度、中介服务机构以及基础设施完善程度

续表

风险类别	风险构成	具体内容
非系统性风险	技术风险	研发风险、商业化风险、技术淘汰风险
	生产风险	生产工艺与设备、生产资源获取的难度、资源配置合理程度
	财务风险	融资风险、追加投资风险、财务管理风险
	管理风险	经营决策和战略规划的合理性、管理层的综合素质和能力、企业管理制度的科学性和合理性
	人员风险	流动性风险、契约风险、道德风险

8.3.2.2 按照风险的内容划分

按照创业风险的内容，可以把创业风险分为技术风险、市场风险、财务风险和其他风险。

第一，技术风险。技术风险主要是指企业所应用的技术的不确定性以及由此带来的收益或损失后果的不确定性。一方面，新的技术在诞生之初往往是不完善的，需要不断地改进以适应企业快速发展的需要，并且当一项新技术投入使用后，一线员工对新技术熟悉并熟练使用还需要一个过程；另一方面，当今正是高新技术蓬勃发展的新时期，一项在目前看来还属于顶尖位置的技术，过了一段时期就很可能被更新、更高效的技术所取代。

第二，市场风险。市场风险主要是指因外部市场的不确定性而可能给企业带来的损失。外部市场的不确定性可以表现为顾客接受能力的不确定性，也就是说当一款全新的产品或服务进入市场以后，消费者一般会因为不能够及时了解这款产品是否是自己需要的而保持观望的态度；另外，新产品进入市场以后往往会面临激烈的市场竞争，这时候与之竞争的并非只有口碑本来就已经比较好的老产品，还有同时进入市场的其他新产品，因而能否在众多产品中脱颖而出，占领一定的市场份额，都是难以估量的。

第三，财务风险。财务风险主要是指由于企业筹资、运营等活动而可能带来的债务风险。财务风险包括筹资、投资等方面的风险。筹资风险可能发生在企业的任何阶段，并且会随着筹资方式的不同而有所区别，但是不管企业在何阶段以何种方式筹资，都需要保持合理的负债比率，这样企业才能持续、平稳地经营发展。此外，企业在运营过程中，难免会面临投资何种产品或服务的问题，如果产品或服务投资得好，就能够吸引消费者，从而为企业取得更多收益；反之，企业就会面临投资所带来的损失，这就是我们通常意义上所说的投资风险。

第四，其他风险。其他风险主要包括团队风险、项目风险、管理风险、生产风险、法律政策风险等，这些风险或多或少都会为企业带来一定的影响，因而如何妥善处理就显得尤为重要。

不对等的外汇合约

中信泰富在签订的外汇杠杆合约中，对于收益和风险完全不对等，是一个不平等的合约。在外汇合约中，只对止盈点进行规定，却没有规定止损点，外汇合约规定的最高利润为 730 万元人民币，但是最高亏损可以高达 4 280 万美元。如果中信泰富能有专门人员对这份合约进行全面的风险评估，则可以对其中所存在的风险合理判断，就不会轻易相信澳元会继续升值。因此，企业在进行金融衍生品选择的时候，一定要选择熟悉的金融衍生品并由专业人员进行评估。

资料来源：李莉．论企业内部控制的风险管理机制［J］．企业经济，2012（3）．

8.3.2.3　按照风险是否可以通过保险转嫁划分

按照创业风险是否可以通过保险转嫁，可以分为可保风险和不可保风险。可保风险主要是指企业可以通过购买保险向保险公司或社保局支付一定的保险费用的方式来将自身的风险向保险公司、社保转嫁，从而能够在一定程度上减少自身在风险发生时所要承担的代价。相反，不可保风险则是指由于保险品种的缺失而不能由保险公司或社保局分摊的那部分风险，这时就需要企业自行赔付了，这也将为企业带来沉重的负担。

创业风险的转嫁途径

东莞市某公司自 2013 年 1 月开始缴纳社会保险，参保人数 125 人，人月均缴费 16.8 元。该公司员工王某，于 2017 年 3 月 4 日下夜班后骑自行车返回出租屋，21 时途经某路口时，被一辆大型客车撞倒，导致“重型颅脑损伤”，经送医院抢救无效于次日死亡。经过交警部门认定，王某负次要责任。4 月 2 日，该公司到东莞市社保局申报工伤认定。经社保局调查核实，认为王某死亡事故符合“在上下班途中，受到非本人主要责任的交通事故或者城市轨道交通、客运轮渡、火车事故伤害的情形”，于 4 月 29 日做出认定王某为工伤的决定。

最后，东莞市社保局向王某及其亲属支付了全部因工死亡补偿：丧葬补助金1.28万元，一次性工亡补助金53.91万元，并从2016年4月起按月支付王某的母亲余某某供养亲属抚恤金630元，今后将按照东莞市上年度职工平均工资增长比例同步调整。该公司由于为王某缴纳了工伤保险，并不需要为此支付工亡补偿待遇，全部由工伤保险基金负责支付。

该公司缴纳工伤保险仅15个月就遭遇了严重的工亡事故，累计缴纳了工伤保险费3.15万元，但其工亡职工王某一次性赔付就超过了55万元。如果公司未缴纳工伤保险，这些费用就全部要公司承担，对于一家仅有一百来人的小公司来说，将是一笔巨大的赔偿费用，如果是需长期救治的重伤职工，仅仅医疗费可能就有几十万元甚至上百万元。事故处理完毕后，该工厂老总感慨：多亏缴纳了工伤保险，否则一起车祸就能导致工厂倒闭。

资料来源：http://news.ifeng.com/a/20140715/41165315_0.shtml.

8.3.2.4 按照风险对创业资金的影响程度划分

按照风险对创业资金的影响程度，可以分为安全性风险、收益性风险和流动性风险。安全性风险主要包括两方面内容：一是预期收益方面存在的风险，主要是产品和服务所产生的收益相较预估来说有所减少；二是创业者及其创业团队投入的资金可能也会有一定的损失，也就是投入成本方面的损失。由于风险的客观存在性，安全性风险是不可避免的。收益性风险是指企业预期的实际收益有损失的可能性，但是不包括投入的原始资本可能受损的情况，这一风险可以受消费者心理、产品质量、外部市场等诸多因素影响，也是无法避免的。而流动性风险则是指创业者及其团队以及投资方投入的资金不会存在风险，但却可能因为资金不能按时转移而造成一系列运营活动的停滞，从而造成投资方的损失。这三种风险往往是企业经营与管理过程中比较容易遇到的风险，因而需要创业者及其管理团队谨慎对待。

8.3.2.5 按照创业活动的过程划分

按照创业活动的过程，可以将创业风险划分为机会识别与评估阶段的风险、进行创业计划的风险、获取创业资源的风险以及新创建的企业的管理风险。机会识别与评估阶段的风险贯穿于整个创业过程，主要是指创业者及其团队由于某些主观或客观的原因而不能很好地发现并利用创业机会而带来的损失。这个损失是相对的，如果抓住了机会，企业就能够获得更多的收益，但如果没有把握住机会，相较于原来，也不会为企业带来更多的损失。进行创业计划的风险主要是指创业者在计划创业的过程中，由于自身知识能力方面的局限或是信息不对称等原因而带来的潜在风险。获取创业资源的风险主要包括人力、物力、财力三方面的风险，这是创业者在创业过程中最容易遇到的风险。新创企业的管理风险主要是指在创业之初，创业者往往没有丰富的企业管理经验，也缺乏相关的管理人才，在管理方面往往会存在一些漏洞，这也会在一定程度上限制企业的生存与发展。

8.3.2.6　按照创业与市场和技术的关系划分

按照创业与市场和技术的关系，可以划分为改良型风险、杠杆型风险、跨越型风险和激进型风险。改良型风险主要指创业者利用现有的市场和已有的技术进行创业活动。这种类型的创业风险主要来自市场内已经存在的竞争者，但是又由于这种创业主要是一种模仿型创业，因而其风险较小，但是即便是创业成功之后，能够获得的收益也是有限的。杠杆型风险主要是指创业者利用已有的技术，开拓新的市场进行创业所存在的风险。这种风险比较常见，在经济全球化的今天显得尤为突出，如肯德基、金拱门等进入国内市场并迅速在市场中占得一席之地。跨越型风险是指利用现有市场、研发新的技术进行创业可能带来的风险。这种创业的风险程度较高，潜在收益也相对较多，但是其技术需要不断进行改进。激进型风险主要是指创业者摆脱原有的市场和技术，而采用新技术、开拓新市场来进行创业活动。这种创业活动的风险相较于前三种来说是最高的，但是其潜在的机会和收益也是非常多的，一旦创业成功，将会迅速占领这个产品的市场，带来巨大收益。

知识链接

表 8-14　　部分风险投资机构成功投资案例

部分风险投资机构（排名不分大小）	投资案例
软银赛富（SAIF）	神州数码、富客斯百货
今日资本（Today）	土豆网、真功夫快餐
日本亚洲（JAIC）	饭统网、博客大巴
汇丰直投（HSBC）	炎黄健康传媒、永辉集团
高盛（Goldman Sachs）	天骏传媒、皇明太阳能
深圳市创新投资	好想你枣业、乐视网
华平投资（Warburg Pincus）	绿城集团、汇源果汁、国美电器
凯雷集团（Carlyle）	太平洋保险、ZCOM 电子杂志
IDG 技术创业投资基金	神州数码、迅雷在线
老虎基金（Tiger Management）	互力健康传媒、古杉环保
英特尔投资（Intel Capital）	蓝汛、凌讯科技、东软集团

8.3.3 创业风险的防范

创业风险的防范，是指创业者及其团队在创业过程中会遇到各种风险，创业者需要对这些风险进行识别、分析，并在此基础上做好有效防备措施，解决风险，将创业风险所带来的损失减小到最低。

8.3.3.1 创业风险防范的重要性

创业风险的防范对于整个创业过程都有着非常重要的意义。有效地防范创业风险，可以实现创业目标、减轻经济压力、保持竞争优势、规范企业管理。

第一，有利于提高企业的生产经营能力，实现创业目标。绝大多数创业者创业之初的目的都在于获得盈利，而对创业过程中的风险进行防范，则是企业获得持续稳定收益的重要保证。

第二，有利于提高企业效率，减轻企业经济负担。防范风险可以为企业发展扫清障碍，从而减少创业者及其团队在解决风险上所浪费的时间，提高效率。同时，为了应对风险，企业除了要花费精力思考如何解决风险，势必还需要投入一定的财力和物力，这也会给企业增加经济负担。相反，如果能够做到有效防范风险，那么其经济压力也会相对减小。

第三，有利于保持企业的竞争优势，稳固市场地位。风险防范是多方面的，由于现在几乎所有企业都会把相关信息存储在计算机上，因而现代企业普遍面临的一个风险即为企业核心秘密的泄露。从一定意义上来说，对这方面风险的防范可以防止其秘密的泄露，从而保持企业的竞争优势，稳固市场地位。

第四，有利于规范企业管理，使得企业尽快步入正轨。对风险的有效防范从一定程度上可以理解为企业管理水平的提高，或者说，当一个企业管理水平提高的时候，它的风险防范能力自然也随之提高。风险管理能够促进企业决策科学化、合理化，降低决策所带来的风险和损失，使得企业的管理走向规范化，从而加快整个企业步入正轨的进程。

8.3.3.2 创业风险防范的途径

在创业的不同时期，创业者及其管理团队往往会面临不同的风险。而不同时期的创业风险，则需要通过不同的方法来加以防范。

8.3.3.2.1 创业项目选择风险防范

在创业最开始的时候，创业者首先要面临的是如何选择创业项目的问题。因而，在创业项目选定之前，创业者应该充分搜集信息，了解这个行业的发展现状，并对其前景做出较为精确的可行性评估。在创业初期所面临的风险要远远高于其他阶段，稍有不慎，创业还未成功就有可能被扼杀在摇篮里，这就需要创业者拥有敏锐的洞察力。

经过大量的实证研究，人们发现在项目选择方面存在一些基本原则。首先是市场原则，也就是说创业者在选择创业项目时，应该以满足市场需求为前提，选择那些市场需求量大、发展前景较为广阔的产业或项目；其次是效益原则，要讲求投资项目有较高的投入产出比，有一定的回报率；再者是政策原则，创业者应该顺应时代潮流，选择那些国家产业政策鼓励、支持的产业或项目，回避国家产业投资明确限制和压产的项目；最后是优势原则，应该选择那些自己熟悉并拥有资源优势的项目，充分利用当地的资源优势和本身所具有的优势而不盲目追求社会经济热点，从而避免决策失误，浪费劳动与投资。

8.3.3.2.2　创业团队组建的风险防范

创业者在创业过程中往往不会选择孤军奋战，在选定创业项目之后，就需要寻找合作伙伴，打造创业团队。关于创业伙伴，最基本的选择办法是选择那些自己了解的人，大家彼此之间相互了解，这样就可以减少磨合的时间，提高效率。

首先，应该选择那些不太计较且心思缜密的人。创业风险无处不在、时刻都有，通常心思缜密之人能及时发现风险从而做到有效防范，粗枝大叶之人往往会疏忽潜在的风险。其次，创业团队应当有个核心人物能够把握大局，做到当机立断，这样才能更好地做出决策，解决风险。最后，在创业团队中，各成员之间的关系应该明确。朋友关系、家族关系不应带到创业公司中来，即便企业中有这样的关系存在，仍然应该奖罚分明，在做出决策时不受裙带关系的羁绊。

另外，对于刚建立起来的团队，成员之间往往心思各异，创业者还需要建立共同愿景。一方面，可以通过塑造积极向上、团结拼搏的企业文化，使得团队成员在潜移默化之中受到影响，发自内心地愿意为这个企业目标的实现付出努力。另一方面，可以通过多样化的管理手段来加以解决，如激励、批评、授权、建议等。在企业内部，设定一个科学、行之有效的绩效考评办法，绩效考评应当与成员的工作量与付出成正比。

8.3.3.2.3　创业机密泄露的风险防范

完成了创业项目选择和合作伙伴组建之后，企业就正式开始进入运营环节，下一步要防范的就是如何保护企业的商业秘密，防止秘密泄露所带来的风险。在当今社会，市场竞争激烈，企业的核心秘密一旦泄露，就可能给企业带来致命的打击。在当今互联网时代，几乎所有企业都会将自己的信息存储到计算机里，信息化、网络化办公平台为企业工作提供了极大的便利，但是也潜伏着危机。除了自身的操作失误和黑客入侵这两个最常遇到的问题之外，企业还可能面临系统稳定性的问题，这就需要企业在创业之初就选择一个比较不错的系统，并且不断对其进行升级、更新。通常，面对这种风险，企业可以选择一个优秀的软件供应商来防止风险的发生。当然，企业也可以自己来进行开发创新，使用自己研发的系统。

除了这些客观因素以外，还有主观因素带来的泄密风险，即员工的职业道德问题。一方面，企业可以在开始就选择那些素质较高的人成为自己的员工，这样一来就能够在很大程度上避免商业秘密泄露的风险。与此同时，企业还应该对员工加强教育，提高其职业道德素养。另一方面，可以通过产权保护来保护企业秘密。首先是商标注册。商标是企业重要的无形资产，具有独占性。企业商标一旦注册完成，其他企业就不能使用，否则就是侵权。其次是申请专利。专利权是一种专有权，这种权利具有独占的排他性。非专利权人要想使用他人的专利技术，必须依法征得专利权人的同意或许可。企业一旦有创新的技术出现，就应该及时申请专利，以保护自己的知识产权。最后是签订保密协议。签订保密协议是企业对自己的商业秘密进行保护的常用手段之一。这不仅针对企业员工，同时包括所有知悉企业秘密的人。我国合同法规定，当事人在签订合同过程中知悉的商业秘密，无论合同是否成立，均不得泄露或作不正当使用。这样一来，企业的商业秘密就披上了法律保护的防护衣，能够时刻提醒当事人不得触犯法律，这也就大大减小了当事人泄露秘密的可能性。

8.3.3.2.4　创业人才匮乏及流失风险防范

创业人才是创业企业最为核心的资源，是决定创业企业成败的关键因素。在企业的初创阶段，往往存在人才匮乏的情况，为解决这个问题，可以采取如下两种策略。一是加强对现有人才的培养工作。对于企业内部有实力的员工，要对他们的优势、特长进行开发，从而培养出能够在企业中担当大任的领军人物。可以在企业内部建立相关的培养机构进行培训、教育，也可以送至专门的人才培养机构、高等院校进修学习。二是注意引进新的人才。即使企业已经拥有很多有能力的人，也不能因此放慢人才引进的步伐。只有时刻关注并引进人才，新老员工之间才能进行有效的更新换代，才能有效避免人才脱节的状况。

需要注意的是，创业企业往往实力还不够强大，给予人才的福利和待遇很难与实力强劲的大公司相比，优秀人才很可能被竞争对手挖墙脚，因此存在较高的人才流失风险。为防范这种风险，创业企业除了尽可能提高人才的物质待遇外，还应更多地采用非物质激励的手段，如给予人才更大的工作自由度和才华施展空间，让其充分享受工作带来的成就感和荣誉感，同时赋予人才更大的权力和责任，让其产生强大的使命感和责任感，从而通过事业来留住优秀人才。

企业人才流失之“痛”——以纳川公司为例

纳川科技（深圳）有限公司（以下简称纳川公司）是一家专业性金属交易网站，可以为全球任何一家黑色金属、有色金属特别是钢铁生产、贸易商提供全面的网上交易及信息服务。它改变了传统交易模式的局限性，交易者不受时间限制，通过简便的操作系统即可获得大量的交易信息，以便达成交易。

2016 年 3 月，香港总部人力资源总监冯越来到深圳，开始招聘人员、搭建公司框架。随着招聘工作进一步推进，人员逐步增加。

为了赶上网络行业的发展步伐，香港总公司的网络联盟战略进步神速，在短短一个月的时间，集团总裁带领一班人马东奔西走、马不停蹄，分别与中国五金矿产公司、韩国现代商社、俄罗斯基辅钢铁公司达成协议合作成立网络公司。

原本只是开发一个网站，现在忽然要建几个网站，而且技术开发的工作都落在深圳公司的肩上，这让员工们感到巨大的压力。但是，最严重的是技术人员招聘工作跟不上，时下正是互联网热的时候，要么招不到人员，要么招到的人员不满意。目前 IT 部只有 5 个人，2 个人制作网页，3 个人写程序，原本只是刚刚够用，现在突然增加了几倍的工作量，想要在规定的时间内完成工作计划，几乎不可能。金属行业对大家来说都很陌生，这也增加了大家工作的难度。但是时间不等人，纳川公司的总经理李总拿出了他的看家本领——亲自督战，陪着大家加班赶工，并动员策划部、ICP 部的所有员工参与网站的测试工作。于是，大家连续几个星期每天干到晚上 12 点回家，就连“十一”七天长假也不得休息。好在除个别员工外，大部分人都还是未结婚的年轻小伙子，精力旺盛。但是，后来行政部按总公司的政策出台了一项措施，给大家当头泼了盆冷水——公司规定所有加班都不算工资。

纳川公司的工资水平按理来说也不低，在业界算是中上，但是公司除了向员工发放工资以外其他什么都不管，社会保险、住房津贴、加班工资等都不负责。时间来到 6 月，这时的网络行业外部大环境出现了逆转，美国纳斯达克股票市场科技股大跌，波及香港创业板市场，原来被大家私下谈到的公司可能给个人的股票期权，现在因大环境的变化也要无限期推迟上市，这个希望也泡汤了。在网络行业知识、技术更新如此之快的情况下，公司在员工培训方面没有任何计划，IT 部有两位女文员被招聘进来之前是想在工作之时学到一些网页制作的技能，事实上根本就没有这样的机会，有些 IT 部员工已经感到以前的技术不够用了，但是公司网站的发展要求员工能够跟上世界一流水平，否则就要被淘汰。

经过多次事件，各部门凝聚力再次受到重创，士气低落，提出辞职的人接二连三。

资料来源：https：//www.docin.com/p-1018910553.html.

8.3.3.2.5 创业财务风险防范

财务风险也是风险规避中需要密切关注的风险之一。引发财务风险有很多种可能性，如创业者由于自身经济限制而需要举债或贷款，如果举债或贷款的数额巨大，那么企业就会面临不能及时归还的财务风险；如果举债方式不合理，如借高利贷进行创业，那么也会给企业带来灭顶之灾；另外，负债结构的不合理也是一大风险，如短期负债和长期负债所占比重的不合理等。总之，引起财务风险有很多可能性，因而如何有效规避财务风险非常值得创业者深思。

对于财务风险，可以通过以下几方面途径解决。首先，需要建立财务风险预防机制，明确各方的责任。风险预防机制的建立可以使创业团队及成员居安思危，工作时更加小心谨慎，避免做出错误决策，同时在筹资时应当充分考虑企业的债务偿还能力。其次，应该采取适宜的借款策略，进行多方经营，从而增加利润。企业在借款时，应充分考虑自身是否能够如期还债，资金的去向是否能够创造高于债务的利润，明白哪笔债款可以借，哪笔债款不能借。借了债款有资金进行生产经营活动以后，企业则需要考虑将资金投入到哪个项目中才能够以最少的成本获得最多的盈利。企业应考虑多方投资，降低亏本的风险。但是需要注意的是，多方经营一定要在企业承受能力范围之内，可以考虑发展一个主业的同时兼顾几个副业，要突出主业，防止过度扩张可能导致的更大的风险。最后，要考虑企业的持续融资能力，建立起快速融资渠道。企业必须根据自身的风险承受能力，对各种融资方式进行权衡，选择那些能够用最少的投资获取最大收益的方案，同时保证融资的可持续性和资金的顺畅周转，从而有效控制财务风险。

8.3.3.2.6 创业运营管理风险防范

企业创建以后，创业者要面临的最大问题是管理风险。这是企业日常生产经营过程中必不可少的一个环节。在企业创建以后，如何控制成本、如何确保质量、如何提高生产效率、如何打造自己的品牌等，都是企业应该考虑的问题。为了解决企业管理过程中所面临的风险，创业者首先要做的是建立一个有效的团队，并将自己的权力适当下放到管理层和一线员工。因为一方面创业者自身精力有限，不可能对每件事的每个细节都非常详细地了解，而下层管理者以及一线的员工相对于创业者来说，对产品和服务的生产与销售反而会更加了解；另一方面，创业者的知识与能力也是有限的，他们能够成功创业自有其过人之处，但是一旦涉及一些生产或者管理专业领域的问题，难免还是会有所欠缺。其次，授权也可以帮助企业员工获得更多的满足感，从而使员工更加努力地去完成领导分派的任务。在授权过程中，创业者需要明白哪些权力可以下放而哪些权力不可以，对于那些核心问题应该经过慎重的思考与讨论后决定，这样可以避免由于自身的考虑不周或是下属对于企业所处宏观环境的不熟悉而导致决策失误带来的损失。此外，还可以通过完善组织架构、规范公司章程来规避管理风险。

由于管理活动是人的活动，而人的活动是主观行为，难免会带有主观情绪，这就可能带来管理风险。因而，为了更好地实现企业既定的目标，就需要制定相应的规章制度来规避风险。同时，由于企业外部环境处于不断变化之中，组织架构和公司章程也都应该是动态变化的。创业者不能奢求一步到位，固定不变的制度不能更好地为企业带来收益，反而会成为阻碍企业发展的风险因素。通常来说，企业可以委托专业的咨询公司来设计组织架构，但是由于咨询公司作为第三方对企业自身的情况很难有透彻的了解，这时就需要企业内部人员一起加入组织架构的设计中，这样才能够在足够专业的基础之上充分结合企业自身的实际情况，设计出最高效的组织架构。当然，制度条件不能仅仅局限于组织架构，公司内部的规章制度也非常重要。再者，应该在组织内部建立一个风险责任机制。

众所周知，风险在创业过程中无处不在、无时不有，创业者及其团队不可能对每一个可能发生的风险都做到防范，但是如果将每个方面的风险精确到个人，那么每个人需要防范的风险就比较有限了，这样也就能在一定程度上降低风险发生的概率，从而减小风险带来的损失。这与授权有相似之处，但是又不完全相同。授权授予的主要是权力，有权必有责，权力的下放伴随着一定的责任，但是风险责任制带来的却是损失。将风险防范精确到个人以后，下一步就需要对风险可能带来的损失以及损失的程度进行估计了，例如：一笔投资一旦失误，那么会给企业带来多大的损失？此外，还要对风险进行积极地预防，提早对可能发生的风险进行防范，一旦某个环节出现问题，要积极采取补救措施，将损失减小到最低限度。最后，对于那些无法规避的风险，还应该学会风险的转移，例如：将风险转嫁给保险公司，通过项目外包来降低风险，通过“利益共享，风险共担”，降低自身所要承担的风险。

本章小结

本章主要简述了创业融资、资金管理与风险防范方面的内容。首先是创业融资部分，通过介绍创业融资的困难与优势引出创业的融资渠道，然后分别介绍了债权融资与股权融资，让学生对融资有一定的了解。其次是资金管理部分，讲述了四个知识点：一是财务管理的基本工具，包括资产负债表、利润表、现金流量表；二是财务预测与预计财务报表；三是对财务比率进行了分析；四是创业企业的现金管理。最后一节介绍了创业风险的概念、特点、类型，并提出了风险防范的措施，希望学生了解并在实践中重视。

核心概念

融资、债权融资、股权融资、资产负债表、利润表、现金流量表、财务预测、预计财务报表、流动性比率、杠杆比率、营运比率、盈利能力比率、现金管理、创业风险、风险防范

实训操作

一、实训目的

通过复习本书所学内容，深入分析大学生创业是资金重要还是知识重要，正确看待创业。

二、实训内容

将学生分为两组，结合所学内容，通过搜集信息等准备工作开展辩论赛。

三、实训组织与实施

（1）选出辩论赛的主持人、评判人员、公证人、记分员、计时员。

（2）制定辩论规则（由老师制定）。

（3）根据比赛结果得出胜负。

（4）老师进行点评。

拓展游戏

核弹危机

1. 游戏类型

团队项目。

2. 参与人数

10～16 人为一组。

3. 游戏时间

40 分钟。

4. 材料和场地

25 米长的绳子一条，20 米长的绳子两条，水桶一只，短竹竿两根，砖头一个及空地。

5. 游戏目的

对于创业企业来说，最大的风险就是没有危机意识。创业者有的只看到企业发展的有利因素，而忽视了潜在的风险；有的只看到对手的弱点，却没有看到自身的不足。如果缺少应有的忧患意识和危机意识，不努力提高自身的整体素质和竞争能力，那么企业在发展中将处于十分不利的地位。

通过拓展游戏让学生体验自己团队解决问题的能力、计划能力及团队合作精神。让队员意识到企业的发展始终伴随着风险。

6. 游戏规则

(1) 老师让学员把 25 米长的绳子拉成一个圆圈，并把水桶装上九成满的水，将桶放在圆圈的中间，用砖头把水桶垫起来。

(2) 老师开始给学生们讲下面一段故事："在伊拉克的一个山村中有一枚没有引爆的核弹头，给该地区造成了威胁。你们作为美国的特工人员将去该地区取出核弹头，并进行引爆。圆圈内为辐射区，所有人员都不得进入圈内。两条 20 米长的绳子及两根竹竿为防辐射物品，故可以进入辐射区，但不能碰到地面。"

(3) 全体成员必须在 30 分钟内把水桶提出来，并且水不能洒出来。

7. 游戏相关讨论

(1) 团队中共出现了多少个方案？为什么采用了现在的方案？

(2) 在整个过程中你的最佳表现是什么？团队的合作精神体现在哪里？

(3) 团队在解决问题时，采取的是什么步骤，其中有什么地方需要改进？

思考练习

1. 资产负债表和利润表的主要用途有什么不同？

2. 简述制定预计利润表和预计资产负债表的主要步骤。

3. 简述为什么融资成为创业的一大难题。

4. 什么是毛利率？提高毛利率有哪些方法？

5. 创业融资需求有什么特点？

6. 从创业资金的性质来看，主要可以分为几种类型？

7. 创业融资的渠道主要有哪些？

8. 为什么初创企业的资金大部分来自个人？

9. 简述融资的概念，谈谈什么是债权融资，什么是股权融资。

10. 天使投资与创业投资有什么不同？

11. 简述投资集团公司财务风险管理探究。

12. 比较债权融资和股权融资的优缺点，在实际公司经营中应该选择债权融资还是股权融资，并举例说明。

13. 创业风险有哪些特征？

14. 创业风险主要由哪三部分组成？

15. 创业风险中技术风险指什么？

16. 试论述创业风险中的财务风险。

17. 试论述创业风险防范的重要性。

18. 在经营活动中，现金消耗的主要原因可能有哪些？

19. 为什么创业企业管理者特别关注有效的现金管理？

参考文献

[1] 朱庆华，赵宇翔，谈晓洁，张薇薇．新一代互联网环境下用户生成内容的研究与应用［M］．北京：科学出版社，2014.

[2] 刘锐．互联网时代的环境大数据［M］．北京：电子工业出版社，2016.

[3] 国务院发展研究中心课题组．“互联网＋”的支撑环境研究［M］．北京：中国发展出版社，2017.

[4] 程书强，唐光海．互联网创业基础［M］．北京：北京理工大学出版社，2016.

[5] 张起．互联网创业：思维、方法、技巧与实践［M］．北京：清华大学出版社，2016.

[6] 黄俊，冯诗淇．创业理论与实务——倾向、技能、要素与流程［M］．北京：清华大学出版社，2015.

[7] 孙德林，黄林．创业管理与技能［M］．北京：经济管理出版社，2010.

[8] 杨震宇，杨德林．创业管理［M］．北京：经济科学出版社，2018.

[9] 张玮，姜彦福．创业管理学［M］．2 版．北京：清华大学出版社，2018.

[10] 陶陶，王欣，封智勇，余来文．创业团队管理实战［M］．北京：化学工业出版社，2018.

[11] 缑婷，鲍洪杰，刘泽文．市场分析与创业机会识别［M］．北京：经济管理出版社，2017.

[12] 周树银．创业研究——创业机会的发现、识别与评价［M］．北京：北京理工大学出版社，2009.

[13] 秦勇，李东进，朴世恒．企业管理学［M］．北京：中国发展出版社，2016.

[14] ［美］库珀等．企业管理研究方法［M］．北京：中国人民大学出版社，2013.

[15] 王竹泉，孙莹．运营资金管理［M］．北京：中国财经经济出版社，2017.

[16] 王虹，徐玖平．项目融资管理［M］．3 版．北京：经济管理出版社，2017.

[17] 杜永红，梁林蒙等．大学生创新创业教育［M］．北京：清华大学出版

社，2018.

[18] 龚焱．精益创业方法论：新创企业的成长模式［M］．北京：机械工业出版社，2019.

[19] ［美］埃里克·莱斯．精益创业［M］．北京：中信出版社，2012.

[20] 赵锡斌．企业环境分析与调适：理论与方法［M］．北京：中国社会科学出版社，2007.

[21] 周银平．大学生创新创业教育［M］．北京：高等教育出版社，2018.

[22] 张耀辉，朱峰．创业基础［M］．广州：暨南大学出版社，2013.

[23] ［英］詹姆斯·希尔顿．消失的地平线［M］．昆明：云南人民出版社，2006.

[24] 中国农业科学院农业经济与发展研究所．农村经济与科技发展研究［M］．北京：中国农业出版社，2006.

[25] ［美］斯蒂芬·P. 罗宾斯．管理学［M］．北京：中国人民大学出版社，2008.

[26] 张玉利，薛红志等．创业管理［M］．北京：机械工业出版社，2016.

图书在版编目（CIP）数据

创业管理：理论、案例与实操/吴月瑞主编．-- 北京：中国人民大学出版社，2020.4
21 世纪高职高专规划教材．工商管理系列
ISBN 978-7-300-27987-9

Ⅰ.①创… Ⅱ.①吴… Ⅲ.①创业-高等职业教育-教材 Ⅳ.①G717.38

中国版本图书馆 CIP 数据核字（2020）第 047722 号

21 世纪高职高专规划教材·工商管理系列
创业管理：理论、案例与实操
主　编　吴月瑞
副主编　唐　飞　符静波
Chuangye Guanli：Lilun、Anli yu Shicao

出版发行	中国人民大学出版社		
社　　址	北京中关村大街 31 号	**邮政编码**	100080
电　　话	010－62511242（总编室）		010－62511770（质管部）
	010－82501766（邮购部）		010－62514148（门市部）
	010－62515195（发行公司）		010－62515275（盗版举报）
网　　址	http://www.crup.com.cn		
经　　销	新华书店		
印　　刷	天津鑫丰华印务有限公司		
规　　格	185 mm×260 mm　16 开本	**版　　次**	2020 年 4 月第 1 版
印　　张	17.75 插页 1	**印　　次**	2024 年 1 月第 2 次印刷
字　　数	333 000	**定　　价**	42.00 元

信息反馈表

尊敬的老师：

您好！为了更好地为您的教学、科研服务，我们希望通过这张反馈表来获取您更多的建议和意见，以进一步完善我们的工作。

请您填好下表后以电子邮件、信件或传真的形式反馈给我们，十分感谢！

一、您使用的我社教材情况

您使用的我社教材名称			
您所讲授的课程		学生人数	
您希望获得哪些相关教学资源			
您对本书有哪些建议			

二、您目前使用的教材及计划编写的教材

您目前使用的教材	书名	作者	出版社
您计划编写的教材	书名	预计交稿时间	本校开课学生数量

三、请留下您的联系方式，以便我们为您赠送样书（限1本）

您的通信地址			
您的姓名		联系电话	
电子邮箱（必填）			

我们的联系方式：

地　址：苏州工业园区仁爱路158号中国人民大学苏州校区修远楼

电　话：0512-68839320　　传　真：0512-68839316

E-mail：huadong@crup.com.cn　　邮　编：215123

网　址：www.crup.com.cn